FRANZ ALTO BAUER · NORBERT ZIMMERMANN (HRSG.)

# EPOCHENWANDEL?

## KUNST UND KULTUR ZWISCHEN ANTIKE UND MITTELALTER

SONDERBÄNDE DER ANTIKEN WELT

# Zaberns Bildbände zur Archäologie

VERLAG PHILIPP VON ZABERN · GEGRÜNDET 1785 · MAINZ

FRANZ ALTO BAUER · NORBERT ZIMMERMANN (HRSG.)

# Epochenwandel?

## KUNST UND KULTUR
## ZWISCHEN ANTIKE UND MITTELALTER

mit Beiträgen von
Franz Alto Bauer, Johannes G. Deckers, Sabine Ladstätter, Hans-Rudolf Meier,
Susanne Muth, Stefan Rebenich, Tanja S. Scheer,
Rainer Warland, Barbara Zimmermann, Norbert Zimmermann

VERLAG PHILIPP VON ZABERN · MAINZ AM RHEIN

V, 135 Seiten mit 156 Farb- und 50 Schwarzweißabbildungen

*Umschlag vorne*: Forum Romanum, im Hintergrund das Kolosseum.

*Vorsatz:* Via Latina-Katakombe, Arkosol Cub. O, im Bogen die Verstorbene.

*Umschlag hinten*: Silbermedaillon, 313 oder 315 n. Chr., Kaiser Konstantin, Helm mit Christusmonogramm.

*Die Deutsche Bibliothek – CIP Einheitsaufnahme*

**Epochenwandel?** : Kunst und Kultur zwischen Antike und Mittelalter / Franz Alto Bauer ; Norbert Zimmermann (Hrsg.).
Mit Beitr. von Franz Alto Bauer ... – Mainz am Rhein : von Zabern, 2001
(Antike Welt ; Sonderbd.)
(Zaberns Bildbände zur Archäologie)
ISBN 3-8053-2703-X


ISBN 3-8053-2703-X
Gestaltung: Lothar Bache, Verlag Philipp von Zabern, Mainz
Lithos: Schmidt & more, Ginsheim-Gustavsburg

Printed in Germany by Kunze & Partner, Mainz
Printed on fade resistant and archival quality paper (PH 7 neutral) · tcf

# Inhalt

Franz Alto Bauer
Norbert Zimmermann

# Epochenwandel?

## Kunst und Kultur zwischen Antike und Mittelalter

Mit dem neuen Jahrtausend ist zunächst ein Jahr wie jedes andere auch angebrochen. Seine Faszination bezieht dieser Zeitwechsel allein aus der Willkür, mit der wir Menschen Tage nummerieren und Jahre sortieren. Wie relativ unsere Wahrnehmung in dieser Hinsicht ist, mag ein Blick auf die Zeitrechnung vergangener oder anderer Kulturen belegen: Gemäß der griechischen Olympiadenrechnung befänden wir uns heute in der 694. Olympiade; hätte das alte Rom mit seiner Zeitrechnung überdauert, wäre heuer das Jahr 2752 *ab urbe condita*. Die jüdische Zeitrechnung, beginnend im Jahre 3760/61 v. Chr., zählt bereits das Jahr 5760. Die Byzantiner wähnen uns im 7509. Jahr nach Erschaffung der Erde, und einige islamische Länder lassen noch heute ihre Zeitrechnung mit der Hedschra Mohammeds 622 n. Chr. beginnen und kommen, da sie das kürzere Mondjahr als Ausgangspunkt haben, auf das Jahr 1420. Alles sehr unspektakuläre Zahlen! Wir aber, die wir die Jahre nach der Geburt Christi zu zählen gewohnt sind, sind nun mal bei 2000 angelangt. So entwaffnend solch nüchterne Überlegungen sein mögen, so wenig können wir uns doch der Faszination entziehen, die diese fast schon magische Zahl auf uns ausübt. Wir fanden im vergangenen Jahr an öffentlichen Plätzen mancher Städte Uhren, welche die Sekunden rückwärts bis zum Silvesterabend zählten, geradezu einen Countdown für das kommende Jahrtausend boten. Zeitungen und Fernsehen beschäftigten sich mit dem Ereignis, Prognosen hatten Hochkonjunktur, ebenso wie Rückblicke. Nicht wenige Eltern legten es darauf an, ein Milleniumsbaby zu zeugen. Auch der Rutsch ins neue Jahrtausend sollte möglichst spektakulär begangen werden: Kreuzfahrten entlang der Datumsgrenze ermöglichten es, zweimal hintereinander das neue Jahrtausend einzuläuten. Concordeflüge ließen es gar zu, an verschiedenen Stellen der Erde dreimal den Jahrtausendwechsel zu begehen. Die Insel, die als erste das Sonnenlicht des neuen Jahrtausends erblickte, wurde flugs in «Millenium» umgetauft. Extrembeispiele, gewiß, doch als solche symptomatisch für eine im Wandel begriffene Gesellschaft.

Mit dem an sich unbedeutenden kalendarischen Wechsel vom 2. zum 3. Jahrtausend, der mit soviel Erwartungen aber auch Unsicherheit begangen wurde, scheinen wir uns selbst endgültig klarmachen zu wollen: es hat sich etwas geändert. Wir wähnen uns an der Schwelle zu einer neuen Zeit und fühlen uns durch die Veränderungen, die in allen Bereichen zu spüren sind, bestätigt: Ob es auf politischer Ebene der Zerfall des Ostblocks und damit einhergehend das Ende der Nachkriegszeit ist oder im Bereich der Wirtschaft eine wachsende Globalisierung, die mehr und mehr unsere nationalstaatlichen Grenzen in Frage stellt, ob es der rasante Fortschritt in der Technologie ist, dem scheinbar keine Grenzen gesetzt sind, oder eine weltweite Vernetzung, die alle Grenzen aufzuheben scheint: nicht ohne einen Hauch von Zukunftsangst blicken wir nach vorne und fragen uns, wo das alles hinführen soll.

Wir Archäologen, Kunstgeschichtler und Historiker richten unseren Blick naturgemäß in die Vergangenheit und beginnen, unser Beschäftigungsfeld, vergangene Gesellschaften und ihre materielle Hinterlassenschaften, vor dem Hintergrund eigener Erfahrungen, eben denen eines Wandels, zu beurteilen. Der Umbruch von der Antike zum Mittelalter ist auch Thema dieses Sammelbandes. In ihm melden sich Autoren zu Wort, die an verschiedenen Beispielen das Phänomen des Wandels zwischen Antike und Mittelalter anschaulich machen wollen und nach den tieferen Ursachen dafür fragen. Die Themen der einzelnen Beiträge sind so gewählt, daß diese Übergangsepoche aus möglichst verschiedenartigen Blickwinkeln beleuchtet wird. Einige widmen sich bestimmten Kunstgattungen und thematisieren den Wandel innerhalb derselben, andere befassen sich mit Lebensräumen im weitesten Sinne, etwa dem Wohnraum oder der Stadt. Wiederum andere nehmen bestimmte Orte bzw. Befunde als Ausgangspunkt allgemeinerer Überlegungen. Der Umgang mit der Vergangenheit, bewußter wie unbewußter Natur, wird thematisiert, ebenso der soziale wie der religiöse Wandel.

Johannes G. Deckers widmet sich im ersten Beitrag einem der zentralen Wendepunkte der Spätantike, nämlich der Hinwendung Konstantins d. Gr. zum Christentum und den Auswirkungen dieses Schrittes. Der Rollentausch der Kirche von einer verfolgten Minderheit zu einer staatlich gestützten Massenorganisation verändert diese selbst tiefgreifend, was besonders deutlich die Imperialisierung der frühchristlichen Bilderwelt Christi nachvollziehen läßt. Den Wandel des spätantiken Kaisers von der Person zur gottgleichen Instanz thematisieren die Ausführungen von Rainer Warland. Der spätantiken Kunst kam in dem Prozess der Neuformulierung eines geänderten Herrschaftsverständnisses eine tragende Rolle zu: sie enthebt den Kaiser durch entsprechende Insignien und ein «System symbolischer Zeichen» in eine göttliche Sphäre und legitimiert so sein Herrschertum. Neben der Kunst steht auch die christliche Geisteswelt im Einfluß ihrer heidnischen Umwelt. Stefan Rebenich vertieft diesen Aspekt für das christliche Patronatswesen und erläutert seine Abhängigkeit vom System der heidnischen Patronage. Dem gängigen Bild eines Konflikts zwischen den Religionen, an dessen Ende der Triumph des Christentums stand, tritt Tanja S. Scheer in ihrem Beitrag entgegen: Trifft es zu, daß mit Konstantin ein neues Zeitalter eintrat, in dem die heidnischen Götzenbilder ihre wohlverdiente Strafe erhielten, wie uns Euseb glauben läßt? Oder müssen wir nicht vielmehr von einem allmählichen, die gesamte Spätantike begleitenden Prozeß ausgehen, an dessen Ende die Bedeutungslosigkeit des paganen Kultes stand? Zur Kunst zurück führt der Beitrag von Barbara Zimmermann. Sie gewährt uns Einblick in die spätantiken Prachthandschriften, die für eine reiche Oberschicht gefertigt wurden, und zeigt, daß mit diesen illustrierten Codices an der Wende von der Antike zum Mittelalter ein völlig neuer Kunstzweig entstand. Sabine Ladstätter rückt die Aussagemöglichkeiten feldarchäologischer Untersuchungen für die Beurteilung kulturhistorischer Prozesse in den Mittelpunkt ihrer Betrachtung. In ihren Ausführungen zeichnet sie am Beispiel der Grabungsbefunde im frühchristlichen Pilgerheiligtum auf dem Hemmaberg in Kärnten das Schicksal und den vielschichtigen Wandel einer spätantiken Höhensiedlung in der römischen Provinz nach. Hans Rudolf Meier behandelt in seinem Aufsatz die Entstehung des in unserem Sprachgebrauch so häufigen Wortes «modern». Dieser Begriff ist in ostgotischer Zeit zum ersten Mal im Zusammenhang mit der Architektur belegt und zeigt einen neuen Blick auf die Bauten und Denkmäler der Antike. Der Beitrag von Franz Alto Bauer thematisiert den Umgang der spätantiken Gesellschaft mit dem ererbten Stadtbild: wie gelang es den Bewohnern Roms trotz einer allmählich verfallenden Bausubstanz, trotz einer im Niedergang begriffenen Infrastruktur mental die Vorstellung einer intakten Stadt aufrechtzuerhalten? Susanne Muth veranschaulicht in ihren Ausführungen die Lebenswelt des spätantiken Wohnbereichs. Hier finden wir Mythenbilder in Hülle und Fülle, die weniger als Ausdruck einer heidnischen Religiosität zu deuten sind, sondern vielmehr als Transporteure sich wandelnder Wertvorstellungen dienten, die im Medium des Mythos zum Ausdruck gebracht wurden. Norbert Zimmermann begleitet den Leser schließlich in die Welt der Toten. In den Bildern der römischen Katakomben artikulieren die Verstorbenen ihre Hoffnung auf Rettung vom Tod und Erlangung paradiesischen Friedens, indem sie sich selbst im Kreise biblischer Wunder- und Rettungsgeschichten möglichst in der Nähe ihres *soters* darstellen lassen.

Daß damit nicht alle Bereiche der spätantiken Kultur berührt werden, versteht sich von selbst. Die Beiträge begreifen sich als Ausgangspunkte für weitere Überlegungen, die der Leser anstellt, indem er Geschichte als Chance zur Reflexion über die Gegenwart begreift. Die Frage ist daher letztlich nicht die, ob die Spätantike einen Epochenwandel darstellt oder nicht. Sie lautet vielmehr: Was sind die Gründe dafür, daß wir einen solchen Wechsel diagnostizieren? Ist unsere Vorstellung von dem Ende der Antike und dem Beginn des Mittelalters gar eine neuzeitliche Idee, eine Spiegelung unserer eigenen Befindlichkeit? Verschließen wir unsere Augen vor Kontinuitäten, die wir nicht sehen wollen oder noch nicht sehen können? Und so begreifen sich die folgenden Beiträge nicht als definitive Antworten auf die eingangs gestellte Frage nach dem Zeitenwechsel. Sie sind ihrerseits wie der vorliegende Sammelband Symptom eben jenes Epochenumbruchs, den unsere Generation heute zu durchleben glaubt.

*Herausgeber und Autoren danken herzlichst allen Personen und Institutionen, die bei der Erstellung dieses Sonderbands der ANTIKEN WELT und bei der Beschaffung von Abbildungsvorlagen behilflich waren.*

Johannes G. Deckers

# Göttlicher Kaiser und kaiserlicher Gott

## Die Imperialisierung des Christentums im Spiegel der Kunst

### Ein asketischer Gottesmann wandelt sich

Der Gegensatz könnte nicht größer sein. Zwar ist beide Male der lehrende Christus dargestellt, wie er sich auf einem erhöhten Sitz niedergelassen hat, die rechte Hand dozierend erhebt und in der Linken die Schrift hält (Abb. 1. 2). Dennoch scheint es sich nicht um die gleiche Szene zu handeln.

Auf dem um das Jahr 300 entstandenen Sarkophag ist Christus sehr anspruchslos gekleidet[1]. Er trägt keine Tunika, der Mantel bedeckt kaum die nackte Brust. Sein Gesicht, beeindruckend durch den entrückten, in die Ferne gerichteten Blick des Sehers, wird vom lockigen Haupthaar und einem kräftigen Bart umrahmt. Christus ist hier wie einer der griechischen Philosophen dargestellt, deren Ideal die Bedürfnislosigkeit war (Kyniker). Das zeigt die auf's Notwendigste beschränkte Kleidung und der Verzicht auf eine modische Haartracht (Abb. 1).

Das Apsismosaik in der römischen Kirche Santa Pudenziana ist nur rund 100 Jahre jünger[2]. Dennoch ist allenfalls der Blick der großen, in die Ferne gerichteten Augen vergleichbar. Der Vollbart und das reiche, auf die Schultern fallende Haar des mächtigen Hauptes erinnern hingegen an Bildnisse der Götter Jupiter oder Asklepios. Die Tracht Christi ist jedoch immer noch die eines Philosophen, wenn auch nicht der asketischen Schule. Gänzlich «unphilosophisch» ist aber das Material von Tunika und Mantel. Beide Kleidungsstücke scheinen aus kostbarem, golden schimmerndem Stoff zu sein. Der Sitz Christi hat alle Merkmale eines Thrones, so, wie er damals Göttern und Kaisern vorbehalten war: Er hat eine hohe, waagrecht begrenzte Lehne, die goldenen Pfosten sind mit Gemmen und Perlen besetzt, selbst das purpurne Kissen weist auf kaiserlichen Rang. Ungewöhnlich groß ist der Nimbus. Dieses leuchtende Zeichen für Göttlichkeit ist damals sonst nur bei Darstellungen von Göttern und Kaisern oder Personifikationen zu finden[3]. Im aufgeschlagenen Buch ist zu lesen: DOMINVS CONSERVATOR ECCLESIAE PVDENTIANAE, Herr (und) Erhalter der Kirche des Pudentius (Abb. 2).

In dem ersten Begriff der Inschrift scheint der grundsätzliche Unterschied zwischen beiden Darstellungen zusammengefaßt: Christus hat sich vom menschennahen, bescheidenen Künder des Gotteswortes zum fernen, majestätischen Dominus, zum kaiser- und damit göttergleichen Herren der menschlichen Geschicke gewandelt. Ein vergleichender Blick auf ein Beispiel, das zu einer ande-

*Abb. 1 Rom, Museo Nazionale Romano, Front eines zweizonigen Friessarkophages, um 300 n. Chr., lehrender Christus.*

*Abb. 2 Rom, S. Pudenziana, Apsismosaik, um 400 n. Chr., lehrender Christus.*

1

2

3

ren Kategorie spätantiker Bildthemen christlichen Inhalts gehört, zeigt, daß ein entsprechender Wandel selbst bei Illustrationen anekdotischer Wundererzählungen zu bemerken ist.

In der Kallixtus-Katakombe in Rom ist auf den Putz der Eingangswand der Grabkammer A6 die Darstellung der Auferweckung des Lazarus gemalt[4] (Abb. 3). Christus ist mit Tunika und Mantel bekleidet. In der Linken hält er einen dünnen Stab, übliches Zeichen der Wunderwirker dieser Zeit. Die weit ausgreifende, in Richtung des Verstorbenen weisende Rechte Christi veranschaulicht das wirkmächtige, lebengebende Wort des Gottessohnes. Lazarus ist diesem Ruf gefolgt und verläßt mit einem großen Schritt das Grabhaus. Das geschilderte Geschehen ist auf die beiden Hauptpersonen beschränkt. Christus entbehrt jeglicher Attribute herrscherlicher bzw. göttlicher Macht. Die Grabkammer wird um die Mitte des 3. Jhs. n. Chr. datiert.

Auf Folio 1 recto des wahrscheinlich im dritten Viertel des 6. Jhs. n. Chr. entstandenen Purpurkodex, heute aufbewahrt in der erzbischöflichen Bibliothek des süditalienischen Rossano, ist dieselbe Szene zu sehen[5] (Abb. 4). Christus ist nun die zentrale Gestalt einer figurenreichen Szene. Dennoch wahren die ihn umdrängenden Menschen einen deutlichen Achtungsabstand. Dieser wird einzig von den beiden Schwestern des Lazarus nicht eingehalten. Sie wagen diese Zudringlichkeit aber nur, indem sie vor Christus den im spätantiken Kaiserzeremoniell geforderten Ritus der Proskynese vollziehen: Beide Schwestern sind niedergesunken. Die vordere hat ihre Hände verhüllt – Zeichen der Huldigung beim Erscheinen eines Kaisers oder eines anderen göttlichen Wesens – und scheint zum Fußkuß anzusetzen. Christus trägt die kostbare, dem Kaiser vorbehaltene Purpurtunika. Mantel und riesiger Nimbus leuchten in göttlichem Goldglanz. Die Gestalt des Lazarus ist jetzt nurmehr zur zierlichen Randfigur geworden.

So wie es der traditionelle Sittenkodex forderte, gewährte der spätantike Kaiser denjenigen, die einer Audienz für würdig befunden worden waren und dort die entsprechenden Demutsriten vollzogen hatten, eine Gnade (clementia). Die Imperialisierung der Gestalt Christi zeigt sich in dieser Buchmalerei also nicht nur in Attributen, sondern auch in der Art und Weise, wie ihm ein Anliegen vorgetragen wird[6].

## Die Spur führt zu Kaiser Konstantin

Die ältesten Spuren, die in der bildenden Kunst auf eine erste Berührung zwischen spätantikem Kaisertum und Christus schließen lassen, führen auf Kaiser Konstantin zurück[7]. In einer Vision vor der entscheidenden Schlacht um Rom im Jahr 312 war er angeblich aufgefordert worden, das Christusmonogramm, also die Kombination der griechischen Buchstaben X und P, auf den Schilden seiner Soldaten anbringen zu lassen. In diesem Zeichen erringt Konstantin den Sieg. Der Kirchenschriftsteller Eusebios (260–339) berichtet in der Lebensbeschreibung des Kaisers: «... eben diese Buchstaben trug der Kaiser in der Folgezeit auch auf seinem Helm...» (Vita Constantini I, 31)[8]. Ein in wenigen Exemplaren erhaltenes Silbermedaillon, das wahrscheinlich im Jahr 313, vielleicht aber auch erst 315, in Ticinum (Pavia) geprägt wurde, zeigt über der Stirn des Kaisers, am Ansatz des Helmbuschs, eine runde Agraffe mit dem Christusmonogramm[9] (Abb. 5). Wenn auch in unscheinbarer Form so manifestiert sich hier erstmals ein Wandel, der weltgeschichtliche Folgen haben sollte. Christus war jetzt zum siegverleihenden Gott in einem Krieg geworden. Er begann damit die Rolle Jupiters zu übernehmen, der zuvor den römischen Kaisern die Siege geschenkt hatte – also die Leistungen, auf die sie ihren Herrschaftsanspruch vor allem begründeten.

Schon im zweiten Drittel des 4. Jhs. hat sich das Christusmonogramm als Heils- und Rettungssymbol auch im privaten Bereich durchgesetzt. Es bildet das zentrale Motiv im Reliefschmuck eines römischen Säulensarkophages[10] (Abb. 6). Der Auftraggeber artikuliert also seine Hoffnung auf ein Leben nach dem Tod mit Hilfe eines militärischen Siegeszeichens. Hier wird nicht mehr mit einer exemplarischen Szene, wie z. B. der Auferweckung des Lazarus (Abb. 3), an Christus appelliert. Das kaiserliche Siegeszeichen ist an seine Stelle getreten. Auf diesem Sarkophag ist auch im szenischen Bereich der Ansatz einer Imperialisierung der Gestalt Christi zu bemerken: Im Interkolumnium links der Mitte ist die Dornenkrönung Christi dargestellt. Die «Dornenkrone», die der Soldat hier über das Haupt Christi hält, ist jedoch ein triumphaler Siegeskranz mit Stirnjuwel!

Der epochale Wandel in der Auffassung Christi setzt also mit dem 4. Jh. ein und spiegelt sich in der bildenden Kunst in vielfältiger Weise. Nun beschreiben die Texte des Neuen Testamentes Christus durchaus auch als ein Wesen mit göttlichen

4

5

6

oder herrscherlichen Zügen. So wird er z. B. bei der «Verklärung» als eine blendende Lichtgestalt geschildert oder beim Einzug in Jerusalem als König begrüßt (Mt 17, 1–9; Mk 9, 2–13; Lk 9, 28–36; bzw. Mt 21, 1–11; Mk 11, 7–10; Lk 19, 35–40; Joh 12, 12–18). Auffallend ist jedoch, daß derartige Szenen in der spätantiken Kunst christlichen Inhalts erst ab dem Beginn des 4. Jhs. auftauchen. Zuvor wird Christus nie mit herrscherlichen bzw. göttlichen Attributen abgebildet. Selbst der Nimbus ist nicht nachzuweisen. Ohne jeglichen Anhalt im Text des Neuen Testaments ist die Huldigung mit verhüllten Händen. Sie ist jedoch typischer Bestandteil spätantiken Kaiserzeremoniells[11] (Abb. 26. 27). Bei Darstellungen Christi ist sie ab der Mitte des 4. Jhs. häufig zu sehen (Abb. 4. 19. 21. 22. 28).

Es ist also zu fragen, warum die unerhörten, der christlichen Friedensbotschaft zuwiderlaufenden Ansätze einer Imperialisierung der Gestalt Christi in der spätantiken Kunst nicht eine schnell aufgegebene Randerscheinung der konstantinischen, noch halbwegs «heidnischen» Epoche blieben. War eine derartige machtpolitische Instrumentalisierung mit christlichen Idealen vereinbar? Wie kam es, daß bildliche Mittel, die einst zur Verherrlichung von gottgleichen Kaisern dienten, die den Christen wenn nicht feindlich, so doch bestenfalls neutral gegenüber standen, nun die Gestalt Christi überhöhen konnten? Welche Gründe können für die fundamentale Umprägung der Auffassung Christi genannt werden, die die christliche Kunst der folgenden Jahrhunderte dominiert und bis in unsere Tage weiterlebt?

## Der Sieg verändert die Sieger

Zunächst ist hier das Erstarken des Christentums im gesamten Imperium zu nen-

*Abb. 3 Rom, Katakombe S. Callisto, Kammer A6, Eingangswand, um 250 n. Chr., Auferweckung des Lazarus durch Christus.*

*Abb. 4 Rossano, Erzbischöfliche Bibliothek, Codex Rossanensis, 3. Viertel 6. Jh. n. Chr., Folio 1 recto, Auferweckung des Lazarus durch Christus.*

*Abb. 5 Silbermedaillon, 313 oder 315 n. Chr., Kaiser Konstantin, Helm mit Christusmonogramm.*

*Abb. 6 Rom, Vaticano, Museo Pio Cristiano, sog. Passionssarkophag, um 350 n. Chr.*

*Abb. 7 Kupfermünze, um 294 n. Chr., Jupiter übergibt Kaiser Maximianus die Symbole der Weltherrschaft.*

*Abb. 8 Solidus, 325 n. Chr., Sol übergibt Kaiser Konstantin die Symbole der Weltherrschaft.*

*Abb. 9 Ravenna, Museo Nazionale, Relief, ca. zweites Viertel 1. Jh. n. Chr., Livia als Venus Genetrix, Augustus als Jupiter.*

*Abb. 10 wie Abb. 9, Ausschnitt, Himmelsglobus mit Zodiakus.*

7

8

9

10

11

12

grundsätzlicher Wandel der religiösen Bedürfnisse der Christen gewesen sein. Der Anstoß kam also wohl kaum von den christlichen Gemeinden und ihren Bischöfen sondern höchstwahrscheinlich vom Kaiser selbst.

Konstantin schuldete dem Gott der Christen Dank, nachdem dieser als sein Retter (Salvator) in der Schlacht um Rom entscheidend eingegriffen hatte. Und so stiftet der Kaiser dem Christus Salvator in Rom eine Gemeindekirche von bis dahin nie gesehener Größe und Pracht (S. Giovanni in Laterano)[14] und ließ über dem Grab des Apostels Petrus eine monumentale Gedenk- und Pilgerkirche errichten (S. Pietro in Vaticano)[15]. Aber auch diese öffentlichen Großbauten können allenfalls Rahmen und Multiplikator nicht aber Ursache für das gewandelte Christusbild gewesen sein. Das Abtragen

nen. Nach dem Tode des Kaisers Valerianus im Jahr 258 hatte es im 3. Jh. keine weiteren Verfolgungen gegeben. In den ersten beiden Jahrzehnten des 4. Jhs. war die christliche Religion dann zu einer so bedeutenden öffentlichen Erscheinung geworden, daß die Kaiser nicht umhin konnten, gleich mehrfach und in extrem verschiedener Weise auf sie zu reagieren[12].

Abschluß seiner umfassenden Strukturreform des gesamten Imperiums war für Kaiser Diokletian das Einrichten eines für alle Römer verbindlichen Kaiserkultes, der im Opfer vor dem Standbild des Genius Augusti seinen Ausdruck fand[13]. Die dem Monotheismus und dem alten mosaischen Verbot eines kultischen Opfers vor Götterbildern verpflichteten Christen konnten, bei aller Staatstreue, dieser Form des Kaiserkultes nicht Folge leisten. Ihre öffentliche Weigerung wurde als staatsfeindlicher Akt mißverstanden und war Ursache für die Verfolgung der Christen, die in den beiden letzten Jahren der Regierung des Kaisers stattfand und erst bei seinem Rücktritt im Jahr 305 endete.

Diese letzte Verfolgung hatte das Christentum nicht wesentlich geschwächt. Vielmehr war durch sie seine Stärke einer breiten Öffentlichkeit bewußt geworden. Die staatliche Macht zeigt sich dieser Religion nun zunehmend geneigter. Kaiser Maxentius gestattet im Jahr 308 die Neuwahl eines Bischofs für die römische Gemeinde und genehmigt zugleich die Überführung des Leichnams von Papst Marcellus nach Rom, der im Januar dieses Jahres in der Verbannung gestorben war. Das erste kaiserliche Dekret, das die öffentlich-rechtliche Anerkennung der Christengemeinden im Rahmen des geltenden Korporationsrechtes festlegt, erläßt Kaiser Galerius am 30. April 311 in Nikomedia (Izmit). Seinen am 28. Oktober 312 bei der nördlich vor Rom gelegenen Tiberbrücke (Pons Milvius) erfochtenen Sieg über Maxentius schreibt Kaiser Konstantin dem Eingreifen Christi zu. Im selben Jahr verkündet Kaiser Maximinus Daia Toleranz gegenüber den Christen. In einem offiziellen «Brief» vom 13. Juni 313 publizieren die beiden Kaiser Konstantin und Licinius ihre im Februar des selben Jahres in Mediolanum (Mailand) getroffene Vereinbarung, die christlichen Gemeinden gleich wie die übrigen religiösen Gemeinschaften zu behandeln. Zudem wird den Verfolgten Entschädigung angeboten.

Innerhalb weniger Jahre war das Christentum also von einer hauptsächlich auf den privaten Bereich beschränkten zu einer staatlich geduldeten und geschützen Religion geworden, die zudem die besondere Gunst des immer mächtiger werdenden Kaisers Konstantin besaß. Diese allgemeine Entwicklung war gewiß die Grundvoraussetzung für den seit dem 4. Jh. zu beobachtenden Wandel des Christusbildes. Dennoch reicht sie als Erklärung nicht aus. Die für den Christen wesentlichen religiösen Aussagen hätten auch nach dem Jahr 313 weiterhin mit den Bildprägungen formuliert werden können, die schon im 3. Jh. gefunden worden waren. Ursache für die intensive und erstaunlich rasche Imperialisierung der Gestalt Christi kann also keinesfalls ein

13

14

15

einer Dankesschuld war nicht Anlaß für diesen Wandel.

## Kaiser brauchen einen Gott

Das besondere Verhältnis römischer Kaiser zu ihren Göttern könnte hier eine Erklärung bieten. Weniger das Beachten eines traditionellen Sittenkodex als vielmehr die immer wieder zu beweisende Sieghaftigkeit ist die Grundlage des kaiserlichen Anspruchs auf absolute Macht. Der Sieg wird, so die allgemeine Überzeugung, aber von Gott geschenkt: Die das All beherrschende Gottheit wählt einen irdischen Günstling, seine Siege machen ihn zum Erwählten. Sein Herrschaftsanspruch kann so als gottgewollt ausgegeben werden. Eine der häufigsten Darstellungen auf tausendfach geprägten, schnell umlaufenden Kupfermünzen der Spätantike zeigt das einander zugewandte Paar aus Kaiser und Gott. So übergibt Jupiter Maximian eine kleine, auf einer Kugel stehende Victoria-Statuette: Der höchste Gott überreicht in dieser symbolischen Weise Sieg und Weltherrschaft[16] (Abb. 7). Und so läßt auch der unbesiegbare Sonnengott, Sol invictus, Konstantin an seiner Macht teilhaben[17] (Abb. 8).

Diese exklusive Gottnähe wird im Prozess der Divinisierung verstorbener Kaiser besonders augenfällig[18]. Ein solcher, in der Einrichtung eines Kultes mündender Prozess lag natürlich im besonderen Interesse der (Adoptiv-)Söhne. Die Kultbilder der Divi veranschaulichen diese Vorstellung. Im Nationalmuseum in Ravenna befindet sich ein Relief, das den Divus Augustus darstellt[19] (Abb. 9). Auf dem Körper, den die ewige Jugendlichkeit der Unsterblichen auszeichnet, trägt er nur den großen Göttermantel. Die herrscherlich erhobene Rechte stützt sich auf ein (heute verlorenes) Szepter. Die Linke hielt das Blitzbündel. Der linke Fuß ruht auf dem Himmelsglobus, den das Band des Tierkreises umschließt (Abb. 10). Nur noch das Portrait unterscheidet den Divus Augustus vom Allherrscher Jupiter.

Anders als ihre Vorgänger wurden die Herrscher der Tetrarchie schon zu Lebzeiten als Götter verehrt[20]. Sie waren Dii praesentes, in Diokletian war Jupiter inkarniert, in Maximian der Halbgott Herkules. Diese Vorstellung wurde bei öffentlichen Zeremonien inszeniert und in Kultbildern präsent gehalten. Im Gewände der Apsis des Kaiserkultraums im Ammontempel des oberägyptischen Luxor, die um 300 n. Chr. errichtet und ausgemalt wurde, sind Diokletian und seine drei Mitherrscher in überlebensgroßen Gestalten gemalt[21] (Abb. 11). Hier zeigen sie sich als Götter: Über dem bloßen Leib tragen sie den großen Purpurmantel, ihre Häupter sind nimbiert. Diokletian hält in der Linken die das All symbolisierende Kugel, die herrscherlich erhobene Rechte umfaßt ein goldenes Langszepter (Abb. 12).

Auch Kaiser Konstantin ließ sich göttergleich darstellen. In der Hauptapsis der monumentalen Basilika, die Maxentius am Forum Romanum hatte bauen lassen, errichtete er ein kolossales, marmornes

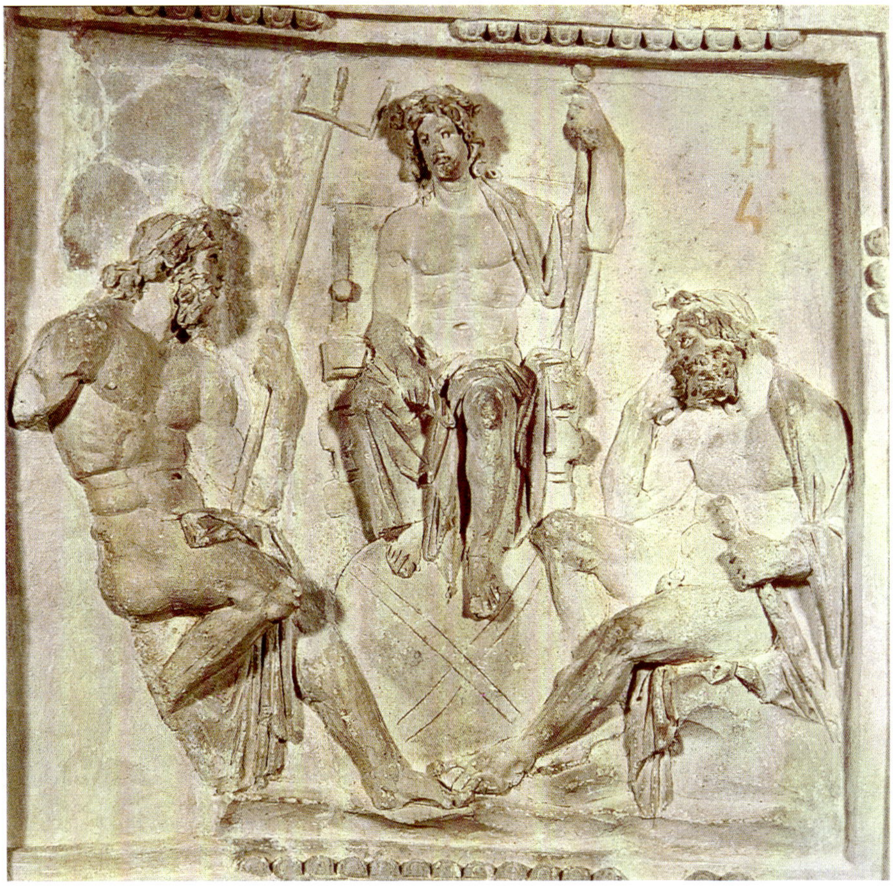

16

17

***Abb. 11** Luxor, Ammontempel, Wandgemälde in der Apsis des tetrachischen Kaiserkultraums, um 300 n. Chr., Rekonstruktion, die Tetrarchen als Götter, Jupiter-Diokletian mit Szepter und Himmelsglobus, Herkules-Maximian (nach der Damnatio Memoriae getilgt).*

***Abb. 12** wie Abb. 11, Oxford, Ashmolean Museum, Aquarell aus dem Skizzenbuch J. G. Wilkinson, MS XXXI, linke Hälfte des Apsisgewändes, Jupiter-Diokletian, Zustand 1852/56.*

***Abb. 13** Silbermedaillon, 313–317 n. Chr., der jupitergleiche Kaiser Konstantin.*

***Abb. 14** Goldmedaillon, 313 n. Chr. Kaiser Konstantin und Sol invictus.*

***Abb. 15** Kupfermünze, 337 n. Chr., die Himmelfahrt des Divus Constantinus.*

***Abb. 16** Rom, Vatikan, Antiquarium Romanum I, Stuckrelief aus dem Columbarium der Vigna Moroni, letztes Drittel 1. Jh. n. Chr., Alexander als Jupiter.*

***Abb. 17** Silbermedaillon, 222–235 n. Chr., Kaiser Alexander Severus.*

18

19

Sitzbild, das ihn nur mit dem großen Göttermantel bekleidet zeigte[22]. Auf einem Medaillon ist er ein zweites Mal in diesem Typus dargestellt. Hier überreicht er, jupitergleich, Symbole von Allmacht und ewigem Leben seinem Sohn[23]. Als göttlicher Sieger sitzt er auf einer erbeuteten Rüstung. Als Herren über die Natur preist ihn der in demütiger Haltung vor ihm sitzende Panther (Abb. 13). Auf einem Goldmedaillon des Jahres 313 erscheint er als Zwillingsbruder des unbesiegten Sonnengottes Sol[24]. Zusätzlich ist dieser göttliche Kosmokrator zum Schildzeichen des Kaisers geworden: Auf einer Quadriga fährt er über das Himmelsgewölbe, unter sich die Personifikationen von Land und Meer (Abb. 14).

Nach seinem Tod im Jahr 337 lassen die Söhne des Kaisers Kupfermünzen prägen, die dessen Apotheose zeigen (Abb. 15). Der Divus Constantinus fährt auf einer Quadriga gen Himmel und streckt seine Rechte der Hand Gottes entgegen[25]. Nach traditioneller römischer Vorstellung hat sich der Kaiser nun seinen divinisierten Vorgängern zugesellt. In den Augen der Christen war er, vergleichbar nur mit Christus oder den Märtyrern, unmittelbar nach seinem Tod zu Gott entrückt, während die übrigen Menschen auf das Endgericht zu warten hatten!

Die gottgleiche Macht, die der nunmehr verewigte Constantinus inne hatte, muß ein monumentales Gemälde in Rom eindrucksvoll veranschaulicht haben. Euseb erwähnt es eigens in seiner Vita Constantini: Es zeigte Konstantin als Allherrscher (Pantokrator), der «... über dem Gewölbe des Himmels ...» thront[26]. Die Söhne Konstantins konnten ihren Herrschaftsanspruch mit einem solchen «himmlischen Vater», unsterblicher Patron der Dynastie, wirkungsvoll begründen.

Der Text läßt offen, ob das «Gewölbe des Himmels» in Form eines Himmelsglobus oder als Personifikation dargestellt war. Innerhalb der politischen Ikonographie hat der Bildtypus des divinisierten Herrschers, der auf dem «Himmelsgewölbe» thront, eine lange Geschichte. Sowohl symbolische als auch anthropomorphe Darstellungen des Uranos bzw. Coelus sind gut belegt. In einem Stuckrelief flavischer Zeit (69–96 n. Chr.) wird Alexander d.Gr. als neuer Jupiter so dargestellt (Abb. 16) oder, viel später, Alexander Severus (222–235 n. Chr.) (Abb. 17). Die beiden tetrarchischen Augusti, Diokletian und Maximian, erscheinen, gegen Ende des 3. Jhs. n. Chr., in einem der Reliefs des Galeriusbogens als göttliche Allherrscher[27] (Abb. 18). Sie sitzen auf einer den Kosmos symbolisierenden Kugel und

20

21

setzen ihre Füße auf die hochgewölbten Vela von Personifikationen, die wahrscheinlich Uranos-Caelus und Gaia-Tellus darstellen.

### Christus wird kaisertauglich

Die bei Euseb erwähnte, in dieser Weise überhöhte Darstellung des Divus Constantinus, die gewiß an einer öffentlich zugänglichen Stelle angebracht war, mußte sich auf Christusdarstellungen dieser Zeit auswirken. Das Christusmonogramm als göttlich-kaiserliches Siegeszeichen war durch Bilder zu ergänzen, die, wie zuvor Sol, nun Christus als brüderlichen Allherrscher des Kaisers propagierten. Schon vor der Mitte des 4. Jhs. n. Chr. dürften monumentale Bilder dieser Art in Rom existiert haben.

22

***Abb. 18** Thessaloniki, Galeriusbogen, 299–303 n. Chr., die Augusti Diokletian und Maximian.*

***Abb. 19** Rom, S. Costanza, Apsismosaik, nach der Mitte des 4. Jhs. n. Chr., Christus als Kosmokrator.*

***Abb. 20** Rom, Vatikan, Museo Pio Cristiano, Sarkophag des 359 n. Chr. gestorbenen Stadtpräfekten Junius Bassus, Christus als Kosmokrator.*

***Abb. 21** Ravenna, S. Vitale, um 540–547 n. Chr., Apsiskalotte, Christus als Kosmokrator.*

***Abb. 22** Rom, Katakombe Commodilla, Basilichetta, Traditio Clavum, zweite Hälfte 7. Jh.*

23

Vermutlich waren sie in den Apsiden der großen, vom Kaiser gestifteten Kirchen angebracht. Als Nachklänge derartiger Vorbilder können die Mosaiken in den beiden Apsiden der Kirche S. Costanza in Rom gelten[28]. Sie sind wohl kurz nach der Mitte des 4. Jhs. entstanden und gehören zu dem prächtig ausgestatteten Mausoleum, das die kaiserliche Prinzessin Constantina hatte errichten lassen. Das Hauptthema des einen der Mosaiken ist, trotz starker Ergänzungen, deutlich: Christus, mit göttlich-kaiserlichen Attributen wie Purpurgewänder und Nimbus ausgestattet, thront auf einer Kugel, die den Kosmos symbolisiert (Abb. 19).
Die große Akzeptanz derartiger Christusbilder zeigen Wiederholungen im Bereich der durchaus auch öffentlichen Selbstdarstellung dienenden Sepulkralkunst. Als fest datiertes Beispiel ist das zentrale Relief an der Front des Sarkophages des im Jahre 359 n. Chr. gestorbenen Stadtpraefekten von Rom, Junius Bassus, zu nennen[29] (Abb. 20). Christus setzt seine Füße auf das hochgewölbte Velum einer bärtigen Personifikation des Cealus. Aber auch in der Malerei leben diese Bilder der Allmacht Christi noch lange weiter. Im Apsismosaik der Kirche S. Vitale in Ravenna (um 540–547) sind zum Himmelsglobus, auf dem Christus thront, noch biblische Motive, wie der Paradiesesberg und die ihm entströmenden vier Flüsse hinzugekommen[30] (Abb. 21). In der, in die zweite Hälfte des 7. Jhs. zu datierenden Sepulkralmalerei in der römischen Katakombe Commodilla, ist das alte römische Thema der Schlüsselübergabe an Petrus wieder aufgegriffen (s. Abb. 19) und durch die Darstellung lokaler Heiliger erweitert[31]. Zentrum der friesartig gestreckten Aufreihung von Figuren ist Christus, der auf dem blauen Himmelsglobus sitzt (Abb. 22).

Nicht die ruhige Majestät eines frontal dargestellten, thronenden Christus, sondern die Dynamik einer im Profil wiedergegebenen, nach rechts hinauf gen Himmel strebenden Gestalt Christi charakterisiert den zweiten Bildtypus, der wohl in der zweiten Hälfte des 4. Jhs. entsteht und die Himmelfahrt zum Thema hat (Abb. 23. 24).

Auch diese Darstellung adaptiert einen Bildtypus aus dem Repertoire traditioneller kaiserlicher Ikonographie: Die Apotheose eines Kaisers und hier die Kaiser Konstantins (Abb. 15). Wieder ist das Bemühen deutlich, mit einer derartigen Angleichung, die Göttlichkeit Christi hervorzuheben und zugleich seine Nähe zum Divus Constantinus zu betonen. Ähnlich wie das Bild des Kosmokrators wird das der Himmelfahrt bei den vermögenderen Mitgliedern der Gesellschaft schnell akzeptiert. Auf einem, wahrscheinlich in Rom gegen Ende des 4. Jhs. n. Chr. entstandenen, heute in Arles aufbewahrten zweizonigen Friessarkophag ist diese Szene dargestellt[32] (Abb. 23). Aber auch auf Luxusgegenständen, wie dem um das Jahr 400 datierten Elfenbeinrelief in München, ist sie zu finden[33] (Abb. 24).

## … im Himmel wie auf Erden

Die Darstellung der Anbetung des Christkindes durch die drei Magier aus dem Osten ist ein weiteres narratives Bild, das in konstantinischer Zeit entsteht[34]. Auch hier ist entscheidend, daß mit dieser, bis dahin nicht illustrierten Szene, die kaisergleiche Macht des neu-

24

geborenen, künftigen Weltenherrschers Christus augenfällig demonstriert werden konnte. Auf einem in konstantinischer Zeit wahrscheinlich in Rom gearbeiteten Sarkophag, der sich heute in Arles befindet, tragen die drei Magier lange Hosen und phrygische Mützen (Abb. 25). Die vornehmste Gabe, das Gold, das dem Christkind zuerst übergeben wird, hat nicht die Form von Münzen, sondern die eines Blätterkranzes. Weder dieses Detail, noch die besondere Tracht der Magier ist in den biblischen Texten erwähnt, in der Triumphalikonographie der Kaiser sind sie hingegen schon lange zu finden. Im Relief der nach 193 n. Chr. entstandenen Marc-Aurel-Säule in Rom tragen orientalische Barbaren, die dem Kaiser mit verhüllten Händen huldigen, diese Tracht (Abb. 26). Die Reliefs eines Sockels, der vermutlich zu einem spätkaiserzeitlichen Triumphbogen gehörte, zeigen auf der Vorderseite eine herabfliegende Victoria, an den Nebenseiten mit verhüllten Händen huldigende, östliche Barbaren. Einer von ihnen bringt einen riesigen Goldkranz mit Stirnjuwel, das obligatorische Begrüßungsgeschenk für den siegreichen Kaiser (Abb. 27). Diese bibelfremden Elemente finden sich auch bei späteren Varianten der Magierhuldigung, bei denen die Betonung der frontal wiedergegebenen Gestalt der Gottesmutter auffällt (Abb. 28). In dem Elfenbeinrelief des 6. Jhs. werden statisches Thron- und dynamisches Huldigungsbild kombiniert. Um die bei repräsentativen Kompositionen beliebte Symmetrie zu wahren, ist den Magiern ein Engel zugesellt. Sein Kreuzstab weist auf den künftigen Sieg Christi. So wie für die Urversion des Bildes der Magierhuldigung ein Thema der älteren imperialen Kunst Pate stand, so

25

auch für dessen jüngere Fassung. Wiederum zeigt es sich, daß eine bewußte Nobilitierung Christi, vor allem aber auch eine solche seiner Mutter angestrebt ist. Ein Vergleich mit dem Widmungsbild der Wiener Dioskurideshandschrift aus den Jahren 512/513 macht das deutlich[35] (Abb. 29). Zentrale Figur ist hier die Patrizierin und kaiserliche Prinzessin Juliana Anicia. Sie wird von den Personifikationen der Klugheit und der Großzügigkeit flankiert. Die Personifikation der «Dankbarkeit der Künste» huldigt der Fürstin mit Proskynese, d. h. kniefällig, und mit Fußkuß.

Christliches und feudales Huldigungsbild sind lediglich adaptierende Varianten einer Vorlage aus der imperialen Kunst: Diese kann man sich in Art des Goldmedaillons vorstellen, das höchstwahrscheinlich aus Anlaß der Geburt des Constans im Jahre 324 in Trier geprägt wurde[36]. Constans war jüngster Sohn von Kaiser Konstantin und Flavia Maxima Fausta (Abb. 30). Die frontal dargestellte Augusta hält ihren Sohn auf dem Schoß und scheint ihn zu stillen. Das Haupt der Kaiserin ist von einem Nimbus umgeben. Sie wird von den Personifikationen der Felicitas und der Pietas flankiert, die sich ihr mit huldigenden Gesten zugewandt haben. Zu Seiten des Podests nähern sich eilfertig zwei erotenartige Knaben, die Kränze (!) herbeibringen. Die Göttlichkeit der kaiserlichen Mutter betont der Nimbus. Die gesamte Komposition erinnert an Kultbilder, die mütterlichen Gottheiten, wie Isis oder Hestia, gelten[37].

Die aus dem szenischen Kontext der Magierhuldigung gelöste Darstellung der frontal wiedergegebenen, sitzenden Gottesmutter, die ihren Sohn auf dem Schoß

*Abb. 23 Arles, Musée d'Art Chrétien, zweizoniger Friessarkophag, Ende 4. Jh. n. Chr., Himmelfahrt Christi.*

*Abb. 24 München, Bayerisches Nationalmuseum, Elfenbeinrelief, um 400 n. Chr., Himmelfahrt Christi.*

*Abb. 25 Arles, Musée d'Art Chrétien, zweizoniger Clipeussarkophag, 2. Viertel 4. Jh. n. Chr., Anbetung der Magier.*

*Abb. 26 Rom, Marc-Aurel-Säule, nach 193 n. Chr., orientalische Barbaren huldigen dem Kaiser.*

26

27

28

hält und meist von Engeln flankiert wird, ist ab dem 5. Jh. ein Hauptthema der christlichen Kunst jeglichen Bekenntnisses. Nach dem aus dem Christusmonogramm entwickelten Kreuz und dem thronenden Christus bzw. Pantokrator gehört das Bild der die zweite Stelle in der himmlischen Hierarchie einnehmenden Gottesmutter Maria bis heute zu den drei Kardinalthemen der Bildprogramme in christlichen Kultbauten.

Die äußerste Annäherung zwischen Kaiser Konstantin und Christus, die der Identifikation zwischen Kaiser Diokletian und Jupiter durchaus vergleichbar ist, muß schon wenige Jahrzehnte nach dem Tod Konstantins als zu weitgehend empfunden worden sein. Im Jahr 359 wird sein Sarkophag, der in der kaiserlichen Grablege in Konstantinopel von den Kenotaphien der zwölf Apostel umgeben war, aus dieser zentralen, «christusgleichen» Position entfernt[38]. Auch in der Bildgeschichte spiegelt sich dieser Vorgang. Nach Konstantin scheint es keine Darstellungen eines «... über dem Gewölbe des Himmels ...» thronenden Kaisers mehr gegeben zu haben. Gleiches gilt für die kaiserliche Apotheose[39]. Die Bildthemen Kosmokratie und Himmelfahrt bleiben in der Hauptsache künftig Christus vorbehalten. Einzig Maria erobert sich als Mutter – und später als «Braut» – einen Platz an der Seite des Allherrschers.

Auch wenn die extremen Erscheinungen der Imperialisierung des Christentums in der ersten Hälfte des 4. Jhs. nicht von Dauer waren, so bleibt dessen grundsätzliche Verwandlung in eine staatstragende Ideologie bestehen. Das neue christliche Weltbild hinterließ in der christlichen Bilderwelt seine tiefen Spuren. Nachdem während der ersten drei Jahrhunderte der römischen Kaiserzeit die Annäherung zwischen Herrscher und Gottheit unter den Tetrarchen bis zur äußerst möglichen Identifikation voran-

***Abb. 27** Rom, Villa Borghese, Sockel, Ende 2./Anfang 3. Jh. n. Chr., huldigender Orientale.*

***Abb. 28** London, British Museum, Elfenbeinrelief, 6. Jh. n. Chr., Anbetung der Magier.*

***Abb. 29** Wien, Österreichische Nationalbibliothek, Cod.med.gr. I, um 512/513 n. Chr., Folio 6 verso, Widmungsbild, Juliana Anicia.*

***Abb. 30** Goldmedaillon, ca. 324 n. Chr., Flavia Maxima Fausta Augusta.*

***Abb. 31** Hosios Lukas, 1. Hälfte 11. Jh. n. Chr., Westwand des Narthex, Konstantin und Helena.*

***Abb. 32** Solidus, 350 n. Chr. Kaiser Magnetius, Victoria und Libertas halten ein Tropaion.*

29

30

31

32

getrieben worden war, mußte Kaiser Konstantin, beim Umschwenken auf Christus diesen als göttliche Quelle seiner Siege und seiner absoluten Macht propagieren. Ein gänzlicher Verzicht auf die Vorstellung, die im Kaiser gipfelnde hierarchische Ordnung des irdischen Imperiums sei gottgewolltes Abbild der kosmischen Ordnung und himmlischen Hierarchie, hätte ein Umstürzen der allgemein akzeptierten, traditionellen Weltordnung bedeutet. Die Gestalt Christi mußte also, sollte sie für Konstantins Absicht tauglich sein, imperialisiert werden. Ganz anders als bei den bisherigen kaiserlichen Gottheiten bedeutete das aber nicht, daß das kaiserliche Bild dem des Gottes, sondern das Bild des Gottessohnes dem des Kaisers angeglichen werden mußte. Das Bild eines sehr menschlichen, schon in der äußeren Erscheinung das Ideal der Anspruchslosigkeit und Bescheidenheit demonstrierenden Lehrers der Nächstenliebe und damit Gewaltlosigkeit eignete sich kaum dazu, die machtvolle Gottheit eines auf Sieg setzenden römischen Kaisers darzustellen. Es ist also verständlich, daß Konstantin zunächst auf eine anthropomorphe Darstellung Christi verzichtete und die symbolische in Gestalt des Christusmonogramms bevorzugte. Dieses hatte zudem den Vorteil, dem Zeichen des siegreichen Sonnengottes zu gleichen.

Vor einem Erheben Christi zum offiziellen Reichsgott mußte zudem sichergestellt sein, daß der Sohn Mariens auch «kaiserwürdig» war und tatsächlich die volle Göttlichkeit besaß: So regelten im Jahr 325 die Bischöfe – unter dem Vorsitz des Kaisers – die bis dahin rein theologische Streitfrage und beschlossen, daß Christus gleich ewig und gleich mächtig sei, wie Gottvater[40]. Anthropomorphe Darstellungen, die nicht den historischen sondern den überzeitlichen, allmächtigen Christus zeigen wollten, griffen nun auf die herkömmlichen Attribute und Insignien göttlicher Allmacht zurück, die die Kaiser sich längst angeeignet hatten. Eine zwangsläufige Imperialisierung des Christusbildes ist die Folge. Bei diesem Vorgang ist eine Deifizierung von einer Imperialisierung Christi also nicht zu trennen[41].

Folgt man den erhaltenen Denkmälern, geht diese Übernahme der Zeichen kaiserlich-göttlicher Macht aber kaum je so weit, daß eine Darstellung Christi für die eines Kaisers gehalten werden konnte[42]. Bilder, die bis dahin eine Deifizierung von Kaisern signalisieren konnten – das Auffahren zum Himmel und das Thronen über den Himmelsgewölben –, werden nach der Jahrhundertmitte sogar zum Reservat Christi. Die grundsätzliche Imperialisierung der Gestalt Christi bleibt aber bestehen. Weiterhin teilt er von nun an mit den Kaisern die wichtigsten Insignien, wie z. B. den Nimbus, das Diadem[43], den Thron oder den Purpur. Sie visualisieren seine Kosmokratie.

Auch die Apsis als der bevorzugte Anbringungsort derartiger Christusbilder weist auf eine Übernahme aus Kaiserkulträumen: Seit dem Tempel des Divus Iulius in Rom hinterfangen vielerorts Apsiden die Standbilder der späteren göttlichen Kaiser[44]. Selbst die wenigen erhaltenen gemalten Bilder monumentalen Formats kaiserlicher Divi befinden sich in Apsiden[45]. Der urchristliche Kultraum hingegen erforderte keine Apsis. Das bezeugen nicht nur die Evangelien, sondern auch die frühen Kirchen in Dura Europos, Aquileia und Trier ebenso wie einige koptische Kirchen, die z.T. eine besonders alte Tradition weiterführen[46].

33

34

Die tiefgreifende Imperialisierung des Christusbildes beschränkt sich auf das allgemeine Prinzip. Das Verschmelzen mit einem bestimmten Kaiser ist nicht belegt. Das ist ein zweiter deutlicher Unterschied zu den vorkonstantinischen göttlichen Kaisern. Auf diese Weise wird die Vorstellung einer überindividuellen, zeitlosen, imperial geprägten, gottgewollten, hierarchischen Weltordnung gefestigt, die der jeweils regierende Kaiser im Auftrag des Himmelskönigs Christus auf Erden zu verwirklichen hat. Diese Verallgemeinerung hat zugleich eine, für den dauerhaften Machtanspruch des christlichen Kaisertums hochwillkommene Konsequenz: So eindrucksvoll die vorkonstantinischen Herrscher auch als Götter auf Erden aufgetreten waren, so konnten deren Bilder doch nicht dem individuellen Schicksal des jeweiligen Amtsinhabers entgehen. So wurde etwa, nachdem Kaiser Maximianus Herculeus zwischen den Jahren 312–316 posthum der Damnatio Memoriae verfallen war, auch dessen Bild in Luxor zerstört[47] (Abb. 11). Eine vergleichbare Beschädigung des imperialen Herrschaftskonzepts konnte nach Konstantin nicht mehr vorkommen.

Nach der Mitte des 4. Jhs. mehren sich auch bei kirchlichen Schriftstellern Lobpreisungen Christi, die weit über die Vorgaben des Bibeltextes hinausgehen und deutlich der Kaiserpanegyrik entnommen sind. Einige Beispiele: Die Geburt Christi wird als das Erscheinen eines kaiserlich-göttlichen Welterlösers geschildert, sein Einzug in Jerusalem als kaiserlicher Adventus, seine Verhöhnung mit dem Soldatenmantel als wirkliche kaiserliche Investitur, Tod und Auferstehung als Sieg des göttlichen Königs über seine Feinde, seine Himmelfahrt als Einzug in seine Königsstadt[48].

## Machthaberinnen in Christo

Auch die Gemahlin der römischen Kaiser konnte als Göttin dargestellt und verehrt werden. Schon bei Livia, Gattin des Augustus, zeigen sich die Möglichkeiten, die bei späteren Kaiserinnen in verschiedenen Varianten und Intensitäten zu beobachten sind (Abb. 9). Das göttliche Paar auf dem Kaiserthron gleicht den Unsterblichen und ist, wie diese, zugleich Ideal für das bürgerliche Ehepaar.

Nicht eine der Gattinnen, sondern Helena, die Mutter Kaiser Konstantins, demonstriert, vereint mit ihrem Sohn, eine besonders enge Beziehung zu Christus – genauer zu seinem Siegeszeichen, dem Kreuz. Der Legende nach entdeckt Helena, erste der zahlreichen spätantiken Pilgerinnen, das wahre Kreuz Christi in Jerusalem. Seit dem frühen Mittelalter werden Mutter und Sohn, inzwischen unter die Heiligen aufgenommen, als kaiserliches Paar zu Seiten des Kreuzes dargestellt[49] (Abb. 31). Diese Komposition ist in eine Traditionsreihe zu stellen, die auf spätantike Münzbilder zurückgeht, wo zu seiten eines militärischen Siegeszeichens (Tropaion, Vexillum) zwei Soldaten oder zwei Personifikationen postiert sind[50] (Abb. 32).

Die Möglichkeit einer vergleichsweise autonomen Beziehung zwischen Kaiserin und Christus läßt sich ab dem 5. Jh. nachweisen. In diesem Jahrhundert gibt es eine Reihe von Herrscherinnen, die im Namen ihres schwachen Gatten, Bruders oder ihres minderjährigen Sohnes Regierungsgewalt ausüben. Mit ganz ähnlichen Bildmitteln wie die Kaiser propagieren sie ihren «gottgewollten» Herrschaftsanspruch. Auf einem ca. 425/429 in Ravenna geprägten Solidus ist die Augusta Galla Placidia zu sehen[51]. Auf ihrer rechten Schulter, neben der kaiserlichen Scheibenfibel mit den drei Pendilien, erscheint das Christusmonogramm. Über ihrem Haupt schwebt ein Kranz, gehalten von der Hand Gottes (Abb. 33). Auf der Rückseite ist eine Victoria zu sehen, die in der Rechten ein Langkreuz hält. In ähnlicher Weise wie Gala Placidia lassen sich die Kaiserinnen Aelia Eudocia, Aelia Pulcheria, Iusta Grata Honoria, Licinia Eudoxia, Aelia Verina, Aelia Zenonis oder Aelia Marciana Eufemia abbilden[52]. Auf keiner dieser Münzen ist der zugehörige männliche Souverän berücksichtigt.

Es fällt auf, daß ebenfalls im 5. Jh. die einzigartige Rolle Mariens, die sie als Mutter Christi aus der übrigen Menschheit hervorhebt, bindend definiert wird. Im Jahr 431 beschließt das Konzil in Ephesos, sie Theotokos, Gottesgebärerin, zu nennen[53]. Unter Papst Sixtus III (432–440) wird S. Maria Maggiore geweiht, die erste Marienkirche Roms[54]. In der folgenden Zeit tauchen Darstellungen Mariae auf, die sie aus dem historischen Kontext der Geburt Christi und der Anbetung der Magier herausheben. Nun wird sie wie einst Göttinnen oder die regierende Kaiserin frontal thronend dargestellt[55]. Ihr Sitz ist nicht mehr wie bei der Magierhuldigung die rundlehnige, geflochtene Kathedra (Abb. 25). Jetzt ist es der gemmenbesetzte Thron mit der hohen, gerade abschließenden Lehne, der den göttlichen Kaisern und Kaiserinnen vorbehalten ist (Abb. 34). Nun sitzt sie auf einem großen Purpurkissen, ihre Füße ruhen auf einem goldenen, mit Perlen und Gemmen besetzten Suppedaneum[56], also einem Fußschemel (Abb. 35. 36). Genaugenommen gelten diese Insignien höchster kaiserlicher Macht natürlich ihrem Kind. Dennoch teilt sie als imponierende, matronale Gestalt mit ihm den Thron. Wie in der voraufgehenden Kaiserzeit hat nun auch das christliche Pantheon in Maria wiederum eine Himmelskönigin erhalten.

## Christus Rex – Rex in Christo

Mit dem 6. Jh. ist der Prozeß der Imperialisierung des Christentums im wesentlichen abgeschlossen. Alle folgenden Entwicklungen des Verhältnisses von – weltlichem und geistlichem – Herrschertum und seiner religiösen Begründung und Überhöhung nehmen von der spätantiken Situation ihren Ausgang, wobei im westlichen und östlichen Bereich des Christentums verschiedene Sonderformen entstehen. Die Verbindung, die das römische Kaisertum mit der Religion der Christen einging, veränderte beide Beteiligten in verschiedenem Maße.

Die gegen Ende des 3. Jhs. üblich gewordene völlige Identifikation der Kaiser mit «ihrem» Gott wird, nach einer Übergangsphase, in der Kaiser Konstantin sich in kaum weniger zurückhaltender Weise mit Apollo-Sol, Jupiter und Christus gleichgesetzt hatte, nach der Mitte des 4. Jhs. für immer aufgegeben. Zwar rückt der auserwählte Herrscher mit seiner Krönung in eine Nähe zum Himmelskönig Christus, die nur noch mit der der Heiligen vergleichbar ist, er wird aber nie zu dessen Inkarnation. Dennoch übernimmt das Christentum die Hauptfunktion, die einer Religion aus der Sicht des herkömmlichen römischen Herrschertums zufiel, nämlich dessen Machtanspruch zu begründen und zu fördern. So wie zuvor Jupiter oder Sol wird jetzt Christus zum Spender der Siege des Kaisers. Diese militärischen Erfolge beweisen auch jetzt seine Auserwähltheit und machen seinen

35

Herrschaftsanspruch zu einem gottgewollten. Ebenso wird die traditionelle Vorstellung einer hierarchisch strukturierten Gesellschaft, an deren Spitze der Kaiser steht, vom imperialisierten Christentum wirkungsvoll gefördert: Kaiserliche Insignien, Titulaturen und Riten, auf Christus übertragen, bestärken ebenso wie die Bildprogramme in Kirchen, die im Pantokrator aufgipfeln, die Vorstellung des Gläubigen von einer hierarchisch gegliederten Schöpfung, die von Christus so regiert werde, wie das Imperium vom Kaiser. Die durch die Übernahme des Christentums verursachten Modifikationen des Selbstverständnisses der Kaiser bedeuten nur eine oberflächliche Veränderung. Zweck und Grundstruktur des traditionellen Verhältnisses zwischen römischem Herrscher und Gottheit bleiben weiterhin bestehen. Von einer echten Verchristlichung des Imperiums kann nicht gesprochen werden.

Selbstverständnis und Funktion des Christentums wandeln sich hingegen in grundsätzlicher Weise. Die widerspruchslos angenommene Vorstellung von Christus als Spender kaiserlichen

*Abb. 33 Solidus, 425/429 n. Chr., Galla Placidia Augusta.*

*Abb. 34 Paris, Bibliothèque Nationale, Medaillon mit Solidus, 425/429 n. Chr., Galla Placidia Augusta.*

*Abb. 35 Cleveland Museum of Art, Wandbehang, 6. Jh. n. Chr.*

36

Abb. 36 *Rom, Katakombe Commodilla, Basilichetta, ‹Madonna der Turtura›, zweite Hälfte 7. Jh. n. Chr.*

Schlachtenglücks und Garant herrscherlichen Machtanspruchs bedeutet seine Paganisierung. Zwar bleibt vor allem der historische Christus für den einzelnen Gläubigen Lehrer, Heiland und Lebensquelle. Jenseits dieses menschennahen Gottessohnes des Neuen Testaments erhebt sich aber seit dem 4. Jh. die ferne, allmächtige Gestalt des kaisergleichen Pantokrator, Verkörperung einer hierarchischen Weltordnung. Dieser Wandel bedeutet eine dauerhafte Imperialisierung des Christentums. Er läßt sich in der Kunst der Spätantike deutlich ablesen.

Rainer Warland

# Die neue Symbolik der Macht

## Der visuelle Beitrag der spätantiken Kunst zur Neuordnung von Herrschaft und Religion

In der Spätantike wurden Herrschaft und Religion auf neue Grundlagen gestellt. Inmitten einer der Umbruchphasen der europäischen Geschichte, in der sich die spätantike Kaisermacht neu stabilisierte und mit Hilfe einer monarchischen Symbolik auratisierte, trat zugleich das Christentum in die Strukturen der staatstragenden Religion ein. So wird in dieser historischen Schwellenzeit das Konzept der gottgeführten Kaisermacht sehr bald schon mit der neuen Öffentlichkeit einer christlichen Monumentalkunst verknüpft. Zwischen Weltherrschaft und Monotheismus entsteht eine folgenreiche Ambivalenz, in deren Entwicklung sich beide Größen aufeinander ausrichten und jene Voraussetzungen schaffen, die das christliche Mittelalter begründen.

Herrschaft war in der Antike religiösen Ursprungs. Der charismatische Herrscher, der sich als solcher durch Erfolge, Siege und Leistungen erweisen mußte, vollzog den Willen der Götter. Mit einem gesteigerten monarchischen Zeremoniell wurde nun in der Spätantike eine Aura geschaffen, die den Herrscher sakralisierte und dem tagespolitischen Kräftespiel von Senat, Militär und Volk entzog. Die Distanz des Herrschers zu den Zeitgenossen wurde unüberbrückbar. Der Weltherrscher «über Erde und Land und über alle Völker und Stämme der Menschheit» (Inschrift von Arykanda) war nun der sakrale Mittler der Fürsorge der Götter. Die höchsten Götter als persönliche Schutzmächte lenkten den Blick auf die Erfolge und Leistungen. Vom Herrscher sprach man als der sacra maiestas und begann zwischen Person und Amt zu differenzieren. Überhaupt ist die Ausbildung einer eigenständigen Amtsautorität, unabhängig von der individuellen Befähigung des Inhabers, eine jener folgenreichen Neuerungen, die die Spätantike hervorgebracht hat.

Die Reformbestrebungen, die Diokletian (284–313) eingeleitet hatte, waren ganz unterschiedlicher Ausrichtung. Der Rückbesinnung auf die Grundlagen altrömischer Tradition in Recht, Sitte und Religion war keine lange Wirksamkeit beschieden. Sein politisches Konzept einer kollegialen Herrschaft trug den dezentralen Machtverhältnissen des spätantiken Weltreiches Rechnung, führte aber letztlich auch die Trennung des West- und Oströmischen Reiches herbei. Von Anfang an aber sicherte Diokletian die Stellung des Herrschers durch ein neuartiges Zeremoniell nach orientalisch-persischem Vorbild ab. Den zu Kaiser aufgestiegenen Berufsoffizieren verlieh es eine hierarchische Stellung, die sich in einem feinabgestimmten Protokoll niederschlug. Fragen der Audienz, des Wagenrechts und der Etiketten, etwa die Verhüllung der Hände bei der Geschenkannahme und die kniefällige Ehrerweisung, machten Status und Rang nach außen sichtbar. Konstantin hat sich diese Neuerungen der Tetrarchie zu eigen gemacht und intensiviert. Die Öffnung der Religionspolitik für die christliche Religion integrierte diese als mitgestaltenden Faktor.

Bei der neuen Sicht auf die politischen Verhältnisse kam der Bildkultur der Spätantike eine entscheidende Vermittlung zu. Durch Vergleiche, Anspielungen und Konnotationen leistete sie eine symbolische Kommunikation, die mit großer Eindringlichkeit und schlagwortartiger Deutlichkeit geführt wurde. Eine Verfassung, die die Kompetenzen staatlicher Macht festschreiben konnte, gab es nicht. Umso wichtiger waren daher die visuellen Botschaften von der sakralen Stellung des Herrschers. Die Bildpropaganda der spätantiken Staatskunst ist hier weithin der preisenden Rede, dem Panegyricus, verwandt, der die Handlungsweise des Kaisers vor dem Hintergrund von Topik und Tradition auslegt

Seit Diokletian wird der Nimbus zum festen Kaiserattribut (Abb. 1–2). Um den Kopf führt der Herrscher seither einen Lichtkreis, der zuvor allein bei Göttern als Aura himmlischen Lichts beigegeben wurde. Der Nimbus meint der Wortbedeutung nach nichts anderes als einen Lichtnebel, der den überirdischen Glanz der Götter für die Sterblichen abmildern sollte. In der mythologischen Ikonographie der römischen Kaiserzeit war er ein bildlicher Verweis auf göttliche Wesen. Der Nimbus als Lichtkreis war demnach nur gedanklich zu fassen. Auch der Panegyricus von 289 auf den Kaiser Maximianus Herkulius scheint diesen Lichtkreis um den Kopf des Herrschers anzusprechen als «jenes Licht, das den göttlichen Scheitel in hellem Rund umgibt» (Paneg. lat. II (10) 3,2 ed. Galletier). Der

1

2

*Abb. 1 Medaillon Konstantins d. Gr., Rückseite: der nimbierte thronende Kaiser zwischen zwei Wachsoldaten.*

*Abb. 2 Genf, Missorium Valentinians: der nimbierte Kaiser vor seiner Schildwache.*

3

ließ. Euseb beschreibt diese Inszenierung so: «Wie ein Engel Gottes vom Himmel her tritt er auf, leuchtend in glänzendem Gewand wie von Lichtglanz, geschmückt mit dem hellen Schimmer von Gold und kostbarem Edelstein.» (Vita Constantini 3,10).

Die Zeitgenossen nahmen diese Neuerungen nach orientalisch-persischem Vorbild nicht ohne Kritik wahr. In seiner Kranzrede auf Arkadius, vermutlich aus dem Jahre 399, karrikiert Synesius den Aufzug des Kaisers ungeschminkt: «Jetzt seid ihr in Purpur und Gold gelegt, mit Steinen von ausländischen Gebirgen und Meeren, teils Diadem, teils Schuhe, teils Gewand, teils Ohren, teils Spangen und teils den Thron verziert ihr damit. Daher seid ihr ein gar bunter und vielfarbiger Anblick geworden wie die Pfauen, die nach dem homerischen Fluch das steinerne Gewand nachschleppten.» (De regno 8). Deutlicher kann man die Ablehnung der als fremdartig empfundenen Etikette in Kleidung und Bräuchen kaum in Worte fassen.

Wiederum scheint Diokletian der Urheber dieser Neuerungen gewesen zu sein und die Beute der Perserkriege der unmittelbare Anlaß. Jedenfalls bezeichnen

Nimbus ist demnach zunächst ein immaterieller Lichtschein, der sich erst im Laufe der Bildtradition zu einer goldglänzenden Scheibe verfestigt hat und im Mittelalter zum Heiligenschein christlicher Märtyrer verwandelt.

Der gedanklichen Chiffre folgt bald eine materielle Auszeichnung des Kopfes. Mit der Alleinherrschaft im Jahre 324 legt sich Konstantin das Diadem als Herrscherinsigne zu (Abb. 3). Das hellenistische Zeichen der Herrschaft, das die Kaiser des späten 3. Jhs. nur temporär getragen haben, wird zum dauerhaften Ausweis des rechtmäßigen Kaisers. Das bewegliche Band wird bald durch einen festen Reif mit Edelsteinbesatz abgelöst. Das Diadem verfestigt sich zur königlichen Regalie des Herrschers.

Parallel zu diesen Veränderungen gehen Neuerungen des Ornates. Die größte Prachtentfaltung in der spätantiken Öffentlichkeit bot das Konsulargewand. Zur Amtseinführung am Neujahrsfest, zum Processus consularis, wurde dieses auffälligste Prunkgewand der Spätantike getragen. Der sog. Kalender von 354, die Kopie einer Handschrift des Jahres 354, zeigt das Konsulatsgewand mit Kaiserbildern, die in den Stoff eingewebt waren. Auch Ausonius dankt in einem Brief für die vom Kaiser übersandten Konsulatsgewänder und der individuellen Auswahl der Bilder. Die Herrscher der Spätantike haben das Konsulat gleich mehrfach bekleidet und sich den Prunk des Gewandes als kaiserliches Zeremonialgewand gesichert. Eine der wichtigsten Neuerungen im Ornat war dabei nicht nur der Bilderreichtum der Gewänder, sondern auch der kostbare Überzug aus Edelsteinen und Gemmen, die darauf appliziert waren.

Erneut erscheint der Kaiser in einer Aura des Lichtes, die sein Auftreten wie das aus einer anderen Welt erscheinen

4

Aurelius Victor und Leon Grammatikos ihn als den ersten, der Gewänder aus Gold und Edelsteinen getragen habe und sogar seine Schuhe mit Edelsteinen schmücken ließ. Die erhaltenen Statuen der tetrarchischen Herrscher dokumentieren tatsächlich eine neue Vorliebe, Gürtel, Schwertscheiden und – wie im Falle einer alexandrinischen Sitzstatue – Leisten und Streben des Thrones mit dichten Gemmenbändern zu dekorieren (Abb. 4–6). Fibeln mit aufwendigen Pendilien treten ergänzend hinzu. Ägyptischer, also wiederum östlicher Porphyr stieg zum Erkennungszeichen der Staatskunst auf – in der Konsequenz des Gebrauchs modernen Imagestrategien vergleichbar.

Die neue Kaisermode lichtbrechender, changierender Steine und Materialien traf ganz offensichtlich den Zeitgeschmack und die Vorliebe der Oberschicht für prestigeträchtigen Luxus. Anders läßt sich kaum erklären, wie schnell sich auch über die Kleidung hinaus Mosaikflächen, Perlmutteinlagen, Glasintarsien und Marmorinkrustationen in der Wanddekoration der Spätantike durchsetzen. Die Villen und Wohnpaläste der Spätantike sind weitgehend verloren, doch einige spätantike Kirchenräume haben dank ihrer Nutzungskontinuität authenische Ensembles bewahrt. Spätantike Kirchen Ravennas, wie das Neon-Baptisterium und San Vitale, bewahren raumhohe Wändflächen, die gänzlich von Marmor, Stuck und Mosaikbelag überzogen sind (Abb. 7–8). Die Erlesenheit des Materials, das Spektrum der Farben und die reichen Rapporte erwecken ein wechselndes Spiel des Lichtes und der Farbtöne auf den kostbaren Oberflächen und tauchen den Raum in ein eigenes Licht.

Sie erklären letztlich auch die Ausprägung der spätantiken Kunst als Flächen-

5

6

7

***Abb. 3** Medaillon Konstantins d. Gr.*

***Abb. 4** Venedig, S. Marco: Porphyrgruppe der Tetrarchen.*

***Abb. 5** Vatikan, Bibliothek: Porphyrgruppe der Tetrarchen.*

***Abb. 6** Alexandria, Griechisch-Römisches Museum: porphyrne Sitzstatue.*

***Abb. 7** Ravenna, Baptisterium der Orthodoxen (Neon-Baptisterium).*

8

9

10

11

kunst, die statt räumlicher Illusion und Plastizität die Oberflächenqualitäten und Eigenwerte des Materials freisetzte und einer klar erkennbaren Raumgrenze zuordnete. So ist die Spätantike gerade auch die Zeit farbintensiver Wandbehänge und textiler Architekturgliederungen. Kaisermosaiken, wie die in San Vitale in Ravenna, mit ihrer ganz auf die Porträtköpfe beschränkten Körperlichkeit fügen sich in diese teppichartige Bekleidung der Wand (Abb. 9–10). Bezeichnenderweise war es auch die Wiener Kunst der Zeit um 1900, die Flächenkunst der Secession, der Art nouveau und des Jugendstils, die die Vorzüge des spätantiken Kunstwollens wiederentdeckte.

Das Spiel des Lichtes zauberte Imaginationen und Allusionen auf die lichtführenden Flächen und Stoffe. Die poetische Stiftungsinschrift des Andreas-Oratoriums (Erzbischöfliche Kapelle) in Ravenna spricht diese zeitgenössische Wahrnehmung mit einer ambivalenten Betrachtung des Lichtes an: Das Licht vom Himmel werde im Glanz des Raumlichtes eingefangen (Abb. 11): in den Mosaikgewölben der Kapelle sei das Licht, das himmlischen Ursprungs ist, zugleich gefangen und frei zu beobachten (Liber Pontificalis Ecclesiae Ravennatis I, 50). Goldmosaik wurde dabei als intensivste Lichtfarbe verstanden.

Die Lichtinszenierung des Herrschers durch Nimbus, Krone und Edelsteinornat wurde noch durch eine weitere Auratisierung unterstützt, deren Wirkung nur vermutet werden kann: den Kuppelbaldachin (Ciborium) über dem Thron (Abb. 12). Erneut weisen die Vorstellungen von Baldachin und Schirm auf Wurzeln im orientalisch-persischen Zeremoniell zurück. Dezidiert spricht Corrippus in seinem Panegyricus auf den Kaiser Justin II. (565–578 ) die Bedeutung des Ciborium als Sinnbild des Himmelsgewölbes an. Tatsächlich sind in Elfenbein und Buchmalerei Kaiserdarstellungen bekannt, die einen Viersäulenbaldachin mit gewölbtem Dach über dem thronenden Herrscher dokumentieren. Bestandteil des Wiener Kaiserdiptychons mit einem Säulenciborium sind auch Vorhänge (Cortinae), deren Funktion des Öffnens und Schließens den Kaiserauftritt vollends zu einer temporären Inszenierung machte. Bezeichnenderweise knüpft das Lever du Roi des französichen Sonnenkönigs an byzantinisches Zeremoniell an.

Insignien, Ornat und Baldachin wurden hier als markanteste Neuerungen des spätantiken Kaiserzeremoniells angesprochen. Etliche dieser Bestandteile werden in die kirchliche Liturgie transformiert. Das Ziborium wird zum Hoheitsraum über Altar und Märtyrergrab. Farbigkeit und Hierarchisierung des kirchlichen Ornats haben hier ihre Voraussetzungen. Insignien des Bischofs und des Abtes haben in der spätantiken

*Abb. S. 20 und 21*

***Abb. 8 Ravenna, S. Vitale.***

***Abb. 9 u. 10 Ravenna, S. Vitale: Kaisermosaiken.***

***Abb. 11 Ravenna, Erzbischöfliche Kapelle.***

***Abb. 12 Paris, Nationalbibliothek, Parisinus graecus 510, fol. 239r (9. Jh.), Gregor von Nazianz und Kaiser Theodosius.***

12

13

*Abb. 13 Madrid, Real Academia: Missorium des Theodosius.*

*Abb. 14 Notitia Dignitatum, Provincia Apulia et Calabria in mittelalterlichen Kopien.*

14

15

Amtsinvestitur ihre Grundlage. Voraussetzung all dieser Hoheitszeichen aber war ein grundlegender Wandel der symbolischen Kommunikation.

Gegenüber der römischen Kaiserzeit stechen die Veränderungen der spätantiken Bildkunst deutlich ins Auge. Der Kaiser tritt nicht mehr inmitten eines Apparats von Göttern und Personifikationen auf, die Eigenschaften und Tugenden seiner Macht verkörpern. Sachgüter, Insignien und Bestandteile der Architektur leisten nun die verweisende Sinngebung. Das Mehr an Realität, das jedes Herrscherbild sichtbar machen will, wird nun über Zeichen und Realien vermittelt. Hinzu treten Inszenierungen und bildhafte Handlungen, die die Gegenwart der himmlischen Sphäre visualisieren. Nahtlos sind die Übergänge von der kaiserlichen zur kirchlichen Liturgie, da die Inhalte der Sakralisierung des Herrschers nun auf christlicher Grundlage vollzogen werden und das Kaiserzeremoniell im Gottesdienst seinen Anfang oder Abschluß findet. Auch eine kirchliche Liturgie- und Bauallegorese, die in karolingischer Zeit forciert auftritt und in der Scholastik des 12. Jh. ihren Höhepunkt erlebt, schließt sich in ihrer Sacherklärung hier an.

Mit der Schaffung eines umfassenden Systems symbolischer Zeichen korrespondiert eine wachsende Unterscheidung von himmlischer und irdischer Sphäre, eine Profanisierung und Realitätsnähe der Gegenstandswelt. Die Spätantike fand in einer Sachkultur der Geschenke – des Schenkens wie auch des Empfangens- ein grundlegendes Regelungsfeld von Rechtsverhältnissen und Statusfragen. Neuartige Bildthemen der Amtsinvestitur kommen auf. Das Missorium des Theodosius zeigt den Kaiser bei der Aushändigung der Ernennungsurkunde an einen hohen Amtsträger (Abb. 13). Die Notitia Dignitatum, das Handbuch der theodosianischen Staatsverwaltung, visualisiert die Ämter durch differenzierte Schautafeln der Insignienausstattung (Abb. 14). Illustrierte Bücher und Kompendien des Wissens entfalten eine Kultur des Sammelns und Zurschaustellens. Die Kultur der auszeichnenden Realien und Gegenstände formt auch die Repräsentation der Oberschicht. Auch hier gehört das Defilee der Schalen und Tablettes, der Kästchen und Schatullen, der Kannen und Vasen, der unermeßlichen Silberschätze und Luxusgüter zur Bildersprache der Repräsentation, die über die Werte der Schönheit, der Bildung und des gesellschaftlichen Status geführt wird (Abb. 15).

Die Neubewertung der Gegenstandswelt hat auch Rückwirkungen auf Aufbau und Komposition der Bilder. Handlungseinheiten werden in Einzelszenen zerlegt und streifenartig gestaffelt. Das Schema des Tribunaltypus auf Elfenbeinarbeiten ordnet die Protagonisten in selbständigen Feldern übereinander an (Abb. 16). Nicht anders verfahren die Streifenkompositionen nordafrikanischer Bodenmosaiken. Eine hieratisch geordnete, vielteilige Bilderwelt baut sich vor dem Betrachter auf, der sie von einem festen Standort nacheinander erfaßt. Sie fordert Abstraktion und Imagination vom Betrachter, der das Bildgeschehen aus den Teilinformationen zur einheitlichen Handlung zusammensetzen muß und zugleich an der Schilderung des konkreten Einzelnen seinen Gefallen findet.

***Abb. 15 Spätantikes Mosaik aus Sidi Ghrib. Tunis, Bardo-Museum: Das Bild einer Schmuck anlegenden Frau inmitten von Luxusgütern.***

16

Auch hier hat die Moderne mit ihrem Zugang zur Formabstraktion und zur Objektivierung der Gegenstandswelt eine Neubewertung der spätantiken Kunst ermöglicht. Immerhin ist der Begriff «modernus» für Jetztzeitig erstmals im spätantiken Latein nachgewiesen. Er ist Ausdruck eines eigenständigen Zeitbewußtseins, das in eine wachsende Distanz zur normativen Tradition tritt.

***Abb. 16 Berlin, Staatsbibliothek: Probianus-Diptychon.***

Stefan Rebenich

# Wohltäter und Heilige

## Von der heidnischen zur christlichen Patronage*

In Karthago herrschte Aufruhr[1]. Lucilla, eine Aristokratin spanischer Herkunft, hatte es gewagt, sich in die Bischofswahl einzumischen. Eine großzügige Geldspende sicherte ihrem Kandidaten, dem Lektor Maiorinus, im Jahre 312 den Thronos. Sein Rivale Caecilian, zuvor bereits zum Bischof der nordafrikanischen Kapitale gewählt, hatte sich noch als Archidiakon den Unmut der adeligen Frau zugezogen, da er ihre Heiligenverehrung öffentlich getadelt hatte. Besaß sie doch den Knochen eines Märtyrers, den sie mit sich herumtrug und zu küssen pflegte, bevor sie zur Eucharistie schritt. Jetzt trug sie Sorge, daß Caecilian von einem Konzil kurzerhand abgesetzt wurde und ihr *domesticus* Maiorinus[2] an seine Stelle trat. Eine besondere Brisanz gewann die Affäre dadurch, daß mit Lucilla eine Frau Einfluß auf die Besetzung des Bischofstuhles genommen hatte. So nimmt es nicht wunder, daß Hieronymus noch 100 Jahre später Lucilla unter die verabscheuungswürdigen Frauen rechnet, die dem anderen Geschlecht Fallstricke ausgelegt hätten[3].

Diese Episode um die «mächtige und herrschsüchtige Frau», wie sie Optat von Mileve übelgelaunt schilt[4], steht nicht nur am Anfang des notorischen Donatistenstreites, der die nordafrikanische Kirchenprovinz über Jahrzehnte hinweg erschütterte, sondern illustriert paradigmatisch zwei zentrale Elemente des Patronagesystems in der christlichen Spätantike. Zum einen übten reiche und einflußreiche christliche Männer und Frauen nun auch innerhalb der Kirche Ämterpatronage aus. Spätestens seit der Mitte des 5. Jhs. war dies ein so gravierendes Problem geworden, daß Konzilien immer wieder Beschlüsse gegen die Klientelisierung von Klerikern faßten[5]. Zum anderen wurden Strukturen der säkularen Patronage in den christlichen Heiligenkult inkorporiert. Die *holy men* wurden direkt oder durch Reliquien zum Schutz einzelner Personen, Städte, Stände und Kirchen, aber auch für bestimmte Anliegen und in Notlagen angerufen. Dem christlichen Patronat (*patrocinium*) soll im folgenden unsere Aufmerksamkeit gelten. Ich werde, ausgehend von einigen allgemeinen Beobachtungen, zunächst nach der Bedeutung der Patronage für die Verbreitung theologischer Positionen und christlicher Lebensformen fragen, dann die sozialen und karitativen Aufgaben der christlichen Reichen und Mächtigen näher untersuchen und schließlich die Rolle der Heiligen und Märtyrer als neue *patroni* beleuchten. Da der mir zur Verfügung stehende Raum begrenzt ist, muß ich mich sowohl geographisch als auch chronologisch einschränken. Im Mittelpunkt meines Beitrages steht der Westen des Imperium Romanum im vierten nachchristlichen Jahrhundert.

### Zur Rolle der christlichen Patronage

Traditionelle Patronatsformen spiegeln sich in zahlreichen spätantiken Zeugnissen paganer wie christlicher Provenienz[6]. Neben dem häufig traktierten Schutzverhältnis zwischen Großgrundbesitzern und abhängigen Bauern finden sich, wie schon in der Republik und in der Kaiserzeit, Einzelpersonen und Kollektive, die sich als Klienten einem Patron unterstellten. Nach wie vor begaben sich Schwache in den Schutz von Mächtigen, die vor allem wirtschaftliche, berufliche und juristische Hilfe gewährten und die für ihre Wohltaten (*beneficia*) entsprechende Gegenleistungen, die *officia* und *obsequia*, erwarteten[7]. Augustinus hat in seinem «Gottesstaat» eine nachgerade klassische Definition des traditionellen Patronageverständnisses aus heidnischer Sicht gegeben. «Mögen die Armen den Reichen gehorchen, um satt zu werden und unter ihrem Schutz träger Ruhe sich zu erfreuen, mögen die Reichen die Armen zu ihrem Gefolge und zu Dienern ihres Hochmuts mißbrauchen»[8].

Die Kritik an patronalen Strukturen ist mitnichten ein Vorrecht christlicher Autoren. In seinen Romexkursen verhöhnte Ammianus Marcellinus diejenigen Senatoren, die in die Schar ihrer Klienten mit Vorliebe Rennfahrer, Würfelspieler, Wahrsager und Tänzerinnen aufnehmen und vor deren Türen müßige Schwätzer und Parasiten herumlungern[9]. Noch immer begleitete ein großes Gefolge den Patron auf seinen Ausgängen, und zur allmorgendlichen Begrüßungszeremonie, der *salutatio*, versammelten sich die Klienten im Hause der Reichen[10]. Bei einem Rechtshandel und für die Karriereplanung war der Beistand eines einflußreichen Freundes wichtiger als der Gottes[11], und so waren auch ambitionierte Christen aus einfachen Verhältnissen auf der Suche nach reichen und mächtigen Patronen[12]. Ein Stein des Anstoßes war die Untreue der Klienten, über die sich christliche Autoren ebenso entrüsteten

1

***Abb. 1 Ambrosius von Mailand. Mailand, Kapelle S. Vittore in S. Ambrogio.***

2

wie ihre literarischen Kollegen in der Republik und der frühen Kaiserzeit[13]. Doch nicht nur die einflußreichen Beamten und wohlhabenden Senatoren zogen Schutzbedürftige an; auch die Repräsentanten der klerikalen Hierarchie konnten sich der Aufwartungen nicht erwehren. Ich erinnere hier nur an Ambrosius von Mailand (Abb. 1), dessen Bischofssitz von zahllosen Menschen mit Alltagssorgen frequentiert wurde, so daß Augustinus zu ihm nicht vorzudringen vermochte und resigniert feststellte: *non vacat Ambrosio*, «Ambrosius hat keine Zeit»[14]. Die vermehrte Ausübung ursprünglich staatlicher Aufgaben durch die Bischöfe[15] und die sich neu eröffnenden innerkirchlichen Karrierechancen[16] machten die *episcopi* zu rasanten Aufsteigern im spätantiken Patronagesystem. Schon bei der Bischofswahl, an der die christliche Gemeinde aktiv teilnahm, zeigte sich die Bedeutung der Klientel; rivalisierende Kandidaten scheuten denn auch keine Mühe, sich durch Geschenke und Versprechungen die Mehrheit zu sichern. Die Auseinandersetzungen um die Besetzung der Bischöfsstühle zeigen durchaus Parallelen zu den Magistratswahlen der römischen Republik[17]. Auch in der Kirche wurde der Ämterkauf zu einem ernsten Problem[18].

Bei der Verbreitung theologischer Positionen und christlicher Verhaltensregeln waren Verbindungen zu einflußreichen Personen ebenfalls wichtig. Ich will dies im folgenden am Beispiel der asketisch-monastischen Lebensweise exemplifizieren, die im 4. Jh. auch unter Mitgliedern der höchsten Gesellschaftsschichten Anhänger fand. Es ist hinlänglich bekannt, daß in der christlichen Gemeinschaft Roms zunächst und vor allem aristokratische Frauen asketische Ideen und monastische Lebensformen propagierten[19]. Ihr sozialer Status und ihre ökonomischen Ressourcen konnten die Verbreitung einer bestimmten asketischen Konzeption fördern und die materielle Unterstützung eines asketischen Zirkels gewährleisten. So bemühte sich ein bunter Haufen tatsächlicher oder vermeintlicher Asketen um die reichen Damen, und Jacques Fontaine hat in diesem Zusammenhang nicht zu Unrecht von einem «monachisme hippie» gesprochen[20]. Gegenseitig bezichtigte man sich, das Vertrauen der reichen Frauen auf unlautere Weise erschlichen zu haben, spielte eindeutig auf zweideutige Beziehungen an und unterstellte dem Rivalen nicht die Sorge um das fremde immaterielle, sondern vielmehr um das eigene materielle Heil[21]. Unter den Mönchen gab es nicht wenige Speichellecker, die sich in die Schar der Klienten einreihten.

3

4a

4b

Allerdings bemühten sich nicht nur asketische Meister, sondern auch geldgierige Priester um das Wohlwollen reicher Frauen[22]. Ein gutunterrichteter Zeitgenosse charakterisierte die Zustände in einem christlich-aristokratischen Haushalt wie folgt: «Das Haus ist voll Schmarotzern, und die Mahlzeiten nehmen kein Ende. Selbst Geistliche, deren Wort belehren, deren Zurückhaltung vorbildlich wirken sollte, küssen das Haupt der *patronae* und halten dabei zur Täuschung der Uneingeweihten die Hand zum Segen, in Wahrheit um den Lohn für ihren Gruß entgegenzunehmen»[23]. In der Tat scheinen nicht wenige Kleriker ihre kirchliche Karriere der Fürsprache einflußreicher Frauen verdankt zu haben[24]. Als der römische Bischof Liberius von Constantius exiliert worden war, unterbreiteten römische Aristokratinnen dem Kaiser anläßlich seines Rombesuches 357 eine Petition, in der sie die Wiedereinsetzung des Bischofs forderten[25]. Sein Nachfolger Damasus setzte die Verbindungen zu adeligen Römerinnen so erfolgreich fort, daß seine Gegner ihn «Ohrlöffel der Matronen» hießen[26]. Hemmungslos, wie Ammian süffisant bemerkte, bereicherten sich Kleriker an den Zuwendungen wohlhabender Matronen, um dann wahrhaft christliche *humilitas* zu üben: Nur noch im Wagen sitzend zeigte man sich der Öffentlichkeit, kleidete sich in Samt und Seide und veranstaltete verschwenderische Gelage, die selbst königliche Gastmähler übertrafen[27]. Zahlreiche Kleriker, Mönche und Asketen profitierten von der vielfältigen Unterstützung einzelner Aristokratinnen. Nicht von ungefähr ging die kaiserliche Gesetzgebung gegen die Erbschleicherei von Klerikern vor, die das Vertrauen ihrer *patronae* mißbrauchten, um an deren Vermögen zu kommen[28]. Wenn sich auch der asketische oder theologische Lehrer und Berater im religiösen Diskurs gewisse Freiheiten erlauben durfte, die soziale und ökonomische Asymmetrie der Beziehungen als ein konstitutives Merkmal des Verhältnisses zwischen Klient und Patron[29] wurde jedoch nie in Frage gestellt.

Die Hilfe gutsituierter Freunde machte sich ebenfalls bei theologischen Händeln bezahlt. Erinnert sei hier nur an die Unterstützung, die Melania die Ältere den Mönchen aus der nitrischen Wüste zuteil werden ließ, als diese auf Veranlassung des arianischen Patriarchen Lucius von Alexandrien aus Ägypten verbannt wurden[30], und an das Eingreifen mächtiger *patroni* in die schnell eskalierenden Auseinandersetzungen um die Auffassungen des Origenes, die in den 90er Jahren des

*Abb. 2 Spätantikes Grab von Durostorum/Silistra. Darstellung der* **patrona** *und des* **patronus** *inmitten ihrer Dienerschaft.*

*Abb. 3 Cimitile/Nola: Figuralkapitell, Felix von Nola.*

*Abb. 4a.b Gervasius und Protasius. Mailand, Kapelle S. Vittore in S. Ambrogio.*

5a

5b

4. Jhs. weite Teile des Imperiums erschütterten[31]. Darüber hinaus scheuten wohlhabende Christinnen und Christen keine Mühe bei der Realisierung neuer monastischer Lebensformen und ambitionierter literarischer Projekte. Die aristokratische Römerin Paula richtete in Bethlehem ein Pilgerhospiz sowie ein Männer- und ein Frauenkloster ein, ihre Standesgenossin Melania die Ältere gründete ein Doppelkloster in Jerusalem[32]. Die eine unterstützte die *studia scripturarum* des Hieronymus, die andere hatte Rufin von Aquileia als Protégé auserkoren. Kopisten und Boten wurden gestellt, und für die Verbreitung der Schriften wurde Sorge getragen[33].

Schließlich übten die Patrone einen nachhaltigen Einfluß auf die Lebensführung der von ihnen unmittelbar abhängigen Sklaven und Klienten aus[34] (Abb. 2). Edward Gibbon gab sich sehr skeptisch, als er meinte, die damaligen Klöster «were filled by a crowd of obscure and abject plebeians, who gained in the cloister much more than they had sacrificed in the world»[35]. Sicher, unter den Mönchen fanden sich Sklaven, Bauern, Handwerker und Arbeiter, aber auch Freigelassene (*liberti*), die von ihren Herren die Freiheit erhalten hatten, um sich dem monastischen Leben hingeben zu können[36]. Als sich etwa Paula 386 gemeinsam mit ihrer Tochter Eustochium in Bethlehem niederließ, waren Diener und Sklaven in ihrem Gefolge, aus denen sich die ersten Mönche und Nonnen der beiden Klöster rekrutierten[37]. Auch die beiden Melaniae wurden von einigen ihnen besonders ergebenen Frauen begleitet[38]. Die Aristokratin Demetrias[39] gab ebenfalls mit ihrer Bekehrung zum jungfräulichen Leben ein normatives Beispiel für eine große Schar von Klientinnen und Dienerinnen[40].

## Soziale Aufgaben und Pflichten der christlichen Patrone

Die traditionelle Freigebigkeit der römischen Aristokratie, verstärkt durch das Gebot christlicher Nächstenliebe, fand nicht nur in in der Förderung christlicher Institutionen und Gruppierungen, sondern auch in der Armenfürsorge einen Aufgabenbereich[41]. Da die mehr oder weniger institutionalisierten Formen der staatlichen und kirchlichen Unterstützung nur einen Bruchteil der Bedürftigen und Schwachen in der spätantiken Gesellschaft erreichten, kam den privaten Almosen eine wichtige soziale Funktion zu. Gemäß dem Herrenwort: «Willst Du vollkommen sein, so gehe hin und ver-

6

kaufe alles, was Du hast, und gib's den Armen, so wirst Du einen Schatz im Himmel haben»[42], erinnerten die christlichen Autoren ihr wohlhabendes Publikum ständig an die karitative Verwendung ihres Vermögens. In diesem Zusammenhang hat Martin Ritter zu Recht daran erinnert, daß «Reichtum und Eigentum primär nicht als ökonomisches, sondern als ethisch-religiöses Problem behandelt» wurde[43]. Das radikale Postulat, den Besitz zu verkaufen und unter die Armen zu verteilen, wurde als Höhepunkt und Vollendung der irdischen Christusnachfolge dargestellt. «Also gibst du Christus, wenn Du dem Bedürftigen gibst», predigte Augustin[44]. Die Verhaltensmaxime lautete eindeutig: Verkaufe den ererbten Besitz für den Dienst an den Armen auf Erden, und Du erwirbst Dir Gottes Beistand im Himmel. Aus dem mächtigen Patron wird ein Schutzbedürftiger, der auch, so wollte es die christliche Botschaft, der himmlischen Fürsprache durch die Klienten bedurfte. Damit wurden Bedürftige, um eine Wendung Paulins von Nola aufzugreifen, zu «den *patroni* unserer Seelen»[45]. Der Bischof Maximus von Turin erklärte, der Schatz des Reichen liege darin, die Armen zu nähren; diese verzehrten nicht etwa das ihnen dargebotene Almosen, sondern bewahrten es[46]. Dahinter steht die auch andernorts belegte Vorstellung, aller Besitz gehöre letztlich Gott und sei daher Gemeingut[47]. Die Konsequenz ist offenkundig: «Sieh zu, daß das Almosengeben nicht zum Geschäft wird!», warnte Maximus, «Was du dem Freund schenkst, ist dir verloren, was du deinen Kindern hinterläßt, ist dir verloren, allein das, was du dem Bettler gibst, ist dir nicht verloren. An dem Tag des Gerichts nämlich helfen dir die Armen, die Freunde und Kinder helfen nicht; jene treten für Deine Sache ein, diese können nicht einmal ihre eigene verteidigen»[48]. Die einst deklassierten und marginalisierten Armen sind im Himmel die Advokaten ihrer früheren Wohltäter. Die soziale Hierarchie hat im Jenseits keinen Bestand, so lautete die neue Botschaft, und am Tag des Jüngsten Gerichts wird nicht nach den irdischen Maßstäben von Reichtum, Herkunft und Ansehen geurteilt[49].

Das karitative Engagement und die damit eng verbundene finanzielle Unterstützung monastischer Gemeinschaften zehrten manches Familienvermögen trotz des klugen Einsatzes der Mittel auf[50]. Als Paula im Jahre 404 starb, hinterließ sie ihrer Tochter keinen Pfennig, sondern nur Schulden[51]. Melania die Jüngere wiederum kam quasi mittellos in Jerusalem an und gab ihre letzten 50 Goldstücke einem Bischof mit den Worten, sie wolle nichts mehr von ihrem einstmals riesigen Vermögen, das ihr 120 000 *solidi* jährlich an Einkünften brachte, behalten[52]. Das christliche Verständnis der Almosen als «einer gottwohlgefälligen, sündentilgenden Frömmigkeitsübung»[53] zog viele Bedürftige an. Auch Mißbrauch war nicht ausgeschlossen. Hieronymus etwa warnte ausdrücklich vor opportunistischen Schmarotzern, die aus Sorge um ihren Bauch[54] an die christliche Nächstenliebe appellierten[55]. Ambrosius mokierte sich über die Verschlagenheit listiger Bettler, die sich in das Vertrauen wohlmeinender Kleriker einschlichen[56], und karikierte Parasiten, die heute ihre Aufwartung einem reichen Christen machten, den sie gestern noch nicht kennen wollten, sich in sein Gefolge einreihten, ihm gute Laune verschafften und mit einem Bibelwort auf den Lippen ihm das Geld aus der Tasche zögen[57]. Der Bischof von Mailand forderte kategorisch, bei der Freigebigkeit Maß zu halten[58], und definierte für den christlichen Klerus das Spektrum karitativer Aktivitäten; seine Ratschläge dürfen wir zweifelsohne auch auf die nicht institutionalisierte Almosentätigkeit beziehen. Er unterschied zwei Arten des Gebens: Die eine bestehe in der *liberalitas,* die andere in der *prodiga effusio,* in der unkontrollierten Verschwendung. «Freigebigkeit ist es, einen Gast aufzunehmen, einen nackten zu bekleiden, Gefangene loszukaufen, Bedürftige durch eine Geldspende zu unterstützen. Verschwendung ist es, bei kostspieligen Gelagen und reichlichem Weingenuß zu schlemmen [...] Verschwendung ist es, um der Gunst der Leute willen sein Vermögen zu verschwenden, was jene tun, welche mit Zirkus- oder Theaterspielen sowie mit Gladiatorenkämpfen oder aber mit Jagden ihr Vermögen vergeuden, um Berühmtheiten aus den höheren Kreisen noch zu übertrumpfen. Ist doch das alles, was sie treiben, eitel Ding, da es sogar

***Abb. 5a.b Mailand, S. Ambrogio, Sarkophag, Ende 4. Jh., Christus und die Apostel. Zu Füßen Christi das Ehepaar.***

***Abb. 6 Arles, Musée d'Art chrétien, Sarkophag des Concordinus, Ende 4. Jh., Christus als* patronus *inmitten des Apostelkollegiums. An den seitlichen Enden des Frieses stehen links der Mann und rechts die Frau.***

7

ungeziemend ist, in Aufwendungen für gute Werke das rechte Maß zu überschreiten»[59]. Wie sehr diese christlichen Leitlinien sozialen Handelns der traditionellen antiken Ethik und dem überkommenen Verständnis der Aufgaben einen guten Patrons verpflichtet sind, zeigt ein Blick in das zweite Buch von Ciceros *de officiis*, das auch Ambrosius von Mailand als Vorbild diente[60].

Die soziale Selbstverpflichtung christlicher *patroni* war in der Tat beachtlich. Der Aristokrat Pammachius verwandte nach dem Tod seiner Gattin Paulina im Jahre 396 das gemeinsame Vermögen für wohltätige Zwecke, erbaute in Porto in der Nähe Roms ein Hospiz und eine Basilika[61], in der sich große Mengen von Bedürftigen versammelten[62]. Die Türen seines Hauses, die früher die Massen der aufwartenden Klienten ausgespieen hatten, wurden jetzt von Armen belagert[63]. Nebridius, ein Neffe der Kaiserin Flaccilla, verteilte so reichlich Almosen, daß auch er von Heerscharen Armer und Kranker heimgesucht wurde[64]. Die römische Aristokratin Fabiola errichtete ein Krankenhaus für die Ärmsten der Armen[65], beteiligte sich an Pammachius' Hospiz in Porto[66] und zeichnete sich durch eine beachtliche *liberalitas* gegenüber Klerikern, Mönchen und Jungfrauen aus[67]. Die bereits erwähnte Demetrias verwandte ihr Vermögen für Almosen[68], und der *nobilis* Iulianus unterstützte Mönche an der dalmatischen Küste[69].

Den Armen, Schwachen und Kranken sollte im Stillen gegeben werden, wie die patristischen Autoren nicht müde werden zu betonen. «Gibst Du Almosen, soll nur Gott darum wissen»[70]. Matronen, die ihre Wohltätigkeit hinausposaunten, waren Hieronymus ein Graus[71]. Dennoch definierte die Zahl der Klienten und der Umfang der *liberalitas* den sozialen Status des Gebers. Daran änderte auch der Umstand nichts, daß aus den einstigen «Wohltaten» (*beneficia*) unter christlichem Einfluß «Almosen» (*elemosynae*) geworden waren. Ambrosius' Charakterisierung eines Aristokraten aus altem Geschlecht gilt für Christen und Heiden gleichermaßen: «Ihn umgibt ein riesiger Freundeskreis, eine dichte Schar von Klienten umringt und schützt ihn zu beiden Seiten, und er führt eine große Dienerschaft unablässig mit sich»[72]. Folglich überrascht es nicht, daß auch viele christliche *patroni* auf eine große Klientel achtete, ihre Armenfürsorge trotz aller Mahnungen weiterhin öffentlichkeitswirksam zur Schau stellten und nicht Gottes Lohn im Jenseits, sondern Volkes Lohn im Diesseits suchten[73]. Pammachius etwa wurde in Rom gepriesen, weil er den Armen Kleidung und Nahrung spendete[74]. Auch mit der Liebe für die geringsten Brüder und Schwestern war es nicht immer weit her: Hieronymus erzählt von einer alten Bettlerin, die, als sie sich bei einer bühnenreif inszenierten Almosenverteilung einer reichen Aristokratin ein zweites Mal anstellte, statt der erhofften milden Gabe einen rücksichtslosen Faustschlag erhielt[75]. Aus den Homilien des Johannes Chrysostomus wissen wir, daß nicht wenige Reiche den Armen selbst die Schuld an ihrer mißlichen Lage gaben und ihnen schnell Faulheit und Trägheit unterstellten. «Sie leiden zu Recht», war ein häufig zu hörender Vorwurf, «weil sie ein müßiges Leben führen»[76]. Die soziale und ökonomische Unterstützung des Schwächeren konstituierte ein Abhängigkeits- und Treueverhältnis, das auch christliche Autoren nicht negierten. Das Gebot, die Bedürftigen durch Almosen zu unterstützen, fand nicht nur aus theologischen, sondern auch sozialen Gründen die Zustimmung der wohlhabenden Christen: Die Almosen, welche den Ruf der Freigebigkeit, die *fama liberalitatis*[77], begründeten, setzten den traditionellen Euergetismus der Eliten fort.

Daß die Hinwendung zum Christentum resp. zum asketischen Ideal auch die Zusammensetzung der Klientel änderte, ist offenkundig. Die Zeugnisse der kirchlichen Autoren belegen, daß reiche Christen ihre materielle Hilfe ganz oder zumindest zum Teil neuen Aufgaben und Personengruppen (wie etwa monastischen Gemeinschaften und christlichen Pilgern) zukommen ließen. Wir wissen zudem, daß die Bekehrung einzelner Senatoren und anderer Mitglieder der Oberschicht zu einer zunehmenden Desintegration ihrer traditionellen Bindungen führte. Ich erinnere hier nur an Meropius Pontius Paulinus, an Paulinus von Nola. Ambrosius hat eindrucksvoll die Reaktion des römischen Senates auf die Nachricht von Paulins Bekehrung zum asketischen Christentum festgehalten[78]. Die Fassungslosigkeit seiner römischen Standesgenossen, auch derer, die einem eher moderaten christlichen Glauben verpflichtet waren, ist ohne Frage symptomatisch. Für die pagane Wahrnehmung eines asketisch motivierten Mönchtums stehen die Worte des Rutilius Namatianus, die an Deutlichkeit kaum zu übertreffen sind[79]. Auch Ausonius brachte den neuen Plänen seines früheren Schülers und Schützlings wenig Verständnis entgegen[80], und selbst der römische Bischof Siricius lehnte Paulins neue Lebensform ab[81]. Der Verlust alter Bindungen implizierte den Aufbau neuer oder die Intensivierung bereits bestehender Kontakte zu gleichgesinnten Personen[82]. Neue Freunde fanden sich unter asketischen Aristokraten, und man mag hier auf den römischen Senator Pammachius verweisen, dem Paulinus anläßlich des Todes seiner Frau Paulina eine Trostschrift widmete[83], und auf seine Verwandte Melania, die auf ihrer Rückreise von Jerusalem in Nola Halt machte[84]. Zugleich wurde der Kontakt zu christlichen Intellektuellen gesucht, die in Fragen der Schriftauslegung oder der Lebensführung hilfreiche Antworten zu geben wußten. Hier traten Augustinus, Hieronymus und später Rufinus in Paulins Gesichtskreis, der den Gemeinschaften in Bethlehem und Jerusalem offen-

***Abb. 7** Ravenna, Museo Nazionale, Sarkophagkasten, Anfang 5. Jh., Christus als Herr und Patron wird von Petrus und Paulus flankiert. Rechts und links ist das vornehme Ehepaar zu erkennen.*

***Abb. 8** Rom, SS. Cosma e Damiano, Apsismosaik, Anfang 6. Jh., im Zentrum Christus. Von rechts und links führen Petrus und Paulus die Brüder Kosmas und Damian ein. Links folgt der Stifter, Papst Felix IV., rechts der Märtyrer Theodor.*

kundig finanzielle Hilfe gewährte[85]. In Kampanien erwies man auch von kirchlicher Seite dem nun zum christlich-asketischen *patronus* gewandelten Aristokraten die gebührende Reverenz: Es gab fast keinen Bischof, der ihm nicht seine Aufwartung gemacht hätte, und diejenigen, die durch Krankheit verhindert oder aus anderen Gründen unabkömmlich waren, schickten einen Kleriker oder zumindest einen Brief[86]. Paulinus oblag seinen Pflichten: Nachdem er sich bereits als Statthalter von Kampanien durch bauliche Maßnahmen hervorgetan hatte, realisierte er nunmehr, besonders in den Jahren nach 400, ein umfangreiches architektonisches Programm. Die alte Basilica am Grabe des Felix wurde restauriert und eine neue gebaut; des weiteren wurde ein Hospiz gegründet. Zugleich verbesserte er die Wasserversorgung von Nola und ließ eine kleine Basilica auf seinem *fundus* errichten[87]. Paulins Entscheidung, die Nachfolge Christi anzutreten, hatte mithin mehrere einschneidende Konsequenzen. Sie bedeutete einen radikalen Bruch mit dem bisherigen Leben und der bisherigen Karriere, hatte die christliche Verwendung des Besitzes zur Folge, implizierte den Aufbau neuer *amicitiae* und die Rekrutierung einer neuen, wenn man denn will: christlich-asketischen Klientel.

## Die neuen *patroni*

Der Priester und spätere Bischof von Nola, Paulinus, verehrte in seinen Gedichten das Heiligtum des Märtyrers Felix[88].

*Nunc ad te, venerande parens, aeterne patrone,*
*susceptor meus, et Christo carissime Felix,*
*gratificas verso referam sermone loquellas.*
Jetzt will ich mit meinen Versen Dank sagen
Dir, Felix, verehrungswürdiger Vater, ewiger Patron,
mein Beschützer, Christi teuerster Freund[89].

Felix (Abb. 3) gewährte als »ewiger» (*aeternus*) und »beständiger» (*perennis*) Patron[90] Schutz und war der Garant für Paulins Seelenheil. Sein Sterbetag, d.h. der Festtag, an dem der Märtyrer durch seinen Tod neu geboren wurde, machte der aristokratische Asket zu seinem eigenen, wahren Geburtstag[91].

Einige Jahre vor Paulin hatte bereits Ambrosius seinen intensiven Kontakt zu zwei Märtyrern unter Beweis gestellt. Die Rede ist von Gervasius und Protasius (Abb. 4), deren Gebeine er im Juni 386 in die Basilica Ambrosiana überführte. In seiner Predigt, die er in der neu errichteten Kirche hielt, forderte er seine Gemeinde auf, die ehrwürdigen Reliquien zu betrachten, und fuhr fort: «Ihr seht die Männer, die himmlischen Umgang pflegen»[92]. Im selben Atemzug erklärte er die Märtyrer zu *patroni*, denen die Stadt die Gnade Jesu Christi verdanke – durch seine Vermittlung: «weil ich selbst nicht verdiene, Märtyrer zu sein, habe ich euch diese Märtyrer erworben»[93]. Damit war zum einen deutlich, daß Mailand durch die Reliquien der beiden *milites Christi* ein großes und sicheres *patrocinium* im Himmel hatte[94]; zum anderen hatte Ambrosius, da er für seine Gemeinde die Gebeine der mächtigen Fürsprecher aufgefunden hatte, seine Position in der Auseinandersetzung mit der arianischen Partei in der kaiserlichen Residenz gestärkt. Der Bischof vermittelte folglich den Kontakt zu den unsichtbaren *patroni* und eröffnete seiner Gemeinde die Möglichkeit, von deren *beneficia* zu profitieren. Diese

8

9

Schlüsselposition im Verhältnis zu den neuen Heiligen usurpierten in der Folgezeit auch andere Bischöfe, denn hierdurch vermochten sie ihre herausgehobene Stellung innerhalb der christlichen Gesellschaft zu legitimieren[95]. Der klerikale Patron partizipierte im Diesseits an der Macht des himmlischen Patrons.

Die Rolle des Fürsprechers und Beschützers blieb indes nicht auf Märtyrer und Bekenner beschränkt. Nach dem Ende der Verfolgungen wurde der Kreis derer, denen Verehrung entgegengebracht wurde, ständig vergrößert. Die Vorstellung, durch ein asketisches Leben oder durch die Exercitien des Mönchs ein unblutiges Martyrium vollbracht zu haben, fand weithin Verbreitung[96]. Die bekanntesten literarischen Manifestationen dieses neuen Verständnisses der Askese als spirituelles Martyrium sind die Antonius-Vita des Athanasius[97] und der zweite Brief des Sulpicius Severus, in dem der Autor seine Reaktion auf die Nachricht von Martins Tode beschreibt. Martin sei es, so ist zu lesen, auf Grund der Zeitumstände nicht möglich gewesen, sich durch ein Martyrium hervorzutun, dennoch fehle ihm nicht der Ruhm eines Märtyrers, da er seiner Sehnsucht und Tugend nach ein Märtyrer hätte sein können und wollen[98], aber er habe durch seine monastische Lebensführung ein unblutiges Martyrium vollbracht[99]. Damit eignete sich der Heilige, der «mächtig und wahrhaft apostolisch war»[100], wie zuvor die Märtyrer und Konfessoren, sehr wohl als Patron. Und so bekundete Sulpicius Severus: «Einen Patron habe ich zwar in den Himmel vorausgesandt, den Trost für das gegenwärtige Leben dadurch dennoch verloren. Und doch, wollte der Schmerz mich zu vernünftigem Denken kommen lassen, so müßte ich mich freuen; er ist ja eingereiht unter die Apostel und Propheten und steht nun hinter keinem aus der Schar jener Gerechten zurück. [...] Er begleitet rein von jedem Makel das Lamm, welches voranschreitet»[101].

Peter Brown hat unser Verständnis dafür geschärft, daß *holy men*, daß Märtyrer, Asketen, Mönche, aber auch Bischöfe das Erbe der kommunalen und regionalen Eliten antraten, die Kluft zwischen Land und Stadt zu verringern suchten und wesentliche Aufgaben der traditionellen Stadtgötter und Heroen übernahmen[102]. Sie galten schon zu Lebzeiten als verehrungswürdige Autoritäten, von denen man sich Weisungen und Hilfe erhoffte[103]. Ihre Autorität gründete nicht auf Reichtum, Herkunft, Status oder Bildung, sondern einzig auf ihrer Nähe zu Gott[104]. In Ägypten und Syrien wurde der ἀββᾶς [*abbás*] zum bewunderten Helfer zahlreicher Gemeinden und Personen. Nach dem Tod erfuhren die Asketen, Väter, Mönche und Bischöfe eine besondere Verehrung: Ihr Grab wurde gepflegt, ihre Reliquien bestaunt, ihr Sterbetag feierlich begangen und die Erinnerung an ihre Taten lebendig gehalten. An sie und die anderen Heiligen wandte man sich in der Hoffnung, sie leisteten in ihrer himmlischen Existenz Fürbitte. Diese neuen *patroni* und *amici* gewährten Schutz und Beistand in vielerlei Situationen: Sie halfen bei Krankheiten und materieller Not, verliehen Wohlstand und beruflichen Erfolg, schenkten ein langes Leben, gaben Kindersegen, wehrten dunkler Mächte und der Dämonen und begleiteten auf gefährlichen Reisen, machten die Stadt uneinnehmbar für den äußeren Feind, verfolgten Häretiker und Heiden und verhinderten Hungersnot und Pestilenz[105].

***Abb. 9 Rom, S. Venanzio in Laterano, Apsismosaik, Mitte 7. Jh. Unter Christus steht die betende Maria zwischen Petrus und Paulus. Es folgen Heilige und Märtyrer. Ganz links der Stifter, Papst Johann IV., rechts außen sein Nachfolger Theodor I.***

Augustinus hat diese Funktion der Heiligen und Märtyrer als «Vermittler», als *intercessores* ideologisch untermauert. Dabei schied er, wie annähernd gleichzeitig auch Theodoret von Kyrrhos[106], die christliche Heiligenverehrung von der heidnischen Götterverehrung. In seiner *civitas dei* ließ er keinen Zweifel daran, daß den Christen die Märtyrer nicht als Götter gelten, «denn nicht sie selbst, sondern ihr Gott ist unser Gott»[107]. Die christlichen Märtyrer, die um ihres Glaubens willen Verfolgung und Tod erlitten hatten, sind von Gott den Engeln an himmlischer Ehre gleichgestellt; sie bringen dem Menschen, der ihren Beistand erbittet (*auxilium invocare*) und ihr Gedächtnis pflegt, Gott näher. Die kultische Verehrung der Märtyrer wird als *obsequia religiosorum* charakterisiert. In seiner Predigt über den Protomartyr Stephanus betont Augustin, daß durch ihn, den Mitsklaven (*conservus*), die Menschen die *beneficia* Gottes empfangen[108]. Die sprachlichen Anleihen an die pagane Terminologie der Patronage sind auch hier manifest. Damit war die traditionelle Beziehung zwischen Klient und Patron christianisiert. Wie auf Erden, so gab es auch im Himmel ein differenziertes Patronagesystem[109]. War im Diesseits der Kaiser der höchste und mächtigste *patronus*, so war es im Jenseits Christus (Abb. 5)[110]. Wie unterhalb des Kaisers zahlreiche mächtige Aristokraten als Fürsprecher auftraten, so waren es in der spiritualisierten Patronage-Beziehung Heilige, Märtyrer und Apostelfürsten (Abb. 6–9). Die soziale Wirklichkeit der spätantiken Welt war damit in die Beschreibung des nicht sichtbaren Kosmos übertragen worden.

Die Hinwendung zum Christentum, zum asketischen Ideal beinhaltete nicht nur den Aufbau neuer sozialer Bindungen, sondern auch die Suche nach himmlischen «Verteidigern» (*propugnatores*), «Fürsprechern» (*defensores*) und «Patronen» (*patroni*). Ebendiese Rolle wies Paulinus Felix, Ambrosius den beiden Märtyrern Gervasius und Protasius, Augustinus dem Stephanus zu. Man näherte sich, wie die zeitgenössische Sprache zeigt, diesen geistlichen Vorbildern mit Vorstellungen, die geprägt waren von den Regeln der spätantiken Kommunikation zwischen Patron und Klient und der traditionellen Loyalität, die man seinem allmächtigen Patron entgegenbrachte. Der Heilige partizipierte nunmehr an den Konventionen der *religio amicitiae* der spätrömischen Senatoren, die sich freiwillig zu Schülern, Gefolgsleuten und Dienern der neuen Leitbilder machten[111].

## Zusammenfassung

Die herausragende Bedeutung des antiken Patronats- und Klientelwesens läßt sich auch in den *tempora Christiana* nachweisen. Neben die private Patronage der christlichen Grundbesitzer trat das von Repräsentanten der klerikalen Hierarchie ausgeübte *patrocinium*. Beide Personengruppen nahmen einerseits überkommene Aufgaben eines Patrons wahr und übten andererseits neue Funktionen aus. Die christlichen *patroni* förderten Karrieren im weltlichen wie kirchlichen Bereich, machten sich bestimmte theologische Positionen und christliche Maximen zu eigen, gewährten wirtschaftliche und juristische Hilfe und agierten als Mäzene ambitionierter christlicher Autoren. Eine besondere Rolle spielte das Gebot, den privaten Reichtum für karitative Aufgaben zu verwenden. Die adeligen, gebildeten und reichen Männer sollten, wie Hieronymus forderte, die Gemeinschaft der Mächtigen meiden und sich unter die Menge der Armen mischen. Indes, die Armenfürsorge machte aus dem *princeps* keineswegs, wie der Kirchenvater uns Glauben machen will, ein Mitglied des einfachen Volkes[112]. Nur im äußersten Fall vernichteten die Aufwendungen das gesamte ererbte Vermögen. Als Regel darf vielmehr gelten, daß das überlegte karitative Engagement durchaus dem Sozialprestige des Gebers zugute kam. Doch die aus christlicher Nächstenliebe gespendeten Wohltaten des Patrons brachten ihm jetzt nicht nur im Diesseits die *obsequia* der Klienten, sondern im Jenseits auch deren Fürsprache ein. Die irdische *munificentia* entlohnte Gott selbst durch *divina beneficia*.

Über eine weit größere Macht als jeder irdische Patron verfügte aber der himmlische Patron, der im Laufe des 4. Jhs. an Bedeutung gewinnt. Die Christianisierung der traditionellen Patronage wurde sozusagen begleitet von der »Patronisierung» der christlichen Heiligen- und Märtyrerverehrung. Die genuin christliche Vorstellung, daß der Heilige Vermittler menschlicher Gebete sei, prädestinierte ihn zu einem neuen *patronus*. Er war *intercessor* und *advocatus* des schutzbedürftigen *cliens*. Seiner Fürsprache bedurften alle, bedurfte der Arme ebenso wie der Reiche. Der *dives* konnte sogar auf die Hilfe derer hoffen, die seine Almosen empfangen hatten, da sie den rechten Gebrauch des Vermögens bezeugten. Diese radikale Relativierung der irdischen Hierarchie führte jedoch nicht zur Liquidation der traditionellen Vorstellungen einer stark differenzierten Gesellschaft, denn selbst im Himmel gab es eine Rangfolge der *patroni* (Abb. 5–9).

Die ungeheuere Popularität der Schutzheiligen reflektiert die Omnipräsenz des *patrocinium* in der Spätantike. Das Bedürfnis nach Schutz durch die Freunde Gottes war so groß, daß die Heiligen des Alten Testaments, die Apostel und die Märtyrer nicht mehr genügten; zu ihnen traten die Heiligen der asketisch-monastischen Welt und schließlich die Bischöfe. Die kultisch-rituelle Verehrung der *holy men* wurde rasch institutionalisiert. Während sich im Osten verschiedene Formen spiritueller Autorität halten konnten, gibt es im Westen eine Tendenz zur Monopolisierung des geistlichen Patronats in der Person des Bischofs, der lebende Asketen beaufsichtigte und die Verehrung der toten Märtyrer kontrollierte[113]. Eine besonders hohe Zahl heiliger Bischöfe trat in Gallien und in Italien auf. In Gallien beriefen sich im 6. Jh. einzelne *episcopi* sowohl auf ihre aristokratische Abkunft als auch auf ihre asketischen Tugenden: Ihre Aristokratisierung des Heiligenideals verschmolz auf eindrückliche Weise die alte und die neue Form des Patronats, die Gegenstand dieses Beitrages gewesen sind[114].

Tanja S. Scheer

# Heidnische Vergangenheit und christliche Gegenwart

## Die Kultbilder der Götter in der Spätantike

### Eusebs Bericht vom Sturz der Götterbilder

Der Kaiser Konstantin, so jubelt in der ersten Hälfte des 4. Jhs. Bischof Eusebius von Caesarea, hat endlich dem heidnischen Aberglauben zuteil werden lassen, was ihm schon lange gebührt hat:

«... die verehrten Erzbilder, deren sich der Trug der Alten solange gerühmt hatte, wurden auf allen Plätzen der Kaiserstadt offen ausgestellt, damit sie allen, die sie sahen, einen häßlichen Anblick böten, hier der Pythier, dort der Sminthier, in der Rennbahn die delphischen Dreifüße und die Musen des Helikon im Palast... da der Kaiser aus den Götzenbildern für alle, die sie sehen wollten, ein Spielzeug machte, das dem Gelächter und Spotte diente (Abb. 1–2).

Gegen die goldenen Götterbilder ging er auf andere Weise vor. Da er nämlich sah, daß die Menge gleich unvernünftigen Kindern vor diesen aus Gold und Silber verfertigten Schreckbildnissen des Wahnes eitle Furcht hegte, glaubte auch er sie wie Steine des Anstoßes ... wegschaffen zu müssen ... Sie befahlen den Priestern, die dabei viel verlacht und verspottet wurden, selber ihre Götter aus den dunklen Winkeln ans Licht hervorzubringen; darauf entblößten sie die Bilder ihres äußerlichen Schmuckes und ließen vor aller Augen sehen, welche Häßlichkeiten das Innere der bemalten Gestalten barg. Sie schabten sodann ab, was ihnen brauchbar schien, um es im Feuer zu schmelzen und zu prüfen; das Brauchbare legten sie auf die Seite... während sie, was sich sonst Überflüssiges und Unbrauchbares fand, zum Andenken an ihre Schmach den Götzendienern überließen.»[1]

Mit dem Sturz der Götterbilder, so suggeriert Euseb, beginnt nun eine neue Epoche strahlender christlicher Gegenwart. Die Kultbilder der alten Götter bekommen, was sie verdient haben: die Statuen werden zerstört, ihre Priester gedemütigt, der ganze Unverstand der heidnischen Vergangenheit wird nun ans Licht gebracht.

Die Freude des Euseb kommt nicht von ungefähr. Sie hat eine lange Vorgeschichte in der christlichen Literatur früherer Generationen. Christliche Autoren haben sich stets mit Leidenschaft gegen die heidnischen Kultbilder gewandt. Im heidnischen Umfeld und gar in Zeiten gelegentlicher Christenverfolgung war es jedoch nicht ratsam, den Worten entsprechende Taten folgen zu lassen und sich gewaltsam an der Zerstörung der Götterstatuen zu versuchen. Deshalb bemühten sich christliche Apologeten seit dem 2. Jh. n. Chr., die Anhänger des Heidentums hauptsächlich durch das Wort zu überzeugen. Sie wandten sich an alle Heiden, besonders aber an die Bildungsschicht bis hin zum Kaiser selbst. Man versuchte diesen die Sinnlosigkeit des Bilderkultes zu erklären und somit Macht und Verehrung der Bilder zu brechen.

### Aus faulem Holz und Menschenknochen

Im Kampf mit Worten zeichnen die christlichen Quellen ein ganz spezifisches Bild heidnischer Vergangenheit und heidnischer Religiosität: einige Argumente werden geradezu gebetsmühlenartig wiederholt[2]. Grundlage der christlichen Vorwürfe ist die Unterstellung, die Heiden hielten die Kultbilder der Götter für die Götter selbst – im Gegensatz zu den Christen, die sich gerade hierin vom heidnischen Unverstand absetzen: «Zweitens aber glaubst Du» – so greift im 2. Jh. Theophilus, Bischof von Antiochia, den Heiden Autolykos an[3] – «daß die ... Bilder Götter seien und Wunderdinge wirken.» Auch Euseb stellt im zitierten Text fest, die Leute hätten sich vor den goldenen Götterbildern gefürchtet. Anders denken die Christen selbst: «Wir glauben nämlich», so der Apologet Justinus Martyr[4], «daß die Gottheit nicht die Gestalt hat, in der man sie zum Zweck der Verehrung abgebildet hat.»

Konstantin habe nun, so stellt es Euseb dar, allen die erdenschwere Materialität der Götterbilder vor Augen geführt, indem er diese ihrer kostbaren Materialien entkleidete. Die Handelnden in Eusebs Erzählung demonstrieren nun durch die Tat, was christliche Autoren bereits Generationen lang gepredigt hatten: Die an-

1a

geblichen Götter der Heiden bestehen aus irdischem Material. Und nicht nur dies – sie bestehen sogar aus besonders ekelhaftem irdischen Material. Mitunter ist dies leicht zu erkennen für den, der sehen will, wenn es etwa im Brief an Diognet heißt[5]: «Ist nicht der eine (sc. der Götter) Stein, ähnlich dem Pflasterstein, der andere Erz, nicht besser als die zu unserem Gebrauch geschmiedeten Geräte, ein anderer Holz, das vielleicht schon faul ist, ... der wieder Eisen, vom Rost zerfressen, der endlich gebrannter Ton, in keiner Weise edler als das gewöhnlichste Hausgerät?»

Aber selbst die Götterbilder, denen man es nicht auf den ersten Blick ansieht, sind mit irdischer Widerwärtigkeit behaftet. Das Lieblingsbeispiel christlicher Quellen, wie ekelhaft ein goldenes Götterbild sein kann, hat bereits Herodot geliefert: die Geschichte vom Pharao Amasis und seinem Gott aus Gold.[6] «Neben anderen Kostbarkeiten besaß (Amasis) eine goldene Wanne, in der er selbst und alle seine Gäste sich jeweils die Füße zu waschen pflegten. Diese Wanne zerschlug er, ließ das Bild einer Gottheit daraus machen und stellte es an der passendsten Stelle der Stadt auf. Die Ägypter gingen zum Götterbild und beteten andächtig davor. Als Amasis von diesem Verhalten der Ägypter erfuhr, ließ er sie zu sich rufen und erklärte ihnen, daß er es aus dem Waschbecken habe herstellen lassen, in das sie früher gespien, ihr Wasser gelassen und sich die Füße gewaschen hätten, jetzt aber verehrten sie es derartig.» Die Schlußfolgerung christlicher Quellen ist nur logisch: «Selbst aus gemeinen Gefäßen bildet man oft, indem man künstlich Form und Aussehen verändert, sogenannte Götter ...» meint Justinus Martyr[7]. Verallgemeinert wird die Anekdote Herodots auch von Minucius Felix[8]: häufig sei es bei Ägyptens König vorgekommen, goldene und silberne Götter aus unreinen Gefäßen zu schmieden.

Der Gipfelpunkt der Abscheulichkeit ist jedoch erreicht, wenn Bilder der sogenannten Götter sogar aus Menschenknochen geschnitzt sein können. Dieser Vorwurf trifft eines der berühmtesten Götterbilder der Antike schlechthin: das bewaffnete Bild der Athena, das den Beinamen Palladion trägt (Abb. 3). Clemens von Alexandria berichtet unter Berufung auf eine späthellenistische Quelle, das Palladion sei aus dem Schulterblatt des Pelops geschnitzt worden[9]. Dies ist selbst für heidnische Verhältnisse eine bizarre Geschichte. Daß die Schulter des Pelops überhaupt zur Verfertigung eines Götterbildes verfügbar ist, hat eine Erzählung von Beinahe-Kannibalismus der Heiden-

1b

1c

*Abb. 1a–c Die Stadtlandschaft Konstantinopels war übersät mit antiken Bildwerken, die Konstantin aus anderen Städten in die neue Hauptstadt am Bosporus schaffen ließ. Die untersten Reliefwindungen der Arkadiussäule, einer im frühen 5. Jh. errichteten Triumphalsäule nach dem Vorbild der römischen Trajanssäule, zeigen eine Vielzahl von Bildwerken, die die Hauptstraße Konstantinopels säumten (Zeichnung im sog. «Freshfield-Album», Oxford, Bibliothek des Trinity-College).*

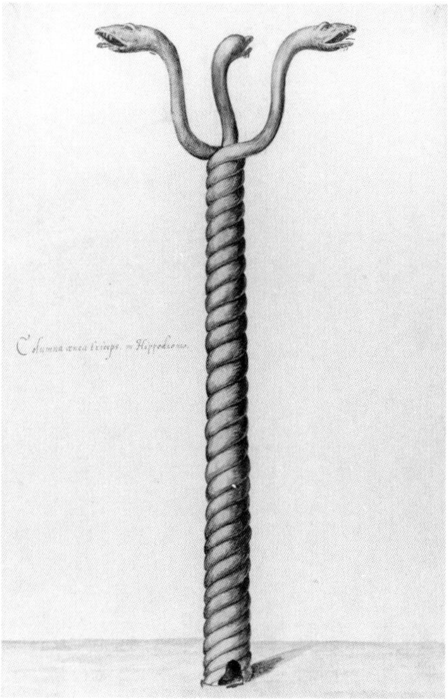

2

götter zur Voraussetzung: Pelops' Vater, der bekannte Frevler Tantalos, hatte die Götter zum Schmaus eingeladen, und ihnen den eigenen Sohn gekocht zur Speise vorgesetzt[10]. Während die übrigen Götter den Betrug erkennen und empört aufspringen, hat die Göttin Demeter, in Trauer um ihre verlorene Tochter Persephone versunken, ihre Portion, die Schulter, bereits verzehrt. Dem wiederbelebten Pelops wird daraufhin von den Göttern eine künstliche Schulter eingesetzt.[11]

Über den Verbleib des Original-Schulterblatts wurde in der heidnischen Antike heftig spekuliert. Plinius erwähnt die Schulter des Pelops als Heroenreliquie in Olympia[12]. Nach einer Version, die vielleicht auf Stesichorus zurückgeht, mußte sie im Trojanischen Krieg nach Troja gebracht werden, damit die Griechen die Stadt erobern konnten. Nach der Einnahme Trojas sollte das Schiff mit der Reliquie auf der Rückfahrt gesunken sein. Fischer zogen in späterer Zeit den Heroenknochen wieder aus dem Meer und brachten ihn nach Olympia zurück[13]. In diesen Erzählungen ist die Schulter des Pelops zwar in ihrer Funktion dem Palladion verwandt: dieses ist ein Unterpfand auf trojanischer Seite und bewirkt, daß Troja *nicht* erobert werden kann. Eine Identität von Pelopsschulter und dem Athenabild namens Palladion wird von den antiken Quellen im Normalfall jedoch nicht angenommen, geschweige denn daß die Städte, die in späterer Zeit das Palladion besitzen wollten – von Athen über Rom bis Konstantinopel – dieses mit der Schulter des Pelops in Verbindung gebracht hätten. Bezeichnenderweise stützt sich Clemens von Alexandria auf die akademische Variante des eher obskuren Kyklographen Dionysios. Er wählt die anrüchigste Variante, um die Heiden mit den Worten ihrer eigenen Glaubensbrüder zu schlagen – eine Methode, die unter seinen christlichen Mitstreitern verbreitet ist[14]. War die Erzählung des Dionysios also bis dato eine völlig randständige gewesen, die man unter der Vorliebe des Hellenismus Abstrusitäten zu sammeln, verbuchen konnte, so ändert sich das seit ihrer Erwähnung in der Mahnrede des Clemens. Seitdem zählt sie zum beliebten Inventar christlicher Autoren, wenn diese ihre Angriffe gegen die Bilder der heidnischen Götter führen[15].

Clemens begnügt sich nicht mit dem Angriff auf das Palladion. Um die irdische Materialität der Bilder zu betonen, nennt er im selben Atemzug das kostbarste Götterbild der Antike als ebenfalls aus Knochen gefertigt: den Zeus von Olympia (Abb. 4). Daß es sich in diesem Fall «nur» um das Gebein eines irdischen Tieres handelt, und nicht um menschliche Knochen, macht die Sache in seinen Augen nicht besser. Bezeichnenderweise wird noch ein drittes besonders berühmtes Götterbild von Clemens in die Kategorie «widerwärtiges Material» eingestuft, das Bild, das ihm selbst wohl am verhaßtesten gewesen sein dürfte: die Statue des Serapis von Alexandria (Abb. 5). Auch dieses Bild ist wieder einmal mit Hilfe von Leichen geschaffen: die vielfältigen Materialien, aus denen es bestünde, seien mit Spezereien zusammengebacken worden, die bei den Begräbnisritualen der Götter Apis und Anubis übriggeblieben seien[16]. Clemens moniert darüber hinaus, daß dieses Bild an einem Ort aufgestellt ist, an dem Leichen bestattet sind: der König Ptolemaios habe nämlich seine Mätresse Blistiche im Serapeum begraben lassen[17]. Entsprechend, so folgert Clemens, feiere das Heidentum zwar Feste, stelle Götterbilder auf und erbaue Tempel, diese seien aber in Wirklichkeit Gräber der Götter, die nur «Tempel» genannt würden[18]. Schlechthin seien die Götterbilder aus Erde geschaffen[19]. Das Element Erde, so läßt uns der Apologet Aristides wissen, sei jedoch ganz besonders ekelerregend[20]: die Erde «nimmt die blutige Unreinheit Ermordeter auf, sie wird aufgegraben und mit Toten angefüllt und wird (so) zum Leichenbehälter.»

Nachttöpfe und Leichenteile sind also das Material, aus dem die angeblichen Götter der Heiden geschaffen sind. Daß die traditionellen Götterbilder im Wortsinn ekelhafte Machwerke sind, betonen die christlichen Autoren nicht nur bei der Aufzählung der Grundmaterialien. Euseb von Caesarea jauchzt über die Zerstörung goldener Götterbilder, dann aber ermahnt er die Betrachter, darauf zu achten, was sich hinter der goldenen Außenhaut versteckt. Wenn man nämlich diese angeblichen Götter der Heiden öffnet (sprich zerstört), kann man sehen, welche Häßlichkeiten das Innere der bemalten Gestalten birgt[21]. Drinnen befindet sich nicht etwa der Gott, oder etwas Göttliches, sondern erneut irdische Widerwärtigkeit. An anderer Stelle seiner Vita Constantini wird Euseb noch drastischer[22]: «und sie sahen, wieviel Schändlichkeit unter der äußeren Hülle der Götzenbilder verborgen war. Denn es befanden sich darunter entweder Knochen und ausgetrocknete Schädel von Toten, die durch Zauberkünste zubereitet waren, oder auch schmutzige Fetzen voll von schändlichen Unreinigkeiten oder Spreu von Heu und Stroh.» Wenn man im Inneren der Götterbilder denn doch Leben entdeckt, so ist dieses recht zweifelhafter Art: Mäuse, Schwalben und Geier versuchen im Mund der Gottheit ihr Nest zu bauen, Spinnen «umweben ihr Gesicht und lassen geradewegs vom Kopf ihre Fäden hängen».[23]

## Von liederlichen Leuten gemacht oder vom Himmel gefallen?

Der Angriff christlicher Quellen richtet sich nicht nur auf das irdische und ekelhafte Material der Götterbilder. Selbst die wichtigsten heidnischen Kultbilder, so wird zu beweisen versucht, sind erst kürzlich von sterblichen Menschen geschaffen worden. Entsprechend finden sich gerade bei christlichen Quellen ganze Listen antiker Götterstatuen und ihrer jeweiligen Schöpfer[24]. Die Statuen haben sich während ihrer Anfertigung entwürdigende Behandlung gefallen lassen müssen, sie wurden von ihren Verfertigern mißhandelt[25] – und von wie gearteten Verfertigern: Diese seien liederliche Leute und trügen jegliche Schlechtigkeit in sich, «sogar ihre jungen Sklavinnen, die mit ihnen daran arbeiten, verführen sie.»[26] «Gemeine Handwerker und bisweilen ganz verächtliche Menschen»[27], «zügellose Gesellen»[28] und «schmutzige Kerle»[29] sind die Charakteristika, die der Stand der Bildhauer und Bildschnitzer aus christlichem Munde erfährt.

Nicht nur der Charakter der Bildhauer, sondern auch die Modelle für die Bilder sind höchst zweifelhaft. Indem die Künstler häufig ihre menschlichen Liebschaften beiderlei Geschlechts, von Alkibiades bis Phryne und Kratine als Vorbilder ihrer Götterstatuen genommen hätten, sei es dazu gekommen, daß besonders berühmte Götterbilder wie etwa die Aphrodite von Knidos (Abb. 6) eigentlich Bilder von Hetären seien, die nun als Götter angebetet würden. Wohl auch dies sei der Grund für die zahlreichen Fälle, in denen sich Menschen in Götterbilder verliebt und sie befleckt hätten – eine Vorstellung, die Clemens genüßlich ausmalt[30]. Ganz grundsätzlich, so ereifert sich Tertullian, seien «Bildhauer, Maler und Verfertiger von Bildwerken aller Art» vom Teufel in die Welt gesetzt worden[31]. Seinen christlichen Glaubensgenossen will er nicht nur das Anbeten, sondern auch das Verfertigen und Verschönern von Idolen fremder Götter verbieten[32]. Als Gipfel der Paradoxie stellt sich christlichen Schriftstellern allerdings das Verhalten der heidnischen Künstler selbst dar: Zuerst wagen sie es, die halbfertigen Bilder mit ihren Werkzeugen zu mißhandeln. Hat sich aber ein Käufer gefunden und «werden sie für einen Tempel oder für ein Haus angekauft, dann opfern ihnen nicht nur die Käufer, sondern auch die Verfertiger und Verkäufer derselben kommen mit Eifer und großem Aufwand von Opfern und Spenden herbei, um sie anzubeten, und halten sie jetzt für Götter.»[33] Mit diesem Argument versucht auch Athanasius, umstrittener Bischof von Alexandria, im 4. Jh. die Götterbilder zu erschüttern[34]: «Vielfach betet auch der Bildhauer selbst, als hätte er vergessen was er geschaffen, zu seinen Werken, und was er eben noch gemeißelt und behauen hat, das nennt er nach der künstlerischen Verarbeitung Gott.»

Wer die Bilder für Götter hält, hat sich im besten Fall durch die Kunst täuschen lassen. Dies ist allerdings alles andere als schmeichelhaft: «Bei den Affen sind ihre Pfleger und Wärter darüber erstaunt, daß sie sich von keinem Bildwerk oder Spielzeug aus Wachs oder Ton täuschen lassen» meint Clemens von Alexandria[35], «ihr aber werdet euch wohl als den Affen an Verstand nachstehend erweisen, wenn ihr steinernen und hölzernen und goldenen und elfenbeinernen Statuen und Gemälden Achtung schenkt.»

Die christlichen Disputanten standen allerdings vor einem Problem: einige Kultbilder der heidnischen Antike sollten laut Tradition nicht von menschlichen Künstlern geschaffen worden, sondern göttlicher Herkunft sein. Für Euseb löst sich das Problem auf denkbar einfache Weise: Wenn man diese Götterbilder zerschlägt oder auseinandermontiert, sieht man schnell, daß sich in ihnen kein Gott, nichts Übermenschliches verbirgt. Clemens von Alexandria geht hier subtiler vor, wenn er sagt[36]: «Daß nun Phidias den Zeus zu Olympia und die Polias in Athen aus Gold und Elfenbein gefertigt hat, das ist doch wohl allen bekannt …». Die Bezeichnung Polias fiel in Athen aber gemeinhin nicht dem großen Phidiasbild zu, sondern einem kleinen Holzbild, das sich im Erechtheion befand, und das vom Himmel gefallen sein sollte[37]. Diese alte Polias wird bei Clemens nun mit dem Phidiasbild vermengt und so einem

3

***Abb. 2** Auf dem Hippodrom von Konstantinopel befindet sich noch heute die sog. «Schlangensäule», einst der Untersatz des Weihgeschenks der Platäer in Delphi. Auch dieses wurde in der Spätantike nach Konstantinopel geschafft, um das Stadtbild der Bosporuskapitale aufzuwerten (Zeichnung im sog. «Freshfield-Album», Oxford, Bibliothek des Trinity-College).*

***Abb. 3** Zu den bekanntesten Darstellungen des trojanischen Palladions zählt jene aus der Tiberiusgrotte in Sperlonga. Der christliche Autor Clemens von Alexandria kritisiert die Verehrung des Palladions mit dem Argument, es handle sich nur um ein Schnitzwerk aus Knochen (Sperlonga, Museum).*

4

5

menschlichen Schöpfer zugesprochen. Wahrscheinlich ist es kein Zufall, daß das Bild der Polias vom Apologeten Athenagoras ebenfalls einen sterblichen Schöpfer erhält: diesmal den Endoios[38]. Ähnlich wie mit der Polias verfährt Clemens auch mit dem Palladion. Seine Behauptung, es bestehe aus den Knochen des Pelops, soll nicht nur ein berühmtes Götterbild durch ekelhaftes Material desavouieren, sondern vor allem dem Anspruch entgegenwirken, dieses Bild sei ebenfalls vom Himmel gefallen, wie es eine überwältigende Menge von Quellen behauptete. Das erklärt auch die Resonanz von Clemens' Version in anderen christlichen Quellen, etwa bei Firmicus Maternus, der zusätzlich noch einen menschlichen Schöpfer für die berühmte Statue anbietet[39]: «Hört auch an was das Palladion für eine Gottheit ist. Es ist ein Götterbild, gefertigt aus den Gebeinen des Pelops. Der Skythe Abaris hat es nach der Überlieferung gemacht ... Dieses Götterbild verkaufte Abaris den Trojanern, indem er den törichten Menschen lügenhafte Versprechungen machte. Es wurde ein Gott verkauft um dem Käufer zu nützen und der Käufer betete unterwürfig an, was er kurz vorher zur Versteigerung ausgestellt gesehen. Die Wesenheit eben dieses Götterbilds bilden die Gebeine des Pelops.»

Und auch eine übernatürliche Herkunft der alexandrinischen Statue des Serapis wird von Clemens mit Nachdruck verneint. Er unterstellt, man habe die irdische Herkunft des Serapis eigentlich verschweigen wollen: Athenodorus, der Sohn des Sandan habe sich aber verraten, als er das hohe Alter der Serapisstatue anhand von deren Auftraggeber Sesostris beweisen wollte[40]. Theophilus spottet gegenüber Autolykos über die Herkunft des Serapis: dieser Gott sei ja wohl von Sinope nach Alexandria geflohen[41]. Im 5. Jh. n. Chr. behauptet schließlich der Mönch Isidor von Pelusion, der König Ptolemaios habe heimlich den Künstler umbringen lassen, der das Bild gefertigt hat – damit er behaupten konnte, die Statue sei ein «acheiropoieton», ein nicht von Menschenhand gefertigtes Bild echt göttlicher Herkunft[42]. Und überhaupt – so Minucius Felix[43], sei mit angeblicher himmlischer Herkunft von Götterbildern kein Staat zu machen – «Wir sagen ja auch noch heutigentags von Leuten, die uns plötzlich in die Augen kommen, sie seien vom Himmel gefallen und nennen Menschen von niedriger und unbekannter Herkunft Erdensöhne.» Betrügerische und gar mörderische Machenschaften der Heiden werden also von christlichen Quellen als Grundlage von Traditionen übernatürlicher Herkunft der Götterbilder unterstellt.

### Wehrlos gegenüber Vögeln und Menschen

Das von Euseb entworfene Panorama von Götterbildern, die vom Kaiser Konstantin ihres Schmuckes entkleidet werden, deren Goldteile abgenommen, deren Blattgoldverzierung abgeschabt wird, steht unmittelbar in der christlichen Tradition. Diese Bilder, so zeigt Euseb, muß man nicht fürchten – und seien es auch die berühmtesten der heidnischen Welt. Die Tiere haben nach christlicher Vorstellung hier schon den Anfang gemacht: «Die Schwalben und die meisten anderen Vögel lassen sich auf eben diesen Götterbildern nieder und beschmutzen sie», so Clemens von Alexandria[44], «und sie achten dabei nicht auf den Olympischen Zeus, oder auf den Asklepios von Epidauros, nein, auch nicht auf Athena Polias oder auf den ägyptischen Serapis.» Auch viele Menschen hätten den Respekt vor den Götterbildern längst verloren, so Minucius Felix[45]: «Die Ägypter scheuen mit einer großen Anzahl von euch Isis nicht mehr als die Schärfe von Zwiebeln und bangen vor dem Serapis nicht mehr als vor dem durch gewisse Körperteile verursachten Geräusch.» Und so manchem Christen wird unterstellt, er versuche zu demonstrieren, daß diese Bilder wehrlos sind[46]: «Siehe, ich trete heran zu dem Standbilde des Zeus oder des Apollon oder irgendeines beliebigen anderen Gottes und lästere und schlage es und es rächt sich gar nicht an mir.»[47]

Tatkräftige Demonstrationen der Hilflosigkeit der Heidengötter waren zur Zeit des Minucius Felix noch nicht empfehlenswert: der römische Staat, in einem solchen Fall vertreten durch das Tempelpersonal, hätte Übergriffe gegen die Heiligtümer ebenso wie die Störung einer offiziellen sakralen Veranstaltung durch demonstrativ falsches Verhalten streng bestraft.

Jedoch waren es wohl Schriften solcher Art, die den Boden für die Taten späterer christlicher Fanatiker bereiteten. Hatte Tatian noch in aller vorgeblichen Unschuld die Frage gestellt, warum die Heiden manche Bilder nicht selbst zerstörten[48]: «Wie kann man denn ruhig ertragen, daß selbst der Brudermord bei euch geehrt wird, da ihr beim Anblick der Bildsäulen von Polyneikes und Eteokles sie nicht samt ihrem Bildner Pythagoras herabschleudert und diese Denkmäler der Schlechtigkeit vernichtet?», so schritten spätere Christen, wie der alexandrinische Bischof Theophilos am Ende des 4. Jhs. zur Tat, um die Machtlosigkeit der Götterbilder zu demonstrieren (Abb. 7)[49]: «Theophilos ... befahl einem, der eine Axt hatte, mutig auf den Serapis loszuschlagen. Während dieser hieb, schrien alle laut auf aus Furcht ... Der Serapis aber empfand, als er den Schlag erhielt, weder Schmerz, da er von Holz war, noch gab er einen Laut von sich, weil er kein Leben hatte. Als ihm aber der Kopf abgeschlagen wurde, sprang aus dem Inneren eine ganze Schar von Mäusen heraus». Damit ist die Überlieferung Lügen gestraft, die Welt werde bei der Zerstörung des Serapisbildes untergehen. Die Furcht der heidnischen Alexandriner vor ihrem hölzernen Gott hat sich als unbegründet erwiesen.

Letztlich, so christliche Stimmen, haben die Heiden selbst schon immer eingestanden, daß ihre Götter machtlos sind: um sie vor Dieben zu schützen, hat man sie in ihren Tempeln einschließen und von Wachmannschaften bewachen lassen müssen. Dieses Argument findet sich schon in der frühesten erhaltenen christlichen Apologie, die Aristides von Athen an Kaiser Hadrian gerichtet hat: Dem Aristides gilt das Einsperren der Götterbilder im Tempel sogar als eine Verhaltensweise, die für barbarische Völker typisch sei. Um wie viel schlimmer ist es also, wenn auch bei den Griechen, die sich ja für so weise halten[50], dies ebenfalls üblich ist[51]. «Wie können denn Menschen der Götter Hüter sein», so fragt sich kurz darauf auch Justinus Martyr, es sei doch frevelhaft, das für möglich zu halten[52]. Zu allem Überfluß handle es sich auch bei diesen Wächtern oft um schlechte Menschen[53].

Euseb beschreibt, wie den heidnischen Priestern zur Zeit Konstantins befohlen wird, die Götterbilder aus finsteren Winkeln, wo sie offenbar versteckt und eingeschlossen gewesen sind, herbeizuholen. Ausdrücklich sagt es schon früher der Apologet Aristides: Wenn diese Götter zu ihrer eigenen Rettung nicht fähig sind, wie sollen sie dann den Menschen Rettung bringen[54].

Die Machtlosigkeit der Götterbilder zeige sich auch am Fall des Palladions, argumentiert Firmicus Maternus. Dessen Ruhm beruhte vor allem darauf, daß es die Stadt, in der es sich befand, uneinnehmbar machte[55]. «Doch war es weder ein Schützer noch nützte es einmal, und merkte aus dem Fall der Städte in welchen es sich befand, was ihm bevorsteht. Troja wurde von den Griechen in Brand gesteckt, Rom von den Galliern und bei beiden Bränden blieb das Palladion erhalten, aber erhalten nicht durch eigene Kraft sondern durch menschlichen Schutz. Denn an beiden Orten befreiten es Menschen, es wurde fortgetragen, um nicht in menschlichem Feuer zu verbrennen.» Solche Götter beschützen also

*Abb. 4 Münzen vermitteln eine gute Vorstellung vom Aussehen des Zeuskultbilds in Olympia. In den Augen christlicher Schriftsteller war dieses Kultbild nur ein Artefakt aus Elfenbein und anderen irdischen Materialien (Münzrückseite eines hadrianischen Sesterz).*

*Abb. 5 Besonders verhaßt war den christlichen Autoren das Kultbild des Serapis in Alexandria: Angeblich sei es mit Hilfe von Beerdigungsresten gebacken worden. Münzen zeigen das Kultbild des Gottes in seinem Tempel (Münzrückseite eines hadrianischen Sesterz).*

*Abb. 6 Selbst die anmutige Aphrodite von Knidos blieb von der Kritik eines Clemens von Alexandria nicht verschont. Wie konnte Praxiteles nur eine Hetäre als Vorbild für seine berühmte Götterstatue nehmen? (Römische Kopie der Aphrodite von Knidos, München, Glyptothek).*

6

7

nicht ihre Verehrer, sie müssen vielmehr selbst beschützt werden.

Die Furcht der Heiden vor den Bildern, wie sie Euseb unterstellt, ist allerdings – und das gestehen auch die christlichen Autoren zu – nicht völlig unbegründet. Ereignen sich doch an diesen Bildern mitunter merkwürdige Dinge: die Heiden nennen sie Wunder. Nicht nur daß mitunter Kranke geheilt werden, sondern die Bilder lassen eine Stimme hören, sie weinen, schwitzen, bluten, bewegen sich.

**Wundertätige Idole?**

Wie erklärt nun die christliche Bilderkritik Vorgänge dieser Art den Heiden?

Eine besonders gewitzte Erklärungsmöglichkeit wird möglich durch die Umdeutung heidnischer Götterbilder, durch «Interpretatio Christiana». Firmicus Maternus behauptet etwa, die Statue des Serapis von Alexandria stelle eigentlich den Joseph des alten Testaments dar: Weil er der Urenkel der Sarah gewesen sei, habe man ihn auf griechisch Σάρρας παῖς, Kind der Sarah, genannt, aber erst nach seinem Tode. Das darüber hinaus verbindende Glied bei dieser Interpretation ist die Beziehung beider, des Serapis und des Joseph zum Getreide (Abb. 8, 9). Serapis trägt den Modius, ein Getreidemaß auf dem Haupt. Unter den Christen war es offenbar nicht selten, daß man die Spuren des Joseph in Ägypten wiederfinden wollte: spätantike Reisende identifizierten die Pyramiden von Gizeh als Kornspeicher, die Joseph für Pharao erbaut hatte[56]. Joseph-Serapis, so Firmicus Maternus[57], werde also «in Ägypten verehrt und angebetet, sein Bildnis hütet die Schar der Tempelaufseher und zur Erinnerung an alte Zeiten bewahrt das irrende Volk die zu Ehren des höchst unbescholtenen und klugen Mannes angeordneten Kultformen noch heute…». Nach dieser Interpretation gehen alle Wunder, die sich womöglich am Serapis von Alexandria zutragen auf christliche Kräfte, letztlich auf den Christengott zurück. Daß die irregeleiteten Serapisverehrer das nicht wissen, spielt keine Rolle.

Nicht jedes heidnische Götterbild ließ sich als Darstellung eines christlichen Heros neu definieren. Eine wesentlich einfachere Erklärungsmöglichkeit für Wunder an heidnischen Götterbildern war es, solche Ereignisse grundsätzlich zu leugnen und sie als Betrug zu entlarven. Diese Erklärung wird auch in manchen Fällen vorgebracht. Der Bischof Theophilos von Alexandria soll nicht nur die Tempel der heidnischen Götter von Grund auf zerstört, sondern den heidni-

8

9

schen Gläubigen auch den Betrug ihrer eigenen Priester vor Augen geführt haben[58]: Diese «machten nämlich die ehernen und hölzernen Götterstatuen inwendig hohl, fügten deren Rückseiten fest an die Mauer an, ließen aber in der Mauer einige unbemerkbare Gänge. Dann gingen sie durch das dem Volk unzugängliche Heiligtum, begaben sich in den inneren hohlen Raum der Götterstatuen und befahlen durch diese, was ihnen beliebte. Die betrogenen Hörer aber vollzogen, was ihnen befohlen wurde.»

***Abb. 7** Eine im 5. Jh. in Alexandria entstandene Weltchronik setzt die christliche Polemik gegen die antiken Kultbilder ins Bild um: der alexandrinische Patriarch Theophilos tritt auf das Heiligtum des Serapis. Der Kopf des Serapiskultbilds ist am unteren Rand des Fragments erhalten (Moskau, Puschkin-Museum).*

***Abb. 8** Büste des Serapis, der den charakteristischen «Modius», den Getreidekorb, trägt (Alexandria, Griechisch-Römisches Museum).*

***Abb. 9** Der alttestamentarische Joseph wurde bisweilen als Entsprechung zu Serapis angesehen. Das Kultbild des Serapis in Alexandria habe Firmicus Maternus zufolge nicht eigentlich den ägyptischen Gott, sondern den biblischen Verwalter Ägyptens dargestellt. Eine Darstellung auf der Elfenbeinkathedra des Maximian aus dem 6. Jh. zeigt Joseph bei der Verteilung des Getreides (Ravenna, Erzbischöfliches Museum).*

Auf dem Betrug durch Menschen, auf der Entlarvung angeblicher Wunder durch simples Menschenwerk, liegt jedoch von christlicher Seite nicht der Erklärungsschwerpunkt. Die meisten christlichen Autoren stützen sich vielmehr auf wesentlich kompliziertere Erklärungen. Zu ihnen gehört auch Euseb. Er spricht von den bösen Geistern, die in den geschnitzten Bildern herumlungern, sich in den schattigen Winkeln verstecken, die Trankopfer aufschlecken und den Geruch der Opfer erschnüffeln[59]. Diese bösen Geister macht etwa Minucius Felix für noch andere Dinge verantwortlich[60]: «Diese unreinen Geister also oder Dämonen ... verbergen sich hinter den Statuen und geweihten Bildern und bringen es mit ihren Einwirkungen dahin, den Anschein zu erwecken, als wäre dort wirklich eine Gottheit zugegen. Sie inspirieren mitunter die Seher, sie weilen in den Heiligtümern, sie bewegen bisweilen die Fibern der Eingeweide... .» Wenn sich also wunderbare Dinge bei den Statuen ereignen, so bezeugen diese nicht etwa die übernatürliche Macht der heidnischen Götterstatuen. Vielmehr sind es negative, dämonische Mächte, von denen die Menschen hier in die Irre geführt werden.

## Objekte der Magie?

Darüber hinaus gibt es aber noch weitere Gründe für den Kaiser Konstantin, die Statuen der heidnischen Götter aus ihren dunklen Winkeln zu holen und ihr Inneres nach Außen zu kehren. Beim Öffnen der Statuen zeigt sich nämlich mehr als nur die Tatsache, daß sie inwendig unansehnlich sind[61]. Im Inneren der Bilder, so behauptet Euseb, hätten sich Knochen und ausgetrocknete Schädel von Toten befunden, die durch Zauberkünste zubereitet waren... . Dies ist ein massiver Angriff gegen die traditionelle antike Religion und ihre Anhänger: jeder antike Leser weiß, was das Auftauchen solch bizarrer Dinge bedeutet: schwarze Magie. Euseb gibt sich in diesem Punkt auch nicht mit Andeutungen zufrieden.

Seiner Meinung nach spielen magische Praktiken, bei denen ein Magier sich die um die Götterbilder schleichenden Dämonen gefügig macht, bei den Heiden eine wichtige Rolle.

So berichtet Euseb von der Errichtung eines Zeusbildes in Antiocheia durch einen gewissen Theoteknus[62]. Dieser habe «unter ... Gaukeleien und Zaubersprüchen ein Bild des Zeus Philios errichtet. Diesem zu Ehren erdachte er unheilige Zeremonien, eitle Weihen und sündhafte Reinigungen, und wußte seine Betrügereien durch Orakel, die er zu erteilen vorgab, bis vor den Kaiser zu bringen ...» Magische Rituale – so behaupten die Christen – würden nicht nur bei der «Weihung» eines Götterbildes stattfinden. Bezeichnenderweise betrifft ein gezielter Vorwurf dieser Art wieder einmal den Serapis von Alexandria: Dieser sei, so Origenes[63], vor noch gar nicht langer Zeit, «infolge gewisser Zauberkünste des Ptolemaios in Erscheinung getreten, der an ihm den Einwohnern von Alexandria gleichsam einen leibhaftigen Gott zeigen wollte... . Daher wird er ... nicht nur von den bildenden Künstlern in Verbindung mit den wirkungslosen Weihen und den zur Dämonenbeschwörung dienenden Zaubereien zum Gott gemacht, sondern auch von Gauklern und Giftmischern und den durch ihre Zaubersprüche angelockten Dämonen.»

Die Kultbilder der Götter locken also nicht nur durch die Welt schweifende böse Geister an, sondern an ihnen sammeln sich Magier zur Geisterbeschwörung. Wenn sich aber Zauberer mittels der Götterbilder Dämonen untertan machen können, dann bleibt dem frommen Kaiser Konstantin gar nichts anderes übrig, als gegen dieses Treiben einzuschreiten. Bei solchen «Verehrern» der Götterstatuen handelt es sich nicht nur um irregeführte Heiden, bei denen die christliche Erleuchtung noch nicht auf fruchtbaren Boden gefallen ist, sondern diese Leute sind Kriminelle. Auf schwarzer Magie steht seit der frühen Kaiserzeit die Todesstrafe[64]. In diesem Fall sind die Bilder der Götter auch nicht mehr nur morsches Holz oder angejahrtes Metall, das man mit Spott überschüttet oder mit Verachtung straft, sondern sie sind Objekte, die durch ihre schiere Existenz vom Staat verbotenes Handeln ermöglichen.

## Ein neues Zeitalter?

Daß der Kaiser Konstantin bei Euseb nun endlich aktiv gegen die Kultbilder der alten Götter vorgeht, ist nach dem von Euseb gezeichneten Bild eigentlich nur logische Folge der Irrtümer und Vergehen der vergangenen Epoche. Mit der christlichen Erleuchtung des Kaisers, so suggeriert Euseb, hat nun ein neues Zeitalter begonnen, in dem als erste Tat die Bilder der alten Götter im wörtlichen Sinn vom Sockel gestoßen oder gar zerstört worden sind. Wie oben ausgeführt steht Euseb mit seiner Beschreibung des Geschehens auf den Schultern einer langen christlichen Tradition, die seit vielen Generationen auf diese Wende wartet, eine Wende, die der Gerechtigkeit zum Sieg verhilft und das Christentum triumphieren läßt.

Eusebs Version ist in Antike und Moderne dankbar aufgegriffen worden. Sie hat die Vorstellung vom Beginn der christlichen Spätantike mitgeprägt.

Jedoch – die historische Wirklichkeit straft den Bischof von Caesarea Lügen:

In der Gesetzgebung Konstantins finden sich zwar durchaus Gesetze gegen bestimmte Rituale des Heidentums: Sie richten sich jedoch nur gegen Möglichkeiten der Zukunftsdeutung, die keinesfalls unkontrolliert vorgenommen werden darf, sowie gegen die Ausübung von «schwarzer Magie»[65]. Konstantin stellte die einstmals «verehrten Erzbilder» ganz sicher nicht auf den Plätzen seiner neuen Stadt auf, damit sie dort einen häßlichen Anblick böten. Daß nicht in erster Linie religiöse Gründe ihn hierbei geleitet haben – darauf deutet bereits das Material der genannten Statuen: Tempelkultbilder, also die im heidnischen Kult prominentesten Statuen, bestanden im Normalfall nicht aus Bronze, da sie schließlich nicht im Freien stehen mußten. Das Material der angeblich verschleppten, verspotteten oder zerstörten Bilder verrät den Euseb auch in anderer Hinsicht: nur die wenigsten traditionsreichen Tempelkultbilder waren aus Gold und Silber. So manches Heiligtum besaß allerdings kostbare Weihgeschenke, Statuen oder andere Objekte, aus Edelmetall. Wenn Konstantin diese wegschaffen oder ihres Schmuckes berauben zu müssen glaubte, so mag es ihm auch hier nicht darum gegangen sein, den Anhängern der alten Religion ihr jeweiliges religiöses Zentrum zu entreißen, sondern dies war eine Möglichkeit die Staatskasse aufzubessern[66]. Daß man den Priestern in solchen Fällen befahl, selber ihre Götter aus den dunklen Winkeln ans Licht zu bringen, geschah dann nicht, weil man diese wegen ihres Amtes demütigen wollte, sondern aus dem praktischen Grund, daß im Normalfall nur die sakralen Amtsträger die Schlüsselgewalt der Heiligtümer und potentiellen Zugriff zu den inventarisierten kostbaren Stiftungen hatten[67]. So sagt Euseb ausdrücklich, Überflüssiges und Unbrauchbares habe man den Götzendienern zum Andenken an ihre Schmach überlassen. Die betroffenen Städte dürften zwar nicht begeistert gewesen sein Weihgeschenke und Edelmetall an die kaiserliche Kasse abtreten zu müssen, ihre kultischen Möglichkeiten wurden dadurch jedoch kaum beeinträchtigt. Häufig dürften gerade die Statuen, die lokal die größte Verehrung genossen, von Konstantins Handlangern verschont geblieben sein: waren doch alte oder in altertümlichem Stil gefertigte Kultbilder meist weder von herausragendem künstlerischem noch von großem materiellem Wert.

Darüber hinaus sind begründete Zweifel an Eusebs Verallgemeinerung bezüglich des Umgangs Konstantins mit den heidnischen Götterbildern anzumelden. Er führt zwar einige bekannte Statuen und Gegenstände auf, daß «der Pythier» jedoch das delphische Tempelbild gewesen sei, ist angesichts des genannten Materials höchst unwahrscheinlich. In Eusebs Vita Constantini ist in einigen Fällen von der Zerstörung ganzer Heiligtümer im Auftrag des Kaisers die Rede. Bezeichnenderweise handelt es sich jedoch hierbei um relativ obskure oder kleinere Heiligtümer – oder aber um eigentlich christliche Stätten, die angeblich vom Heidentum in Besitz genommen sind und jetzt wieder rechristianisiert werden[68]. Einen Angriff auf ein berühmtes griechisches Heiligtum, der über den Abtransport einiger Weihgeschenke hinausgegangen wäre, kann selbst Euseb nicht anführen. Und im Abtransport von Weihgeschenken hatten sich in früheren Generationen auch dezidiert heidnische römische Kaiser hervorgetan. Nicht nur, daß die erhaltenen gesetzlichen Maßnahmen Konstantins keinesfalls auf gezielte Aktionen zur Vernichtung heidnischer Götterbilder deuten, auch die Berichte späterer christlicher Autoren machen überdeutlich, daß Eusebs Verallgemeinerung unzulässig ist. Firmicus Maternus fordert eine Generation später die Konstantinssöhne zur Ausrottung des Heidentums auf[69]: «Von Grund auf müssen solche Dinge, allerheiligste Kaiser, ausgemerzt und vernichtet werden ... die Vernichtung der Tempel und des Götzendienstes hat die Majestät Christi euren Händen anvertraut.» Seiner Mahnung ist nur mäßiger Erfolg beschieden. Noch verhallt die Drohung, wenn die Heiden auf ihrem Irrwahn beharrten, würden sie gleichermaßen mit ihren Göttern brennen[70]. Ausgerechnet den Serapis von Alexandria, für christliche Autoren Angstgegner und Erzfeind zugleich, ereilt sein Schicksal durch die Hand des fanatischen Bischofs Theophilos erst am Ende des 4. Jhs. – Generationen nach Konstantin. Und lange Reihen von Gesetzen, erlassen von Konstantins Nachfolgern bis ins 5. Jh. zeigen, daß es noch immer nicht gelungen ist, die heidnischen Götterbilder im römischen Reich zu stürzen[71]. Das Bild des Euseb vom bekehrten Kaiser, der die Bilder der Götzen in ihrer kriminellen Schändlichkeit bloßstellt und der Vernichtung anheim gibt, nimmt die Wünsche und Sehnsüchte vieler Generationen von Christen auf und postuliert ihre Erfüllung in der Gegenwart. In Wirklichkeit jedoch kommt die Epochenwende nicht mit Feuer und Schwert über die Kultbilder der Götter. Erst nach Generationen christlicher Kaiserherrschaft wagt der Bischof von Alexandria den Streich auf das Bild des noch immer verehrten Serapis: er fordert die alte Prophezeiung heraus und siehe – die Welt geht nicht unter.

Barbara Zimmermann

# Illustrierte Prachtcodices: Bücherluxus in der Spätantike

## Kritik und Tadel

In zwei bemerkenswerten Zitaten wendet sich Hieronymus direkt gegen den – wohl zu seiner Zeit aufkommenden – Bücherluxus:

«Unter ihnen [gemeint sind die Kritiker des Hieronymus] gibt es sicher auch einige, die wollen alte Bücher, entweder auf prächtigem Pergament mit Gold und Silber oder mit – wie sie gemeinhin genannt werden – Unzialbuchstaben niedergeschrieben, als wuchtige Bücher mehr herausgearbeitet als [einfache] Codices, während sie mir und den Meinen gestatten, armselige Papierblätter zu haben und nicht so schöne Codices, dafür aber verbesserte.»[1]

Hieronymus, Prologus in libro Iob de hebraeo translato.

«Aber heute kannst Du sehen, daß eine große Zahl von Frauen ihre Schränke mit Kleidung vollstopft, täglich die Kleider wechselt und dennoch die Motten nicht besiegen kann. Eine Frau, die frommer geworden ist, verschleißt ein einziges Gewand und trägt Lumpen, obwohl sie Kästen voller Kleider hat. Pergament wird mit prächtiger Farbe bemalt, Gold wird zum Beschriften eingeschmolzen, Codices werden mit Edelsteinen verziert – und Christus stirbt nackt vor ihrem Eingang.»[2]

Hieronymos, Ep. 22,32

Gegen wen wendet sich Hieronymus gegen Ende des 4. Jhs. mit seiner Kritik? Im Zuge der Verteidigung seines Vorhabens, eine korrekte lateinische Bibelübersetzung zu erstellen, wirft er seinen Kritikern und Widersachern vor, daß ihnen nicht an der Korrektheit der Textversion, sondern vielmehr an der schönen Ausführung der Codices läge. Noch härter formuliert er den Tadel der adeligen Damen Roms in seinem Brief 32. Er wettert gegen die in diesen Kreisen herrschende Mode, Bücher (Codices) mit purpurgefärbten Pergamentseiten mit Gold- oder Silberlettern in Schönschrift beschreiben zu lassen, anstatt ärmlichere aber korrekte Ausgaben der Heiligen Schrift zu konsultieren. Kritikpunkt ist also, daß der Inhalt der Heiligen Schrift nicht mehr zähle, sondern nur mehr ihre prunkvolle Ausschmückung. Daß letztere aber auch in kirchlichen Kreisen geschätzt war, legt die von Kaiser Konstantin bei Euseb von Caesarea getätigte Bestellung von 50 Ausgaben der Heiligen Schrift für die Kirchen Konstantinopels nahe, die mit Sicherheit ebenfalls Prachtausgaben darstellten. Das hohe Ansehen solcher schöner Bücher bezeugt auch das Faktum, daß der Dichter P. Optatianus Porphyrius Kaiser Konstantin seine Gedichte in einem Purpurcodex mit Goldlettern zu Füßen legte[3]. Es sind dies die frühesten Zeugnisse einer neu aufkommenden – nicht kritiklos hingenommenen – Mode.

Die Voraussetzung für solche Luxusbuchausgaben ist aber die Akzeptanz des Codex als Buchform auch in den obersten sozialen Schichten.

## Antike Buchformen

Über Jahrhunderte hinweg war die gebräuchliche Buchform der Antike der Rotulus, also die Buchrolle aus Papyrus[4]. Sie besteht aus einzelnen aneinandergeklebten Blättern und ist nur an der Innenseite in nebeneinander stehenden Kolumnen beschrieben. Ihre Länge konnte je nach Bedarf variieren. Die auch heute noch übliche Einteilung der großen Werke antiker Schriftsteller in einzelne «Bücher» geht letztlich auf diese Buchform zurück, denn ab einem gewissen Umfang wäre ein Lesen des Rotulus unmöglich geworden. Das Lesen erfolgte immer mit beiden Händen, eine mußte ab-, die andere aufrollen, wobei man sich oftmals eines hölzernen Lesestabes, des sog. *omphalos* oder *umbilicus* bediente, der im Inneren der Buchrolle aufbewahrt werden konnte. Selbstverständlich gab es auch Luxus-

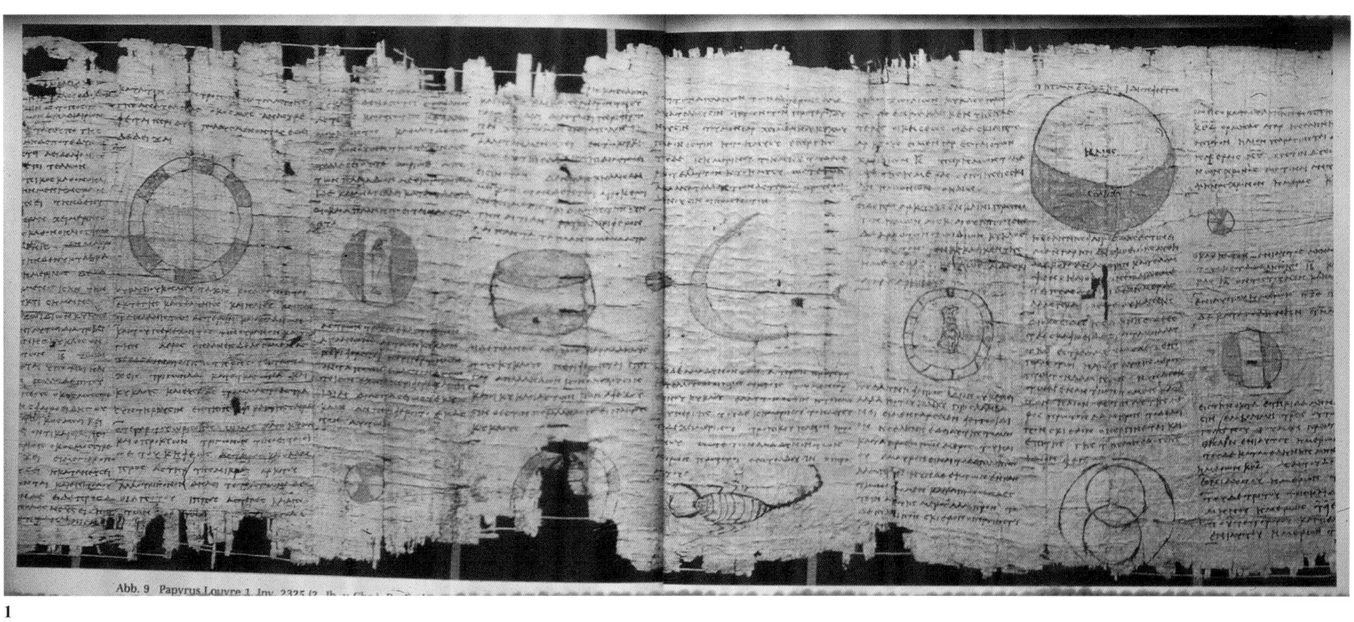

1

***Abb. 1 Eudoxosrolle, Paris, Louvre.***

2

3

ausgaben im Rollenformat; den hohen Wert einer Ausgabe machte in aller Regel ihre Rarität, die Korrektheit der Textedition oder ihr hohes Alter aus. Solche Ausgaben waren es dann wert, einen roten Titel zu tragen, in purpurfarbenen Pergamenthüllen aufbewahrt zu werden, konnten darüber hinaus mit einem schön geschmückten, manchmal sogar vergoldeten Lesestab ausgestattet sein. Auch sie wurden als begehrte Prestigeobjekte von Bibliophilen gesammelt.

Der Codex, der die bis heute verwendete Buchform darstellt, ist literarisch erstmals im 1. Jh. n. Chr. erwähnt, die ältesten erhaltenen Codices stammen wohl aus dem 2. Jh. n. Chr. Er entwickelt sich aus den Wachstafeln, Schriftträgern in Form einer Holztafel mit erhöhtem Rand, die mit Wachs bestrichen und mit einem Griffel beschrieben werden konnten. Wegen der Tilgbarkeit der Schrift fanden sie für alle möglichen Belange Verwendung, wie im Schulunterricht, für Korrespondenzen, für Abrechnungen etc. Dieselbe Funktion erfüllte anfangs auch der Codex, doch im Laufe der Jahrhunderte verbreitete er sich immer mehr bis er schließlich als hochgeschätzte Buchform spätestens im 4. Jh. n. Chr. allgemein anerkannt wurde. Warum der Rotulus durch den Codex verdrängt wurde, ist bis heute nicht ganz geklärt, doch scheinen v.a. auch praktische Gründe dazu beigetragen zu haben. So war er durch die beidseitige Beschreibbarkeit der Seiten billiger und in der Handhabung wesentlich praktischer als die Buchrolle.

**Illustrationen**

In jedem Fall bot aber erst der Codex die Möglichkeit der prunkvollen Buchausschmückung. So konnte man ihn mit prachtvollen Bucheinbänden versehen, und die oftmals aus feinstem Pergament bestehenden Seiten boten einen geeigneten Untergrund für malerische Ausgestaltung.

Daß es Illustrationen bereits in Rotuli gegeben hat, ist uns zahlreich überliefert[5]. So sprechen antike Autoren von Illustrationen, wobei sie sich direkt auf die ihren eigenen Texten beigegebenen Illustrationen beziehen können, wie beispielsweise Aristoteles, oder später Vitruv und Aelian; oder aber sie erwähnen illustrierte Bücher anderer Autoren, wie etwa Plinius oder Cassiodor. Es handelt sich hierbei ausschließlich um wissenschaftliche Texte, in welchen die beigegebenen Bildchen dem besseren Textverständnis dienten. Bei den zoologischen Traktaten des Aristoteles oder den technischen

4

Schriften des Vitruv oder des Aelian dienten sie zur Erläuterung und Erklärung der theoretischen Abhandlungen, ebenso veranschaulichten sie in medizinischen oder botanischen Werken die jeweils behandelten Pflanzen oder Tiere. Sie erleichterten also das Textverständnis. Es handelt sich um an die entsprechende Textstelle eingefügte skizzenhafte Bildchen im sog. Rollenstil. Wir können diese illustrierten Bücher auch materiell fassen. So sind uns einerseits solcherart illustrierte Rotuli erhalten, wie die berühmte Eudoxosrolle aus dem 2. Jh. n. Chr (Abb. 1), andererseits zeigen zahlreiche mittelalterliche Handschriften antiker wissenschaftlicher Werke Illustrationen im sog. Rollenstil und lassen daher den Schluß auf den antiken Archetyp solcher Bilderfolgen zu.

Auch Autorenbilder sind uns literarisch überliefert, wobei diese wohl am ehesten in Form von kleinen Portraitbüsten am Beginn eines Rotulus standen.

## Spätantike Prachtausgaben

Erst im 4. Jh. hat der Codex sich von seiner anfänglichen Verwendung als «Notizbuch» emanzipieren können, und von nun an findet man immer prachtvoller ausgestaltete Bücher: sowohl die klassischen literarischen Texte wie auch die Bibel, aber auch wissenschaftliche Schriften wurden als Luxusausgaben angefertigt. Sie konnten – wie bei Hieronymus kritisiert – auf purpurgefärbtem Pergament mit Gold- oder Silbertinte geschrieben und dazu noch mit Bildern versehen sein.

Zwei spätantike Codices zeigen diesen Hang zum Bücherluxus besonders deutlich. Es handelt sich um das sog. Corpus Agrimensorum[6] aus dem 6. Jh. und den berühmten Wiener Dioskurides[7]. Beide stellen wissenschaftliche Sammelhandschriften dar. Ersterer nimmt diverse Traktate zur römischen Feldvermessung auf, letzterer verschiedene, in großen Teilen redigierte Versionen botanischer und zoologischer Schriften mit meist pharmakologischer Zielsetzung. In beiden Handschriften finden sich vorangestellte, ganzseitige Autorenbilder: Auf fol. 5v des Wiener Dioskurides etwa sieht man den Autor Dioskurides am rechten Bildrand sitzend beim Verfassen seiner Schriften, während ein Maler mit dem Kopieren der Mandragorapflanze beschäftigt ist, die ihm von der Personifikation der sophia / Weisheit präsentiert wird (Abb. 2). Auch Widmungsbilder werden dem eigentlichen Text vorangestellt. Auf fol. 6v derselben Handschrift sieht man beispielsweise die Empfängerin der Prachthandschrift, die Prinzessin Anicia Juliana (Abb. 3). Die eigentlichen Textillustrationen, die noch auf den jeweiligen Archetyp im Rotulusformat zurückgehen, erfahren eine bildliche Aufwertung von der Kolorierung bis hin

*Abb. 2 Wien, Nationalbibliothek, Wiener Dioskurides, fol. 5v, Autorenbild: Dioskurides beim Schreiben sowie ein Maler, der eine von der personifizierten Weisheit präsentierte Pflanze kopiert.*

*Abb. 3 Wien, Nationalbibliothek, Wiener Dioskurides, fol. 6v, Widmungsbild: Prinzessin Anicia Juliana wird der Codex überreicht.*

*Abb. 4 Wien, Nationalbibliothek, Wiener Dioskurides, fol. 282r, Pflanzendarstellung.*

*Abb. 6 Paris, Bibliothèque Nationale, Ashburnhampentateuch, fol. 18r: Sodom und Gomorrha und der mit seinen Töchtern fliehende Lot.*

6

5

7

zur Monumentalisierung, die in den ganzseitigen malerischen Pflanzenbildern des Dioskuridestraktats gipfelt (Abb. 4). Auch in den Prachtausgaben der wissenschaftlichen Traktate übernehmen die Bilder die Dominanz über den Text, bzw. besitzt die prunkvolle Ausstattung den höheren Stellenwert, wie dies Hieronymus für die Heilige Schrift kritisierte. Sie erfahren demnach einen Funktionswandel und zwar vom wissenschaftlichen Handbuch zum Luxusobjekt.

Der Wiener Dioskurides ist der einzige Codex, von dem wir wissen, für wen er gefertigt wurde. Er wurde 512 Prinzessin Anicia Juliana zum Dank für eine Kirchenstiftung in einem Außenbezirk Konstantinopels von der Gemeinde überreicht (vgl. Abb. 3). Auch all die anderen erhaltenen illustrierten Codices können wir nur als eigens für reiche, adelige, klerikale oder zum Kaiserhof gehörige Empfänger angefertigte Luxusausgaben verstehen.

### Narrative Buchillustrationen

Vor diesem Hintergrund ist nun auch die erst in der Spätantike aufkommende Illustration narrativer Texte zu sehen. Bis heute haben sich zwei Vergilausgaben, eine Iliashandschrift, vier alttestamentliche, fünf neutestamentliche Codices und eine Vollbibel mit erzählenden Illustrationen erhalten[8]. Sie überliefern uns einen unermeßlichen Bilderschatz. Zahllose Szenen wurden basierend auf vorhandenem Bildformular geschaffen, um teilweise mit erstaunlich originellen Lösungen den zugehörigen Text zu illustrieren. Man verwendete die ‹alten› Bildtypen, um ‹neue› Geschichten zu erzählen: es erscheint so der alttestamentliche Saul im Gewande des römischen Feldherren, und der ägyptische Pharao tritt uns als byzantinischer Kaiser entgegen, wobei diese Bildgeschichtchen eine Lebendigkeit aufweisen konnten, die an die filmhafte Abspulung moderner Comicstrips erinnert. Die Originalität und Innovation zeigt sich auch an den völlig unterschiedliche Illustrationssystemen, die man in den Handschriften beobachten kann. Diese sind – wie man unten sehen wird – weder an eine Zeitstellung noch an die Herkunft der Handschrift gebunden; auch die literarische Gattung oder das religiöse Bekenntnis der Benutzer bestimmen in keiner Weise die formale Verteilung der Miniaturen innerhalb des Textes. Allen gemeinsam ist, daß ihre Illustrationen kein Vorleben als ganze Zyklen haben, bzw. ein Nachleben erst in mittelalterlichen Kopien zu belegen ist. Man kann also nicht wie in der späteren karolingischen oder byzantinischen Buchmalerei von Rezensionen der jeweiligen Illustrationszyklen sprechen. Diese Heterogenität ist mit einer Phase des Experimentierens zu erklären und spricht für die Annahme, daß sie – wie wir es ja auch vom Wiener Dioskurides wissen – als Auftragsarbeiten für gehobene Kreise auf Bestellung angefertigt wurden.

## Die Illustrationssysteme

In einem kurzen Überblick sollen die Codices mit ihren jeweiligen Illustrationssystemen vorgestellt werden:

In den Text unregelmäßig eingefügte Miniaturen weisen der Vergilius Vaticanus, die Ilias Ambrosiana und die Cottongenesis auf. Die Miniaturen des Vergilius vom Beginn des 5. Jhs. unterscheiden sich jedoch von den beiden anderen Handschriften, da sie kaum Szenen in kontinuierender Folge zeigen und deutlich Tafelbildcharakter haben, wie etwa auf fol. 40r, wo man die verzweifelte Dido kurz vor ihrem Selbstmord sieht (Abb. 5). Sowohl die Ilias Ambrosiana aus dem 6. Jh. als auch die sehr fragmentarisch erhaltene Cottongenesis wohl aus dem frühen 6. Jh. führen oftmals mehrere Szenen innerhalb einer Bildeinheit vor, oder zeigen zweiregistrige Miniaturen, wobei ihr Platz innerhalb der Handschriften nie festgelegt und von der entsprechenden zu illustrierenden Textstelle abhängig ist.

Zahlreicher sind die Handschriften mit Sammelminiaturen, d. h. dem Text vorangestellten Bildseiten, was möglicherweise mit dem Zufall der Überlieferung zu erklären ist. Aber auch diese bilden eine gänzlich uneinheitliche Gruppe. Die Quedlinburger Itala, eine fragmentarische Handschrift der alttestamentlichen Königsbücher wohl vom Beginn des 5. Jhs. und damit die früheste erhaltene

8

9

*Abb. 5 Rom, Biblioteca Vaticana, Vergilius Vaticanus, fol. 40r: Dido vor ihrem Selbstmord.*

*Abb. 7 Rom, Biblioteca Vaticana, Vergilius Romanus, fol. 100v: Aeneas bei Dido zum Gastmahl.*

*Abb. 8 Rossano, Erzbischöfliche Bibliothek, Codex Rossanensis, fol. 1v: Der Einzug Christi in Jerusalem.*

*Abb. 9 Rom, Biblioteca Vaticana, Vergilius Romanus, fol. 9r: Autorenbild.*

10

Handschrift mit Bibelillustrationen, weist Sammelminiaturen mit zwei bis vier Einzelbildern auf, die einer Texteinheit vorangestellt sind und kaum kontinuierende Szenen zeigen.

Dieselbe Anordnung im Text haben auch die Sammelminiaturen des sog. Ashburnhampentateuch aus dem 7. Jh., deren formale Ausführung jedoch eine gänzlich andere ist. Hier kommen zahlreiche ungerahmte Szenen meist unsystematisch auf einer Seite zur Darstellung, wobei man nicht von kontinuierender, d. h. fortlaufender Darstellungsweise sprechen kann, da kaum die chronologische Folge der Szenen berücksichtigt ist. Auf fol. 18 r (Abb. 6) etwa sind sechs Szenen zu Gen. 19, 27 bis 21, 10 dargestellt: Links oben brennen die Städte Sodom und Gomorrha, darunter links im Bild befindet sich Lot mit seinen Töchtern vor der Stadt Zoar, rechts oben sieht man die Höhle, in welcher die Töchter ihren Vater trunken machen, um ihn zu verführen. Die untere Seitenhälfte nehmen folgende Szenen ein: links unten Sara im Hause des Abimelech und dessen Traum, rechts unten entläßt Abimelech die reich beschenkten Abraham und Sara und darüber schließlich die chronologisch letzte Szene, die Sara und Hagar mit ihrem Sohn vor Abraham zeigt.

Die Miniaturen des wohl um 500 entstandenen Vergilius Romanus sind ebenfalls dem Text vorangestellt. Sie haben aber eher die Funktion von bildlichen Überschriften, indem sie auf einem Doppelblatt in einszenigen Bildern das Leitthema des jeweiligen Buches vorführen, zu Buch 1 etwa das Gastmahl Didos für Aeneas (Abb. 7).

Ganz anders sind wiederum die Miniaturen des Codex Rossanensis aus dem 6. Jh. zu bewerten, die einen vom Text unabhängigen Bildzyklus aufnehmen (Abb. 8). Dieser hat durch die Verbindung mit alttestamentlichen Prophetenfiguren eine tiefe theologische Aussageebene. Sie verbindet ihn mit den zwei anderen Evangeliaren aus dem syrischen Raum; dort jedoch ist sie durch formal unterschiedliche Illustrationssysteme erreicht.

Das 586 fertiggestellte Rabbulaevangeliar hat mit dem Codex Rossanensis einzig gemein, daß es einen vom Text losgelösten Bilderzyklus in Verbindung mit Prophetenfiguren aufweist. Der christologische Zyklus verteilt sich zu seiten der Kanontafeln und findet in Vollblattminiaturen seine Fortsetzung. Der Codex Sinopensis aus dem 6. Jh. zeigt streifenförmige Miniaturen, wobei die neutestamentlichen Szenen – von Prophetenfiguren gerahmt – den zugehörigen Text begleiten. Auch hier ist die Auffassung der Einheit des Alten und Neuen Testaments zum Ausdruck gebracht. Schließlich weist das Evangeliar des Heiligen Augustinus aus dem 6. Jh. vielszenige Vorsatzminiaturen auf. Zum Unterschied der vielszenigen Sammelminiaturen des Ashburnhampentateuch bewahren sie jedoch die chronologische Abfolge. Die kleinen Titelminiaturen der syrischen Bibel in Paris, die am Beginn der jeweiligen Bücher stehen, dienten wohl eher der optischen Gliederung.

***Abb. 10** Rossano, Erzbischöfliche Bibliothek, Codex Rossanensis, fol. 5r: Evangelistenbild.*

***Abb. 11** Rom, Biblioteca Vaticana, Vergilius Romanus, fol. 6r: Hirtenbild.*

***Abb. 12** Wiener Genesis, pict. 6: Noachgeschichte.*

***Abb. 13** Detail aus Abb. 12.*

***Abb. 14** Wien, Nationalbibliothek, Wiener Genesis, pict. 9: Lot flieht mit seiner Familie aus dem brennenden Sodom.*

11

12

13

Wie auch bei den wissenschaftlichen Handschriften kommen häufig Vorsatzminiaturen mit Autorenbildern vor, wie etwa beim Vergilius Romanus (Abb. 9), wo sie formal wohl noch den oben erwähnten Autorenbildern der Rotuli verbunden sind, oder bei den Bibelhandschriften als Evangelistenbilder, etwa beim Codex Rossanensis (Abb. 10) oder im Rabbulaevangeliar.

Diese Fülle an unterschiedlichen, sehr individuellen Lösungen, Bild und Text in Verbindung zu bringen, spricht dafür, daß jede Handschrift für einen konkreten Anlaß und Empfänger angefertigt wurde. Daher stand hinter der Bestellung selbstverständlich auch eine bestimmte Aussageabsicht, die letztlich das Bild-Text-Verhältnis beeinflußte. Darüber hinaus waren außer inhaltlichen sicher auch praktische Gründe für die Gestaltung ausschlaggebend, etwa wieviel Text der Codex fassen sollte bzw. wieviel Geld zur Verfügung stand.

Um dies zu verdeutlichen sollen drei Handschriften eine ausführlichere Besprechung erfahren:

### Vergilius Romanus

Betrachten wir den sog. Vergilius Romanus etwas genauer (vgl. Abb. 7 und 9)[9]. Diese Prachthandschrift entstand wohl um 500 n. Chr. im Westen und enthielt die Bucolica, die Georgica und die Aeneis des Vergil. In ihrem heutigen Zustand zeigen von den erhaltenen 309 Pergamentfolia 19 Miniaturen. Sie gehört zu den Handschriften mit vorangestellten Sammelminiaturen, wobei das Illustrationssystem von dem Konzept bestimmt ist, jeder textlichen Einheit eine bildliche Überschrift voranzustellen. Dadurch ergibt sich bei den kurzen Hirtengedichten eine wesentlich dichtere Illustrierung, die relativ monoton jedem Gedicht abwechselnd eine bukolische Szene voranstellt mit den Hirten, die im folgenden Text das Wort ergreifen (Abb. 11), bzw. ein Autorenportrait (vgl. Abb. 9). Diese streifenförmigen Illustrationen befinden sich über dem respektiven Text. Den Georgica und den einzelnen Büchern der Aeneis wird jeweils ein Doppelblatt vorangestellt, das ganzseitig sozusagen das Leitthema des folgenden Textes wiedergibt (Abb. 7). Der Wechsel im Illustrationssystem ergibt sich aus den Textgattungen und dem zugrundeliegenden Konzept. Hätte man die Abgeschlossenheit der

14

15

Eklogen ebenfalls mit ganzseitigen Bildern hervorgehoben – wie bei der Aeneis und der Georgica –, wäre die Seitenzahl wesentlich erhöht worden und der gesamte Codex wohl weder transportabel noch bezahlbar gewesen. Die Miniaturen und das Schriftbild sind von höchster Qualität; dieser entspricht auch die feinste Pergamentauswahl. Der Text strotzt jedoch trotz der extrem sorgfältigen Ausführung vor Fehler, womit man wieder an das anfängliche Hieronymuszitat erinnert wird.

Auch bei den Ausgaben der großen Dichter scheint also der luxuriösen Ausstattung mehr Bedeutung beigemessen worden zu sein als der Korrektheit des Textes und die Handschrift wohl als reines Prestigeobjekt gedient zu haben.

16

## Die Wiener Genesis

Es gab aber auch andere Fälle: Zwei Purpurhandschriften aus dem syro-palästinischen Raum sollen hier beispielhaft vorgestellt werden. Sie entstanden ziemlich gleichzeitig wohl um die Mitte des 6. Jhs., allem Anschein nach sogar im selben Atelier. Die auffälligen stilistischen und maltechnischen Ähnlichkeiten, welche die Identität eines der Maler der Wiener Genesis mit dem Rossanensis-Maler nahelegten, stehen im Gegensatz zu der jeweils einzigartigen Bild-Text-Verteilung in den Handschriften.

Von der Wiener Genesis[10], einer illustrierten Handschrift des ersten alttestamentlichen Buches, sind 24 Bilder mit Text und Bild auf Rekto- und Versoseite, also 48 Miniaturen erhalten. Den ursprünglichen Umfang schätzt man auf 96 Blätter. Der redigierte und stark gekürzte Genesistext wurde mit Silbertinte auf die obere Hälfte der purpurgefärbten Pergamentblätter geschrieben. Die unteren Seitenhälften nahmen die prachtvollen Miniaturen auf. Die Handschrift wurde oftmals als Bilderbibel bezeichnet, was sie aufgrund der Dominanz der Bilder dem Text gegenüber treffend charakterisiert. Der Bibeltext wurde nach bestimmten, gut nachvollziehbaren Gesichtspunkten stark gekürzt[11]: schwer oder nicht illustrierbare Stellen wie etwa Stammbäume wurden gestrichen. Ebenso vermied man inhaltliche Wiederholungen, oder man erwähnte Ereignisse, die prophezeit wurden und dann Erfüllung fanden, nur einmal. Auch lange Gespräche oder Monologe wurden gekürzt oder gänzlich weggelassen, und innerhalb eines Verses ließ man oft nur die zum Verständnis wichtigsten Worte stehen. Der Text beschränkt sich insgesamt auf die wichtigsten Handlungsmomente und Ereignisse der Genesiserzählung.

Die weitere Besonderheit der Handschrift liegt in ihren einmaligen Bildkompositionen, deren Originalität und enge Bindung an den redigierten Text nahelegen, daß sie nach einem durchdachten Konzept in einem Skriptorium des 6. Jhs. entworfen wurde. Die Miniaturen zeichnet die Betonung des narrativen Moments mittels Gestik, Mimik, Verweisen und Zuwendungen sowie die starke Bewegtheit der Figuren aus. Die Lesung des Zyklus ist einfach, wenn man die Gesetzmäßigkeiten des einheitlichen Illustrationsverfahrens berücksichtigt, das gänzlich unter der Harmonisierung des bildlichen und textlichen Erzählflusses steht: Durch die Nennung eines Wortes oder Themas im Text wurde dessen bildliche Darstellung hervorgerufen, wobei man sich des gängigen Bildrepertoires bediente. An einigen charakteristischen Miniaturen soll dies gezeigt werden.

Eine kontinuierende Szenenfolge innerhalb eines Bildstreifens zeigt z. B. pict. 6 (Abb. 12). Hier stand der Maler vor dem Problem, daß mehrere im zugehörigen Text genannte Handlungsmomente der Noachgeschichte in einem Bildfeld unterzubringen waren. Er löste die Aufgabe geschickt, indem er die Szenen zwischen dem Weinstock (als Ursache der Trunkenheit Noachs) und einem Innenraum (als Ort des folgeträchtigen Geschehens) plazierte. Die Lesung beginnt in der Bildmitte mit dem Bericht des über die Blöße des Vaters erregten Ham: Im Heraustreten, sozusagen zwischen Tür und Angel, erzählt er den lauschenden Brüdern, was er gesehen hat und deutet mit beiden Händen auf den Innenraum, wo der halb entblößte Noach schläft (Abb. 13). Die signifikante Geste im Bildzentrum verweist auf die Ursache der Aufregung, ist aber zugleich Lesehilfe, indem sie die Leserichtung angibt. Innerhalb des Raumes spielt nämlich bereits die nächste Szene: Die beiden anderen Noachsöhne bedecken dort den Vater mit seinem Mantel. Die Verfluchung des Hamsohnes Kanaan und die Segnung der guten Söhne Sem und Jafet spricht Noach mit erhobener Hand links vor dem Hause aus. An den kleinen Details wie den hängenden Schultern des betroffenen Vaters des Kanaan äußert sich die Erzählfreude des Malers. Die komplexe, durchdachte Komposition folgt genau dem respektiven Bibeltext, in welchem der kleine Kanaan ausdrücklich als Verfluchter genannt wird, obwohl doch eigentlich sein Vater Ham die Schuld tragen müsse. Die Darstellung der Verfluchung des Sohnes wurde mit außerbiblischen, rabbinischen Texten, welche diese Ungerechtigkeit erläutern, erklärt und daher Vorlagen in Form von jüdischen illustrierten Büchern angenommen[12]. In Einklang mit dem darüberstehenden Bibeltext ist aber eine über das Illustrationssystem hinausgehende Erklärung der Bildentstehung nicht notwendig.

Ein weiteres Beispiel für den engen Bild-Text-Bezug ist pict. 9 mit der Erzählung der Vernichtung Sodoms (Abb. 14). Innerhalb einer Stadtdarstellung am linken

17

18

*Abb. 15 Wien, Nationalbibliothek, Wiener Genesis, pict. 10: Verführung Lots durch seine Töchter.*

*Abb. 16 Wien, Nationalbibliothek, Wiener Genesis, pict. 19: Die Sippe Labans im Streit mit Jakob um die gestohlenen Götzenbilder.*

*Abb. 17 Detail aus Abb. 16.*

*Abb. 18 Wien, Nationalbibliothek, Wiener Genesis, pict. 20: Laban auf der Suche nach den gestohlenen Götzen in den Zelten der Jakobfamilie.*

19

Bildrand sieht man die Aufforderung der Engel an Lot, mit seinen Töchtern und Schwiegersöhnen die Stadt Sodom zu verlassen. Der eigentlich folgende Bibeltext ist im respektiven Text ausgelassen. Hierin wird Lot von seinen Schwiegersöhnen verspottet, die sich weigern ihm zu folgen. Da dies nun im darüberstehenden Text nicht vorkam, stellte der Maler in der folgenden Szene den fliehenden Lot mit seiner gesamten Familie einschließlich der männlichen Angehörigen dar. Hierfür gibt es bezeichnenderweise kein einziges Vergleichsbeispiel. In den oftmals erhaltenen Darstellungen dieses Themas in den unterschiedlichen Kunstgattungen ist Lot immer nur mit seinen Töchtern auf der Flucht (vgl. auch Abb. 6). Dies verwundert nicht, denn das Vorkommen der männlichen Familienmitglieder beraubt die Fortsetzung der Bibelerzählung ihres Sinnes. Denn wären die Männer mitgekommen, hätten die Töchter nicht ihren Vater trunken machen müssen, um ihn zu verführen und damit die Nachkommenschaft der Sippe zu sichern, wie man auf der Rückseite des Blattes sehen kann (Abb. 15).

In charakteristischer Weise entsprechen die Bilder dem ununterbrochenen Erzählfluß des Textes. Auf pict. 9 bewegen sich die Figuren zum Bildrand (Abb. 14), suchen eine Fortsetzung ihres Tuns, einen Zielpunkt ihrer Bewegung außerhalb der Bildgrenzen.

Gleichermaßen kann sich aber die Dynamik der Erzählung in der fast filmischen Abspulung der Szenen äußern, was formal durch die Bewegung der Protagonisten von einer Szene zur nächsten erreicht und durch Verweise mittels Gesten und Blicken noch einmal verstärkt wird. Auf pict. 19 etwa ist eine Episode der Labangeschichte ins Bild gesetzt (Abb. 16). Im rechten Bilddrittel reiten in perspektivischer Verkleinerung Laban und seine

20

Söhne heran. In der Bildmitte sind sie bereits von den Pferden abgestiegen und ins Streitgespräch um die gestohlenen Götzen verwickelt. Die variantenreiche Gestik unterstreicht die Lebendigkeit der Erzählung: Die Hände der Streitparteien in der Mitte von pict. 19 ragen ausdrucksstark in den Purpurhintergrund (Abb. 17). Die abweisende Haltung eines der Labansöhne mit vor der Brust verschränkten Armen unterstreicht noch einmal mehr die feindliche Haltung der Streitenden.

Die Szenenverbindung mittels Gesten und Blicken ist auch auf der folgenden Miniatur hervorragend gelungen (Abb. 18). Während Jakob noch immer mit Laban im Gespräch und sein Blick auf diesen gerichtet ist, verweist er schon mit beiden Händen auf die Zelte und somit auf die nächste Szenenfolge (Abb. 19). Auch hier sind geschickt mehrere Szenen zusammen ins Bild genommen. Man sieht Laban – kenntlich an dem weißen Lockenkopf und Bart – dreimal auf der Suche nach den Götzen.

Was hier beispielhaft hervorgehoben wurde, zeichnet die gesamte Handschrift aus: Die Miniaturen haben rein narrativen Charakter und wirken fast wie moderne Comics. Sie haben keine tiefere theologische Aussageebene. Eine solche scheint sogar vermieden worden zu sein. Die Bilder folgen dem redigierten, gekürzten Bibeltext, wodurch auch «Fehler» zustande kommen konnten, die aber alle – wie auf pict. 9 – mit dem Text zu erklären sind. Der formalen Verbindung der Einzelszenen, die kompositorisch eine Fortsetzung verlangen, um Etappe für Etappe in ununterbrochenem Erzählfluß die Heilsgeschichte vorzuführen, entspricht die inhaltliche Notwendigkeit nach Fortführung der Geschichte. Die Wiener Genesis will erzählen, und zwar in Wort und Bild.

### Der Codex Rossanensis

Gleichzeitig konnten jedoch auch Handschriften entstehen, die sehr wohl tiefe theologische Aussagen ins Bild bringen und somit eine völlig andere Aussageabsicht als die eben betrachtete Handschrift haben. Die Miniaturen des Codex Rossanensis[13], eines Purpurevangeliars, das möglicherweise sogar im selben Atelier wie die Wiener Genesis gefertigt wurde, bilden einen dem Text vorangestellten unabhängigen Bilderzyklus. Auf zehn zweigeteilten Bildseiten sind die neutestamentlichen Szenen der oberen Bildhälfte mit alttestamentlichen Prophetenfiguren in der unteren Seitenhälfte verbunden (Abb. 8). Diese halten Spruchbänder, deren Zitate sich direkt auf die neutestamentlichen Szenen beziehen[14]. Figurentypen, Maltechnik, Versatzelemente und Stil entsprechen den Miniaturen der Wiener Genesis, doch die Bildkompositionen sind durch ihre Geschlossenheit gänzlich anders. Sie streben nicht nach Fortsetzung, sondern finden das Ziel ihrer Handlungen jeweils innerhalb der Bildgrenzen auch bei narrativen Darstellungen: So ist auf fol. 1v mit dem Einzug nach Jerusalem Christus, durch Größe und Goldnimbus hervorgehoben, der optische Mittelpunkt der Darstellung (Abb. 8). Von beiden Bildrändern ist die Bewegung der Figuren auf ihn gerichtet. Ähnlich symmetrisch ist das Gleichnis der Jungfrauen komponiert (Abb. 20), Christus ist hier wiederum Blickfang und Mittelpunkt. Das Bild geht über die reine Erzählebene hinaus: Hier drückt sich die Vorstellung von Christus als Bräutigam und dem Paradies als Brautgemach aus, darüber hinaus wird es durch die weißen Kleider in Verbindung mit dem Taufgeschehen gebracht: «*Auf der Bildseite fließt also eine narrative Malweise mit eschatologischer Symbolik und liturgischer Praxis zusammen*[15].» Letztere beeinflußte auch die Darstellung der Apostelkommunion (Abb. 21. 22). Sie erfuhr kompositorisch eine exakte symmetrische Spiegelung über ein Doppelblatt, wobei jeweils Christus in Funktion des Priesters am Bildrand als Zielpunkt der Bewegung erscheint.

Die Bilder des Codex Rossanensis sind im Vergleich zu denen der Wiener Genesis als Einzelminiaturen komponiert. Sie haben eine Symmetrieachse oder zumin-

21

***Abb. 19 Detail aus Abb. 18.***

***Abb. 20 Rossano, Erzbischöfliche Bibliothek, Codex Rossanensis, fol. 2v: Gleichnis der klugen und törichten Jungfrauen.***

***Abb. 21 Rossano, Erzbischöfliche Bibliothek, Codex Rossanensis, fol. 3v: Apostelkommunion.***

22

dest einen optischen Mittel- bzw. Ruhepunkt auch bei zwei aufeinanderfolgenden Szenen. Sie gehen nicht über die Bildgrenzen hinaus, auch Blicke und Gesten finden ihre Adressaten innerhalb der Bilder. Der formalen Abgeschlossenheit der Bilder entspricht eine tiefere theologische Aussageebene jeder Bildseite. Die Zusammenstellung von neutestamentlichen Szenen und alttestamentlichen Propheten, deren Sprüche sich auf diese beziehen, verbindet jede Bildseite zu einer geschlossenen Sinneinheit.

### Vergleich der Illustrationsweisen

An den beiden Handschriften zeigt sich nun auch in der Nahsicht deutlich, was vorher schon im Überblick hervorgehoben wurde: Daß nämlich – auch in engster geographischer und zeitlicher Verbindung – völlig unterschiedliche Illustrationsweisen angewandt wurden. Dies kann im 6. Jh. kaum verwundern, da sowohl die fortlaufende Bilderzählung in einer langen Tradition stand, als auch eine symbolische frühchristliche Kunst blühte. So werden die Künstler je nach beabsichtigter Aussage des zu schaffenden Werkes auf vorhandene und geläufige Ausdrucksmittel zurückgegriffen haben. In dem narrativen Bildzyklus der Wiener Genesis erscheint das alttestamentliche Geschehen in Chronikform, d. h. offenbar ganz bewußt in der Erzählform historischer Ereignisse. Der Codex Rossanensis spiegelt hingegen theologische Reflexionen wieder. Beide Zyklen sind wohl für einen bestimmten Auftraggeber und speziellen Zweck im 6. Jh. entworfen worden. Um diesem zu entsprechen wählte man ein adäquates Illustrationssystem und schöpfte aus gängigem Bildrepertoire unter Verwendung der geläufigen Darstellungsweisen.

### Schlußfolgerung

Der hier kurz vorgestellte Denkmälerbestand läßt folgenden Schluß zu: mit dem Codex als akzeptierter Buchform entstand in der Spätantike ein neuer Kunstzweig, nämlich die malerische Ausstattung von Büchern für ein reiches Publikum. Gleichzeitig mit den ersten Prachtausgaben der wissenschaftlichen Bücher wird auch die narrative Buchillustration ihren Anfang genommen haben.

Für die Bibelillustration wurde oft ein Beginn in der Spätantike vermutet; hiergegen verwehrte sich die Forschung der letzten Jahrzehnte, die ihre Wurzeln in jüdisch-hellenistischen Kreisen postulierte. Man müßte jedoch von der Frage abgehen, ob Juden oder Christen zuerst ihre Bücher illustrierten. Die meisten Entwicklungen in der spätantiken Kunst sind nicht konfessionell gebunden, und dies wird auch für die Buchmalerei zutreffen. Sobald mit dem Codex ein geeigneter Bildträger entstanden war, setzte auch eine neue Mode ein: alle erdenklichen Schriften konnten nun mit reicher malerischer Ausstattung als Prachtcodices gestaltet werden, egal ob dies nun wissenschaftliche Texte, die große antike Dichtung, das Alte oder das Neue Testament, ob Juden, Christen oder Heiden die Auftraggeber waren. In einer bestimmten Gesellschaftsschicht waren – unabhängig von der Konfession – solche Luxusausgaben sicher sehr gefragt. Welche Funktion sie nun im Einzelnen erfüllten, werden wir in vielen Fällen nicht mehr erschließen können: ob sie nun reine Prestigeobjekte waren, der Glaubensmanifestation oder politischer Manifestation dienten, oder als verehrungswürdige Bücher etwa in Gotteshäusern Verwendung fanden, bleibt ihr Geheimnis.

In jedem Fall offenbart sich in bezug auf die Produktion von Büchern und ihre Illustration die Spätantike als fruchtbare, kreative Epoche, in welcher ein im Mittelalter blühender Kunstzweig seinen Ausgang nimmt.

***Abb. 22 Rossano, Erzbischöfliche Bibliothek, Codex Rossanensis, fol. 4r: Apostelkommunion.***

Sabine Ladstätter

# Kontinuität trotz Katastrophe

## Zur Spätantike im südlichen Noricum am Beispiel des frühchristlichen Pilgerheiligtums auf dem Hemmaberg

### Einleitung

Nachdem die ersten frühchristlichen Kirchenbauten Noricums im ausgehenden 19. bzw. dem beginnenden 20. Jahrhundert freigelegt wurden, erfolgten 1916 durch die übergreifende Analyse R. Eggers eine erste Interpretation und Einordnung dieser Sakralanlagen. Die Studie war richtungsweisend für die frühchristliche Archäologie in Noricum bzw. im Ostalpenraum bis in den 80er und 90er Jahren bedeutende Sakralkomplexe in Teurnia und auf dem Hemmaberg entdeckt und in weiterer Folge großflächig erforscht wurden, die den wissenschaftlichen Diskurs unter neuen Gesichtspunkten aufleben ließen (Abb. 1). Standen bis dahin die Sakralbauten im Mittelpunkt der wissenschaftlichen Fragestellungen, so wurde in den jüngsten Forschungsprojekten der Siedlungskontext, in den die frühchristlichen Kirchenkomplexe eingebettet waren, in den Vordergrund gestellt. Die isolierte Betrachtung und Bewertung der Kirchenbauten und ihrer Ausstattung hatten ferner zur Folge, daß grundrißtypologische Entwicklungslinien sowie eine auf stilistischen Kriterien basierende chronologische Einordnung vorhandener Mosaiken und Malereien entstanden. Diesen fehlte jedoch eine fundierte, auf das Fundmaterial gestützte Argumentationsgrundlage. Zudem ist der Denkmälerbestand nicht ausreichend, um übergreifende typologische Studien mit dem Anspruch allgemeiner Gültigkeit zu erstellen.

Die Spätantike erfuhr zwar eine Definition als Epochenbegriff, ohne jedoch einer weiteren Differenzierung unterzogen zu werden. Aus diesem Umstand resultiert die Tatsache, daß die frühchristlichen Kirchen und mit ihnen die spätantiken Höhensiedlungen allgemein in das 5. und 6. Jh. datiert wurden. Als chronologische Fixpunkte dienten zum einen die überlieferten Völkerwanderungen in der 2. Hälfte des 4. Jhs., im Zuge derer auch Noricum in Mitleidenschaft gezogen wurde und die in der Provinz zu einer vorübergehenden Destabilisierung führten, zum anderen die literarisch bezeugte Landnahme durch die Slawen und Awaren im ausgehenden 6. Jh. Diesen historischen Evidenzen folgend wurde die Gründung der Höhensiedlungen «um 400» bzw. deren Zerstörung an das Ende des 6. Jhs. festgesetzt.

Dem Phänomen «Spätantike und frühes Christentum in den Alpen» konnten diese aus dem Kontext gelösten Betrachtungsweisen und die undifferenzierte zeitliche Einordnung zweifelsohne nicht gerecht werden. Die Einbettung frühchristlicher Sakralbauten in ein urbanes bzw. ländliches Ambiente sowie eine feinchronologische Gliederung des spätantiken Fundstoffes bildeten daher die wissenschaftlichen Fragestellungen des ausgehenden 20. Jhs. Im Rahmen des Forschungsprojektes auf dem im Süden Österreichs gelegenen Hemmaberg wurde ein frühchristliches Pilgerheiligtum mit umliegender Siedlung und Gräberfeld freigelegt (Abb. 2) und im Zuge dieser Arbeiten eine Gesamtcharakterisierung der spätantiken Kultur im südlichen Noricum vorgenommen. Die auf dem Hemmaberg gewonnene Erkenntnis ist daher ein paradigmatisches Beispiel für die gesamte Region. Dabei ist grundsätzlich zwischen allgemeinen, regionalen Charakteristika bzw. Entwicklungslinien und örtlich gebundenen Individualismen zu unterscheiden.

Die Bedeutung der archäologischen Forschung manifestiert sich insbesondere durch den Umstand, daß die materielle Kultur aufgrund des weitgehenden Fehlens von epigraphischen, numismatischen und literarischen Quellen die einzige Gattung ist, die einer kulturhistorischen Interpretation der Spätantike und des frühen Christentums im Alpenraum zugrunde gelegt werden kann. Da es sich bei den meisten spätantiken bzw. frühchristlichen Relikten um Bodenfunde handelt, die im Zuge von Forschungs- bzw. Notgrabungen ans Tageslicht kamen, sind es in erster Linie feldarchäologische Methoden, die zur Anwendung kommen.

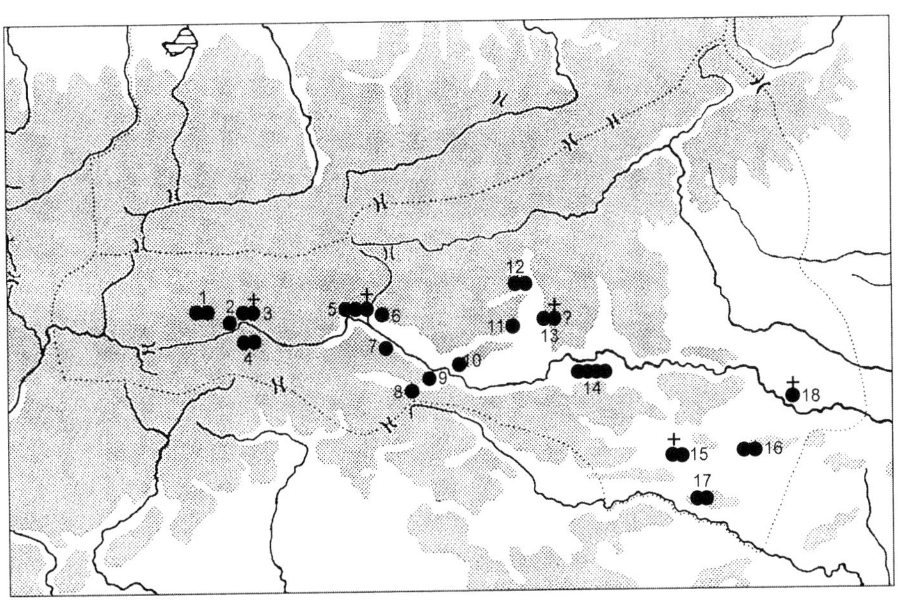


1

*Abb. 1 Frühchristliche Kirchenbauten und Bischofssitze in Südnoricum*

*Kirchenbauten:*

*1: Oberlienz; 2: Lienz; 4: Lavant; 6: Laubendorf; 7: Duel; 8: Hoischhügel; 9: Tscheltschnigkogel; 10: Kathreinkogel; 11: Ulrichsberg; 12: Grazerkogel; 14: Iuenna/ Hemmaberg; 16: Rifnik; 17: Vranje.*

*Bischofssitze:*

*3: Aguntum / Dölsach; 5: Teurnia / St. Peter in Holz; 13: Virunum / Maria Saal – Zollfeld; 15: Celeia / Celje; 18: Poetovio/Ptuj.*

2

In diesem Zusammenhang muß auf folgende Gesichtspunkte hingewiesen werden. Speziell in den Nordprovinzen des römischen Reiches sind die eigentlichen Bodenfunde durch einen schlechten Erhaltungszustand gekennzeichnet. Dieser Umstand impliziert, daß meist nur Gebäudegrundrisse vorliegen, wogegen das Aufgehende rekonstruktiv ergänzt werden muß. Zudem sind Wand- oder Deckenmalereien, Mosaiken oder Marmorverkleidungen – wenn überhaupt vorhanden – nur selten in situ anzutreffen. Meist beschränkt sich der Materialbestand hingegen auf in Sturzlage gefundene oder überhaupt verworfene Fragmente.

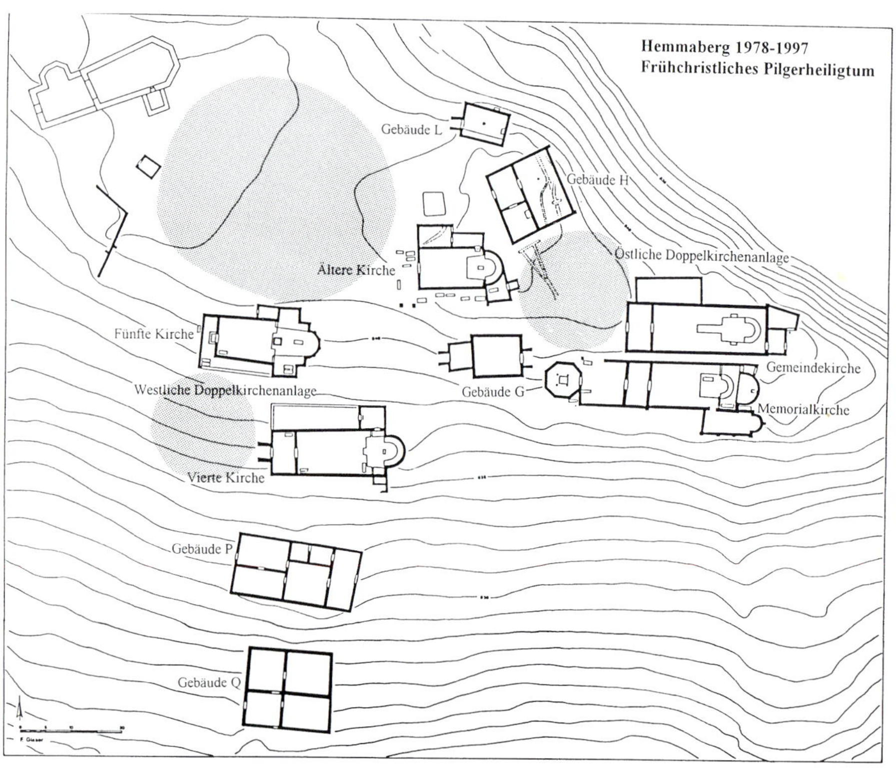


3

Positiv wirkte sich hingegen die Siedlungsdiskontinuität aus, die zur Folge hatte, daß im Ostalpenraum nur wenige spätantike Siedlungsplätze auch im Mittelalter bzw. bis in die Gegenwart hinein bewohnt blieben und die antike Substanz weiterverwendet bzw. überbaut wurde. Während in der Spätantike bevorzugt natürlich geschützte Höhenlagen aufgesucht wurden, verlagerten sich die Siedlungen im Frühmittelalter in die Täler. Folgerichtig weisen auch die meisten frühchristlichen Kirchenbauten keine kontinuierliche Entwicklung auf, sondern liegen in ihrer spätantiken Grundrißkonzeption vor, ohne durch spätere Umbau- oder Neubauphasen verändert worden zu sein.

## Heidnischer Kult und christliche Kirche

Obwohl die Existenz von christlichen Gemeinden in Noricum durch Bischofsnennungen in Synodalakten bezeugt ist,

4

kann bislang keine frühchristliche Kirche mit Sicherheit in das 4. Jh. datiert werden. Zwar liegen Kirchen aus den städtischen Zentren und spätantiken Bischofssitzen vor, doch ist deren zeitliche Einordnung nicht zweifelsfrei möglich. Während in Aguntum / Lavant, Teurnia und Celeia datierendes Fundmaterial fehlt, ist die Bischofs(?)kirche von Virunum bislang nur aus Luftbildern bekannt. Grundsätzlich kann jedoch davon ausgegangen werden, daß die ältesten Kirchenbauten in den urbanen Zentren entstanden und in weiterer Folge auch ländliche Gemeinden mit Sakralbauten ausgestattet wurden. Diese flächendeckende Versorgung mit frühchristlichen Kirchen erfolgte nachweislich erst im Laufe des 5. Jhs., wie aus Befunden auf dem Hemmaberg eindeutig hervorgeht. Zwar wurde dort die Siedlung bereits in den letzten Jahrzehnten des 4. Jhs. gegründet, der zentrale Kirchenbau entstand jedoch erst in einer späteren Phase, als man dafür ein älteres, beheizbares Gebäude abriß (Abb. 3).

Für die Anlage der spätantiken Höhensiedlungen wurden häufig mittelhohe Bergrücken (800–1000 m Seehöhe) gewählt, die aufgrund ihrer markanten geographischen Lage bereits in vorrömischer und römischer Zeit Standort eines Heiligtums waren. Die überregionale Bedeutung dieser Höhenheiligtümer zeigt sich an der Tatsache, daß die zumeist vorrömischen Gottheiten namensgebend für ganze Tallandschaften zeichnen. Die auf dem Hemmaberg verehrte Gottheit Iovenat,

5

***Abb. 2** Luftbildaufnahme des Hemmaberges mit dem Felssturz im Norden und Westen.*

***Abb. 3** Das frühchristliche Pilgerheiligtum auf dem Hemmaberg.*

***Abb. 4** Ballonaufnahme der westlichen Doppelkirchenanlage auf dem Hemmaberg.*

***Abb. 5** Rosalienquelle mit sekundär verwendetem romanischen Taufbecken.*

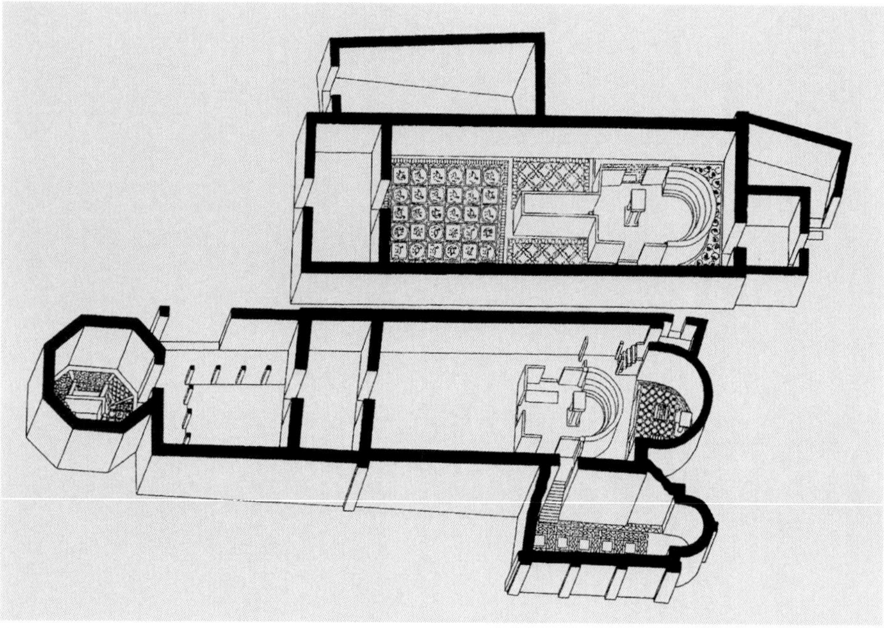

6

die in einer Weiheinschrift überliefert ist, findet sich beispielsweise im Namen der römischen Straßenstation Iuenna, der modernen Ortsbezeichnung Jaunstein (slow. Podjuna) und der Talbezeichnung Jauntal (slow. ebenfalls Podjuna) wieder. Als Schirmherr(in?) über das Tal ist diese Gottheit mit Isis-Noreia auf dem in Mittelkärnten gelegenen Ulrichsberg vergleichbar.

Der genaue Standort des keltisch-römischen Heiligtums auf dem Hemmaberg ist nicht bekannt. Aufgrund der Grabungsergebnisse kann jedoch ausgeschlossen werden, daß der heidnische Kultplatz von den frühchristlichen Kirchen eingenommen und überbaut wurde.

Ganz im Gegenteil setzte man sowohl die zentrale, ältere Kirche als auch die beiden Doppelkirchenanlagen auf den Ostsporn bzw. den Südhang des Hemmaberges, und nahm dafür umfangreiche Terrassierungsarbeiten in Kauf. Das eigentliche Plateau des Berges, im Bereich der heutigen Kirche St. Dorothea und St. Hemma bzw. nördlich davon gelegen, blieb dagegen ausgespart (Abb. 2). Allem Anschein nach stand auch noch im beginnenden 6. Jh. entweder das ursprüngliche Heiligtumsareal für die Baumaßnahmen nicht zur Verfügung oder aber man nahm bewußt Abstand von einer Überbauung des Kultbezirkes.

Wie lange die heidnischen Heiligtümer in Benutzung standen, kann nach derzeitigem Forschungsstand kaum beantwortet werden. Münzreihen im Tempelbezirk des Mars-Latobius in St. Margarethen im Lavanttal belegen eine Besucherfrequenz zumindest bis in das beginnende 5. Jh. Die Münzen geben jedoch nur einen allgemeinen Hinweis, da der Münzzustrom nach Noricum bereits in den letzten Jahrzehnten des 4. Jhs. stark rückläufig war, bevor er im beginnenden 5. Jh. vollständig zusammenbrach. Alte Prägungen blieben aus diesem Grund noch lange im Umlauf.

Aber auch die Befunde in den spätantiken Höhensiedlungen legen nahe, daß vielmehr von einer Koexistenz heidnischer und christlicher Kultanlagen im 5. Jh. ausgegangen werden muß. Vereinzelte literarische Überlieferungen bestätigen diese anhand des archäologischen Befundes gewonnenen Annahmen. So wurde beispielsweise für den Heermeister Generidus, der die Truppen am rätischen und norischen Limes befehligte, das Verbot heidnischer Kultpraktiken vorübergehend aufgehoben, und aus der Vita Severini des Eugippius geht eindeutig hervor, daß auch noch um die Mitte des 5. Jhs. Opferhandlungen durchgeführt wurden.

Von einer intensiven Plünderung der Gräberstraßen zeugen hingegen zahlreiche Marmorspolien, die römischen Grabbauten entnommen und in die frühchristlichen Kirchen verbaut wurden. Zum Einsatz kamen sie insbesondere bei strapazierten Bereichen wie Treppen (Abb. 11) oder zur Ausgestaltung hervorgehobener Elemente der Kirchenausstattung wie den Reliquiengruben (Abb. 12) und den Altären sowie bei den Gräbern in und rund um die Kirchenkomplexe. Neben der einfachen Wiederverwendung der Bauglieder wurden ursprüngliche Relief- und Inschriftflächen zum Teil auch abgearbeitet bzw. mit christlichen Symbolen versehen. Die Intention, die Monumente sichtbar, quasi als Siegeszeichen der Christen gegenüber dem Heidentum, anzubringen, konnte dagegen nicht nachgewiesen werden. In den meisten Fällen wurden die Blöcke mit der Relief- oder Inschriftseite nach unten verbaut, oder aber zuerst zerschlagen und im Anschluß daran mit den übrigen Bruchsteinen vermauert (Abb. 10). Diese Beobachtungen lassen vielmehr auf einen profanen Umgang mit zur Verfügung stehenden Altmaterialien schließen.

Die auf Abb. 10 gezeigte Inschrift

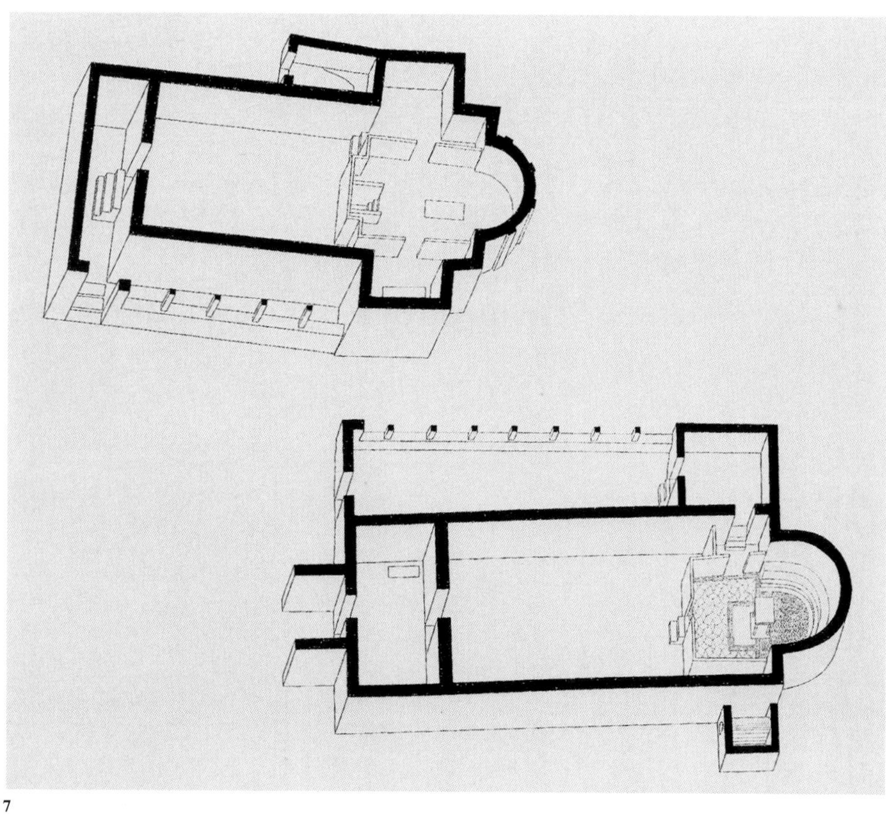

7

8

nennt beispielsweise einen Duumvirn («Bürgermeister») aus dem nahe gelegenen Municipium Virunum, der in der Gegend von Iuenna wohl einen Landsitz hatte und dort verstarb. Sie fand sich als Bruchsteinmaterial in der Westmauer der Sakristei der vierten Kirche (Abb. 3).

### Kontinuität trotz Siedlungswechsel

Im Verlauf des ausgehenden 4. Jhs. und des beginnenden 5. Jhs. ist eine sukzessive Verlagerung der Siedlungen von den verkehrsgeographisch günstigen Tallagen auf die natürlich geschützten Höhenrücken zu beobachten. Es handelt sich dabei um örtlich individuelle Entwicklungen, wobei eine deutliche Konzentration von Gründungen spätantiker Höhensiedlungen in den letzten Jahrzehnten des 4. Jhs. zu bemerken ist. Parallel dazu wurden jedoch auch zahlreiche Talsiedlungen weiter bewohnt, manche weisen ein Siedlungskontinuum bis zum Ende des 6. Jhs. auf. Trotz dieser einschneidenden Änderung in der regionalen Siedlungsstruktur zeigt die materielle Hinterlassenschaft ein ungebrochenes Kontinuum. Zentrale Bedeutung kommt dabei den keramischen Funden zu. Die lokal gefertigte Grobkeramik steht in einer deutlichen Tradition zu kaiserzeitlichen Erzeugnissen und läßt eine direkte Entwicklungslinie erkennen. Mediterrane Feinkeramik wurde weiter importiert, ohne daß es zu quantitativen Einschnitten oder formenspezifischen Änderungen gekommen wäre.

Der Wechsel von Tal- zu Höhensiedlung stellte zwar eine einschneidende siedlungsstrukturelle Veränderung dar, daraus jedoch auf eine generelle Verschlechterung der wirtschaftlichen Situation zu schließen, wäre falsch. Die Fundspektren verdeutlichen vielmehr, daß sich kaiserzeitliche Traditionen bis weit in das 5. Jh. fortsetzten. Entsprechend ist auch der provinzialrömische Charakter in den Höhensiedlungen deutlich spürbar.

Demgegenüber verloren manche Talsiedlungen jedoch ihre Funktion als Raststätte oder Pferdestation, da aufgrund infrastruktureller Schwierigkeiten die Instandhaltung der Straßen nicht mehr gewährleistet war und das öffentliche wie private Reisen stark reduziert wurde. Diese Entwicklung führte in weiterer Folge zu einer verstärkten Agrikulturalisierung der Bevölkerung und zu einer Despezialisierung des Handwerks, da regionale Verteilungsmechanismen nicht mehr reibungslos funktionierten. Vor Ort produzierten Waren wurde der Vorrang gegenüber spezialisierten Produkten gegeben, deren regelmäßiger Import nicht mehr garantiert werden konnte.

9

### Kultkontinuität oder die Bedeutung des Wassers

Um eine ausreichende Wasserversorgung zu gewährleisten, wurden in den spätantiken Höhensiedlungen die natürlichen Quellen gefaßt und ergänzend dazu zahlreiche Zisternen errichtet. Letztere lagen bevorzugt angeschlossen an die Kirchenbauten und wurden mit Regenwasser, das sich im Bereich der großen Dachflächen sammelte, gespeist. Auf dem Hemmaberg waren die natürlichen Quellen jedoch nicht nur Trinkwasserreservoire, sondern auch ein entscheidender Faktor für die Kultentwicklung. Am extrem steilen, z.T. überhängenden Westabhang des

*Abb. 6 Axonometrische Darstellung der östlichen Doppelkirchenanlage auf dem Hemmaberg.*

*Abb. 7 Axonometrische Darstellung der westlichen Doppelkirchenanlage auf dem Hemmaberg.*

*Abb. 8 Fußbodenmosaik aus der östlichen Doppelkirchenanlage.*

*Abb. 9 Alamannische Bügelfibel.*

*Abb. 10 Wiederverwendete römische Grabinschrift, gefunden in der nördlichen Seitenhalle der vierten Kirche.*

10

11

Berges liegt eine markante Quellgrotte mit einem Wasseraustritt aus dem brüchigen Kalk- und Konglomeratgestein. Das heutige Erscheinungsbild zeigt auf einem meterhohen künstlichen Schuttkegel eine kleine, der heiligen Rosalia geweihte Kapelle, wogegen das austretende Quellwasser in einem sekundär verwendeten romanischen Taufbecken gefaßt wird (Abb. 5). Die in den Berg hineinreichende Grotte öffnet sich nach oben hin durch eine Felsspalte, die je nach Jahres- und Tageszeit unterschiedliche Lichtführungen hervorruft. Heute kann sie durch einen Pfad von Süden her erreicht werden, in der Antike hatte sie aber nachweislich auch eine Zugangsmöglichkeit von oben her über die Felsspalte. Von diesem Zugang zeugen Abmauerungen und Felsabarbeitungen.

Die Bedeutung des Hemmaberges als Wallfahrtsort blieb bis zur Gegenwart erhalten. Ausgehend von der Grotte führen einmal jährlich Prozessionen zur Kirche auf den Gipfel, zudem wird dem Quellwasser Heilkraft zugesprochen. Mangels gesicherter Evidenzen kann über die Bedeutung der Grotte und des Wassers im örtlichen vorchristlichen Kult nur gemutmaßt werden. Im frühchristlichen Pilgerheiligtum ist die Verbindung von Quellwasser und Ritus durch die Existenz der beiden Taufkirchen evident. Die zentrale Funktion der gesamten Anlage waren zweifelsohne die Taufzeremonien. Es wäre durchaus auch denkbar, daß der eigentliche Kultort die Grotte selbst war, von der aus Prozessionen durchgeführt wurden. Die zahlreichen Platzanlagen – hier gerastert wiedergegeben – im Bereich des Pilgerheiligtums, die als Sammelplätze genutzt werden konnten, lassen die Möglichkeit von solchen Prozessionen nicht unwahrscheinlich erscheinen (Abb. 3).

Die Tatsache, daß die zentrale Kulthandlung im frühchristlichen Pilgerheiligtum auf dem Hemmaberg die Taufe war, wird zudem durch rezente Ortsbezeichnungen bestätigt. Im slowenischen Namen des nordwestlich des Hemmaberges gelegenen Ortes Kršna Vas – deutsch: «Dorf der Getauften» – findet sich so auch die ursprüngliche Bedeutung des spätantiken Wallfahrtszentrums wieder.

Die hier angeführten Überlegungen zeigen deutlich, daß trotz baulicher Diskontinuitäten – die frühchristlichen Kirchen werden zerstört, die Siedlung verlassen – eine an der Quellgrotte und dem «heilenden» Wasser haftende Kulttradition erhalten blieb. Grotte und Wasser waren wohl auch der Grund für die im beginnenden 6. Jh. erfolgte Gründung des frühchristlichen Pilgerheiligtums mit den beiden Taufkirchen.

## Reichsreligion und Häresie

Ausgehend vom Pilgerheiligtum auf dem Hemmaberg wurden für verschiedene Kirchenkomplexe im Alpenraum zwei parallel existierende und offiziell akzeptierte Religionsgemeinschaften in der 1. Hälfte des 6. Jhs. erschlossen. Für die religionspolitische Interpretation des Sakralkomplexes waren dabei folgende Evidenzen maßgeblich:

– Während in der ursprünglichen Siedlung eine Kirche im Zentrum stand, wurden in einer zweiten, umfassenden Bauphase weitere vier Sakralbauten am Ostsporn und am Südhang des Hemmaberges errichtet (Abb. 3).

– Bei den jüngeren Bauten handelt es sich zweifelsohne um zwei Doppelkirchenanlagen, bestehend aus einer Tauf- und einer Eucharistiekirche, die auch baulich aufeinander Bezug nehmen. Bei der westlichen Doppelkirchenanlage wurde beispielsweise das Terrain zwischen den Bauten eingeebnet und terrassiert, sodaß eine kleine Platzanlage entstand, von der aus sowohl die vierte und fünfte Kirche betreten werden konnte. Zudem sind die beiden offenen Kirchenhallen zueinander ausgerichtet (Abb. 7). Auch die östliche Doppelkirchenanlage, deren umfangreiche Planier- und Terrassierarbeiten von einem einheitlichen Baukonzept zeugen, wurde durch eine gemeinsame, kleine Platzanlage erschlossen (Abb. 6).

– Alle liturgischen Einrichtungen wurden anläßlich dieser Baumaßnahmen verdoppelt, wobei insbesondere auf die beiden Baptisterien hingewiesen werden muß. Die zentrale Kulthandlung war zweifelsohne die Taufe, für die im Bereich der östlichen Doppelkirchenanlage ein oktogonales Baptisterium errichtet wurde, während man in der westlichen Anlage einen kreuzförmigen Grundriß wählte. Die Existenz zweier baulich getrennter Taufanlagen resultiert mit Sicherheit nicht aus einer Notwendigkeit der ansässigen Bevölkerung, sondern spiegelt ein repräsentatives Baukonzept wider.

– Um ebenes Gelände zu schaffen, mußte bei beiden Doppelkirchenanlagen Erdmaterial herangeschafft und einplaniert werden. Alleine für die jeweils südlich gelegenen Kirchen wurde dabei 4000 m$^3$ Erde bewegt (Abb. 4).

– Das Erdmaterial enthielt Funde, die einen terminus post quem für die Bauzeit der Kirchen von 500–520 ergeben. Dabei ist in erster Linie im Ostalpenraum fremd anmutendes Fundgut wie etwa eine alamannische Bügelfibel zu nennen, die aufgrund von Parallelbeispielen in Südwestdeutschland und Oberitalien typologisch und zeitlich eingeordnet werden konnte (Abb. 9).

– Das aufwendige Baukonzept spiegelt sich auch in der Ausstattung der Kirchen wider. Polychrome Mosaikböden wurden von privaten Stiftern finanziert, wie aus mehreren erhaltenen Inschriftfragmenten eindeutig hervorgeht. Die Böden mit stilistisch in den Adriaraum weisenden Motiven (Abb. 8) wurden aus lokalen Rohstoffen vor Ort hergestellt und verlegt. Insgesamt kamen dabei etwa 1 000 000 Steinchen zur Verwendung. Die Taufbecken zeigen Marmorverkleidung, während die Presbyteriumsabschrankung wohl aus Holz bzw. in einer Kombination von Elementen aus Marmor (Schrankenpfeiler) und Holz (Schrankenplatten) zu rekonstruieren ist.

– Sowohl für die Mosaikausstattung der westlichen als auch jene der östlichen Doppelkirchenanlage zeichnete eine einzige Werkstatt verantwortlich. Identische Füllmotive in der vierten Kirche, dem oktogonalen Baptisterium und der südlichen Kapelle der östlichen Doppelkirchenanlage lassen auf dieselben Handwerker schließen, die in beiden Anlagen Auftragsarbeiten durchführten.

– Nach der offiziellen Aufgabe der Provinz Ufernoricum unter Odoaker blieb die südliche Provinz Binnennoricum bis zur Landnahme der Slawen Teil des weströmischen Reiches. In den ersten Jahrzehnten des 6. Jhs. gehörte dieser Landstrich demnach zum Territorium Theoderichs d. Gr., der in der Nachfolge der weströmischen Kaiser als König in Italien regierte. Selbst arianischer Christ und durch Akklamation seiner Gefolgschaft als gotischer König bestätigt, war Theoderich zum einen den arianisch gläubigen Goten verpflichtet, zum anderen aber auf das Wohlwollen und die Akzeptanz der mehrheitlich orthodox gläubigen römischen Reichsbevölkerung bei der Regentschaft des weströmischen Reiches angewiesen. Mangels literarischer Quellen können zur ostgotischen Provinzverwaltung bzw. zur realpolitischen Umsetzung von Machtansprüchen in Noricum keine gesicherten Aussagen gemacht werden. Es ist jedoch durchaus denkbar, daß gerade ein Pilgerheiligtum, dessen zentrale Funktion die Taufe war, mit offizieller Unterstützung sowohl orthodoxen als auch arianischen Gläubigen zugänglich gemacht werden sollte.

– Durch die Bearbeitung des Fundmaterials aus den beiden Doppelkirchenanlagen erhielt diese Hypothese neuerliche Bestätigung. Während die westlichen Kirchen nachweislich bereits in der zweiten Hälfte des 6. Jhs. geschlossen und profan nachgenutzt wurden, hatten die östlichen Kirchen zumindest bis in das ausgehende 6. Jh., möglicherweise auch darüber hinaus Bestand. Davon zeugen nordafrikanische und ostmediterrane Amphoren, die in Nebenräumen der östlichen Kirchen gelagert wurden, und deren Laufzeit beginnend im fortgeschrittenen 6. Jh. bis weit in das 7. Jh. reicht. Diese unterschiedlich langen Benutzungszeiten beider Doppelkirchenanlagen lassen den Schluß zu, daß nach der byzantinischen Rückeroberung des Gebietes die arianischen Kirchen ihre Funktion verloren und daher nur mehr einzelne kleine und leicht zu überdachende Räume einer profanen Nutzung zugeführt wurden.

Es ist jedoch keinesfalls zulässig, ausgehend vom Befund auf dem Hemmaberg ein allgemeines, religionsgeschichtliches Phänomen für die Provinz Noricum zu erschließen. Zu unsicher sind dafür die archäologischen Evidenzen. In erster Linie muß darauf verwiesen werden, daß kein weiterer Kirchenbau durch archäologisches Fundmaterial absolutchronologisch eingeordnet werden kann. Verantwortlich dafür sind fehlende stratigraphische Beobachtungen bei Altgrabungen sowie der Umstand, daß das keramische Fundmaterial bei diesen Unternehmungen großteils weggeworfen wurde. Zudem weisen die Kirchen in Hanglage meist einen stark erodierten Erhaltungszustand auf, wobei insbesondere fundführende Erdschichten abrutschten und sich mit darüberliegendem Material vermischten. Das daraus geborgene kontaminierte Fundmaterial kann folgerichtig für eine chronologische Einordnung der Bauten nicht mehr herangezogen werden.

Aus den genannten Gründen kann auch bei (vermeintlichen) Doppelkirchenanlagen weder eine Gleichzeitigkeit noch eine relative Abfolge erschlossen werden. Demnach erfolgte die chronologische Einordnung von Bau-, Nutzungs- und Zerstörungszeitpunkt der meisten frühchristlichen Sakralanlagen Noricums anhand allgemeiner Charakteristika, jedoch ohne Berücksichtigung des archäologischen Fundmaterials.

Zudem stellt das Pilgerzentrum auf dem Hemmaberg im Rahmen der frühchristlichen Sakralbauten der Region nicht den Regelfall sondern eine völlige Ausnahme dar. In Hinblick auf die Bedeutung des Heiligtums ist es durchaus vorstellbar, daß sowohl für die orthodox als auch die arianisch gläubige Provinzbevölkerung bzw. für die Repräsentanten der Provinzverwaltung Taufmöglichkeiten geschaffen wurden, die man in unterschiedlichen Baukonzepten umsetzte.

### Müllmenschen oder Recyclinggesellschaft ?

Ein Charakteristikum aller spätantiken Siedlungen ist die konsequente Wiederverwendung und Weiterverarbeitung von vorhandenen Werkstoffen. Exemplarisch sollen in diesem Zusammenhang einige kennzeichnende Materialgruppen herausgegriffen werden. Im Bereich der vierten Kirche vom Hemmaberg wurde das Inventar mehrerer handwerklicher Betriebe aufgedeckt, darunter auch jenes einer (oder mehrerer?) Schmiede(n). Darin befanden sich neben Werkzeugen, Modeln, Halbfabrikaten und Schlacken auch zahlreiche Altstücke, die zum Einschmelzen gesammelt und vorbereitet

12

*Abb. 11 Wiederverwendete Lorica (Abdeckung von Umfassungsmauern eines römischen Grabbezirks) als Treppenabsatz in der fünften Kirche.*

*Abb. 12 Wiederverwendete römische Bauglieder in der Reliquiengrube der vierten Kirche.*

13

Grobkeramik sowie dem Mörtel und den Estrichen beigefügt. Nicht zuletzt zog man Marmor natürlich auch zur Kalkgewinnung heran.

Selbst ältere, bereits aufgelassene Bauwerke wurden bis in die Fundamentlagen ausgeraubt, wobei nicht nur die Bruchsteinmauern und der Mörtel für eine weitere Verarbeitung aufbereitet wurden, sondern auch Fragmente von Estrichböden eine Wiederverwendung fanden. Dabei wurden große Estrichteile im Stück herausgebrochen und in neu errichteten Bauwerken sekundär verlegt, wobei sie inbesondere zur Bedeckung von Heizkanälen dienten.

wurden. Erstaunlich ist dabei die zeitliche Spanne der zusammen aufgefundenen Objekte. Die großteils fragmentarischen Fibeln datieren beispielsweise vom 1. bis zum 5. Jh. Neben Altfunden, die in die frühe und mittlere Kaiserzeit datieren, wurden aber auch fremd anmutende Objekte eingeschmolzen und einer Wiederverwendung zugeführt. Davon zeugen eine S-förmige Fibel und eine Bügelfibel (Abb. 9), beide wohl alamannischer Herkunft, die Teil des Schmiedeinventares waren.

Bezeichnenderweise befanden sich im Fundkomplex auch zahlreiche Bronzemünzen des 3. und 4. Jhs. Auch sie dienten als Altmaterial für den metallverarbeitenden Betrieb, dessen Produktionszeitraum anhand der beigefundenen Keramik in das fortgeschrittene 5. Jh. datiert werden kann. Es ist davon auszugehen, daß die Prägungen des 3. und 4. Jhs. noch lange nach dem Zusammenbruch des Münzumlaufes, der in den ersten Jahrzehnten des 5. Jhs. erfolgte, in Gebrauch standen. Nachdem sie ihren Geldwert verloren hatten, blieben sie als wertimmanente Metallstücke im Tauschhandel, bevor sie in ihrer Letztverwendung eingeschmolzen wurden.

Aus diesem Befund vom Hemmaberg ergeben sich jedoch weitreichende Konsequenzen für die zeitliche Einordnung spätantiker Siedlungen mit vermeintlich datierendem Fundmaterial. Sowohl Münzen als auch die feinchronologisch auswertbaren Bronzeobjekte wurden gesammelt, gehortet und weiterverarbeitet. Es darf angenommen werden, daß verlassene römische Siedlungen ebenso wie Gräber auf brauchbare Gegenstände hin durchsucht und geplündert wurden. Kaiserzeitliche Metallfunde in spätantiken Höhensiedlungen sind daher in keinem Fall als Indiz für eine kontinuierliche Besiedlung heranzuziehen. Vergleichbar damit eignen sich auch Münzreihen nicht für eine siedlungschronologische Interpretation spätantiker Befunde.

In der spätantiken Schmiedewerkstatt wurden unter anderem auch regional charakteristische Trachtbestandteile hergestellt. Durch den Fund einer halbplastischen Hahnenfibel und des dazugehörigen Models konnte beispielsweise eine örtliche Produktion von Tierfibeln nachgewiesen werden (Abb. 13). Weitere Exemplare in der Gestalt von Pfau, Löwe und Hirsch ergänzen die in der Spätantike beliebte Fibelgattung. Nach Ausweis von Grabfunden dienten sie vornehmlich zum Verschluß eines Mantels bzw. eines Überwurfes und waren Bestandteil der weiblichen Tracht. Motivisch stehen sie in einer Verbindung mit kaiserzeitlichen Tierfibeln, die jedoch flach ausgeführt und mit Emailverzierung versehen wurden. Derzeit ist es noch nicht möglich, eine direkte Entwicklungslinie von den flachen kaiserzeitlichen Exemplaren bis hin zu den halbplastischen Varianten zu zeichnen, da insbesondere der Produktionsbeginn der spätantiken Fibeln nicht exakt bestimmt werden kann.

Neben der konsequenten Wiederverwertung von Altmetall wurde insbesondere auch unterschiedlichstes Baumaterial gesammelt. Speziell Bauglieder aus Marmor fanden als Spolienmaterial Verwendung, wobei neben Grabinschriften, Grabaltären, Porträtmedaillons auch Elemente der Grabbezirkseinfassung zu beobachten sind (Abb. 10–12). Aus kleineren Marmorfragmenten stellte man dagegen einfaches Gebrauchsgerät her. Eine marmorne Spule war beispielsweise Teil des Inventares eines einfachen Webhauses in der spätantiken Siedlung auf dem Hemmaberg. Ferner führte man den übriggebliebenen Marmorabfall einer weiteren Verarbeitungsstufe zu. Als bestimmender Magerungszusatz wurden Marmorkörner bzw. Marmorstaub der lokal produzierten

**Selbst gemacht oder gekauft ?**

Im Laufe des fortgeschrittenen 5. Jhs. und speziell während des 6. Jhs. ist innerhalb der spätantiken Höhensiedlungen eine deutliche Provinzialisierung von Handwerk und Handel zu beobachten. Dies zeigt sich zum einen im Ausbleiben von regional verbreiteten Waren, zum anderen durch eine verstärkte Eigenversorgung, die beinahe den gesamten Bedarf an Gütern abdeckte.

Für eine Charakterisierung der spätantiken Produktionsweisen sind insbesondere Keramikfunde von Bedeutung, da ihnen chronologischer Stellenwert zukommt. Bei der Entwicklung der spätantiken Grobkeramik konnte nachgewiesen werden, daß die Gefäße des 5. Jhs. auf der Töpferscheibe hergestellt und in einem Ofen gebrannt wurden, während die Produkte des fortgeschrittenen 6. Jhs. freihand geformt und in einem offenen Feuer, beispielsweise in einer Grube oder in einem Meiler gebrannt wurden. Davon zeugt auch die fleckige Farbgebung der Gefäße. Zudem waren sie reich verziert und zeigen eine individuelle Formgebung, die auf eine unprofessionelle und unserienmäßige Herstellung zurückgeführt werden kann. Es ist augenscheinlich, daß die örtliche Grobkeramik des 6. Jhs. nicht mehr von ausgebildeten Töpfern hergestellt und vertrieben wurde, sondern als ein Erzeugnis der lokalen Bevölkerung anzusprechen ist. Da regionale Verteilungsmechanismen nicht mehr funktionierten, wurde nach Möglichkeit alles vor Ort selbst produziert.

Trotzdem gelangten bis in das 7. Jh. hinein mediterrane Feinwaren und Amphoren in den Alpenraum. In erster Linie sind dabei afrikanisches Tafelgeschirr und Lampen zu erwähnen, die durch Importwaren aus dem ostmediterranen Bereich ergänzt wurden. Die zahlreichen nordafrikanischen Amphoren hatten wohl hauptsächlich Olivenöl zum Inhalt, während in den Behältnissen ostmediterraner Herkunft überwiegend Wein transportiert wurde.

Eine deutliche Konzentration von Amphorenfunden konnte auf dem Hemmaberg im Bereich der östlichen Doppelkirchenanlage festgestellt werden. In zwei Nebengebäuden lagen zahlreiche Exemplare unterschiedlicher Herkunft, wobei insbesondere auf Weinamphoren aus der Gazaregion hinzuweisen ist. Dieser Befund bestätigt, daß die kirchlichen Würdenträger bzw. die Verwalter des Pilgerheiligtums als Handelspartner fungierten und für den eigenen Bedarf sowohl Öl als auch Wein in das alpine Gebiet importieren ließen.

Der Schädel eines Chiana-Rindes, einer in Italien gezüchteten und in den Alpen nicht beheimateten Rasse, belegt zudem, daß abgesehen von mediterranen Verbrauchsgütern, feinem Tafelgeschirr und Lampen im fortgeschrittenen 6. Jh. auch noch mit Lebendvieh gehandelt wurde (Abb. 14).

Zusammenfassend kann festgehalten werden, daß im Laufe des 6. Jhs. örtliche Produktionsweisen die regionalen Herstellungs- und Vertriebssysteme verdrängten. Diese Eigenversorgung deckt sich mit der Feststellung, daß die Sicherung der Straßen und damit auch des geregelten Warenverkehrs nicht mehr gewährleistet war. Zudem zeigt sich eine deutliche Provinzialisierung in der handwerklichen Produktion und eine unprofessionelle und nicht serienmäßige Fertigungsweise. Nichtsdestotrotz hatten insbesondere kirchliche Verwaltungsinstanzen die infrastrukturelle Möglichkeit und auch die finanziellen Grundlagen, sich mediterrane Verbrauchsgüter – speziell Öl und Wein – für ihre liturgischen Bedürfnisse und Notwendigkeiten zu importieren. Diese selektiven Handelsströme blieben nachweislich bis in das ausgehende 6. Jh., vielleicht aber auch im 7. Jh. intakt.

## Römer, Romanen und Germanen

Basierend auf der Vita Severini hat sich in der forschungsgeschichtlichen Tradition für die spätantike Bevölkerung Noricums fälschlicher Weise die Benennung «Romanen» eingebürgert. Tatsächlich ist jedoch der provinzialrömische Charakter der spätantiken Höhensiedlungen evident und läßt keinen Zweifel an einer kontinuierlichen Entwicklung von der römischen Kaiserzeit bis zum Ende der Spätantike. Es ist daher auch legitim, die spätantike Bevölkerung weiterhin als Römer zu bezeichnen und damit auch diese Tradition zu bekräftigen.

Zudem sind nichtrömische Bevölkerungsgruppen auch während des 5. und 6. Jhs. kaum nachweisbar. Eine Ausnahme bilden Erzeugnisse, die sich insbesondere in einer signifikanten Keramikgattung manifestieren und durch ihre Existenz langobardische Truppenverbände bezeugen. Es handelt sich dabei um Einglättoder stempelverzierte Gefäße, die in der provinzialrömischen Keramik des Ostalpenraumes keine Wurzeln haben, sondern eine Neuerung in der zweiten Hälfte des 6. Jh. darstellen, als langobardische Bevölkerungsgruppen angesiedelt wurden. Die fremden Formen und Dekorationsschemata übten ihrerseits einen direkten Einfluß auf die einheimische Keramikproduktion aus und belegen dadurch die wechselseitigen Bezugnahmen. Auf dem Hemmaberg wurden neben einzelnen langobardischen Importgefäßen auch Imitationen von beutelförmigen Bechern und doppelkonischen Schüsseln gefunden. Für eine Präsenz langobardischer Einheiten reicht die Fundevidenz in keinem Fall aus. Vielmehr ist davon auszugehen, daß die Stücke im Zuge von Handelsströmen oder – was aufgrund der geringen Stückzahl wahrscheinlicher erscheint – als persönliche Mitbringsel in die Höhensiedlung gelangten.

*Abb. 13 Spätantike Hahnenfibel und dazugehöriger Model.*

*Abb. 14 Schädel eines aus Italien importierten Chiana-Rindes.*

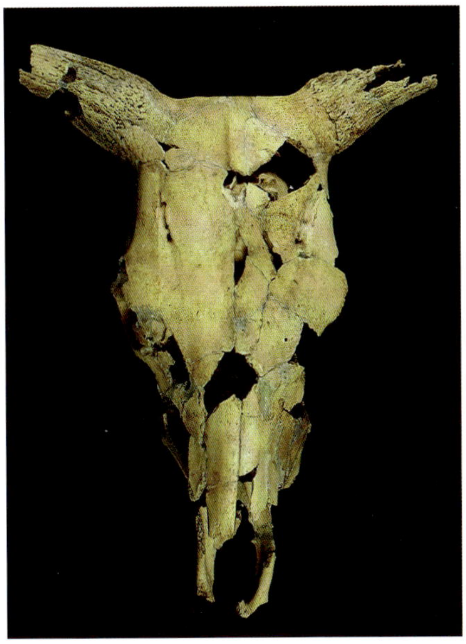

14

## Kontinuität trotz Katastrophe – Christentum im Heidenland

Zahlreiche Kirchenbauten weisen einen Zerstörungshorizont auf, der auf eine Brandkatastrophe zurückgeführt werden kann. Im Anschluß daran wurden die Gebäude verlassen und standen als Ruinen im Gelände, bis die Bruchsteinmauern für den Bau mittelalterlicher Kirchen bzw. umliegender bäuerlicher Gehöfte abgetragen wurden (Abb. 15). Ein mit einem Lebensbaummotiv verzierter frühchristlicher Schrankenpfeiler, der sekundär in die romanische Kirche des am Nordfuß des Hemmaberges gelegenen Dorfes Jaunstein verbaut wurde, ist nur eines von zahlreichen Beispielen.

Auch auf dem Hemmaberg bedeckt ein einheitlicher Brandhorizont die Kirchenkomplexe sowie die umliegenden Pilgerhäuser. Nach Ausweis des Fundmaterials datiert diese Zerstörung in das fortgeschrittene 6. Jh.

Eine Parallelisierung von Zerstörungshorizonten mit kriegerischen Auseinandersetzungen ist a priori problematisch, da Brandkatastrophen durchaus auch auf natürliche Ursachen zurückgeführt werden können. Die Kombination von Zerstörung und genereller Aufgabe der Sakralanlagen kann jedoch mit einschneidenden historischen Umwälzungen in Verbindung gebracht werden, welche Noricum im ausgehenden 6. Jh. ereilten. Grund dafür waren awarische und slawische Truppenverbände, die ab den 80er Jahren immer tiefer in den Ostalpenraum eindrangen, der in weiterer Folge auch die Bezeichnung einer *provincia sclaborum* erhielt.

Mit der slawischen Landnahme findet auch das offizielle Christentum ein Ende. Die Kirchen wurden zerstört und ihre Standorte gerieten in Vergessenheit, sodaß die mittelalterlichen Neugründungen keine Rücksicht auf ihre frühchristlichen Vorgänger nahmen.

Die Zerstörung der Kirchen und die Einwanderung der Slawen mit einem Abzug der provinzialrömischen Bevölkerung und dem «Auslöschen» römischen Lebens gleichzusetzen, ist jedoch nicht legitim. Vielmehr konnte die kontinuierliche Weiterbesiedlung durch eine ungebrochene Keramikproduktion auch noch im 7. Jh. nachgewiesen werden. Sie übte ihrerseits direkten Einfluß auf das slawische Handwerk aus. So wurden sowohl Formen als auch Dekorationsschemata und technologische Fertigkeiten übernommen. Die rasche Adaption zeigt sich auch darin, daß nur die mitgebrachten slawischen Gefäße freihand aufgewulstet wurden, während bereits kurz

15

darauf die langsam drehende Töpferscheibe in Verwendung kam. Genuin spätantike Charakteristika werden folgerichtig in der frühmittelalterlichen Keramik tradiert.

Die Slawen ließen sich auf dem Hemmaberg nur kurzfristig nieder, wobei insbesondere kleine Räume adaptiert und genutzt wurden. Möglicherweise entstand in diesem Zusammenhang auch der Befestigungswall am Südhang des Berges. Den frühslawischen Siedlungsgewohnheiten entsprechend wurden die Höhen jedoch bald verlassen und kleine dörfliche Ansiedlungen in den Ebenen entlang der Flußläufe gegründet. Diese weisen in vielen Fällen ein Kontinuum bis in die Gegenwart auf, wodurch ältere Siedlungsspuren bis zur Unkenntlichkeit überbaut und gestört wurden.

## Zusammenfassung

Abschließend kann festgehalten werden, daß durch die mittels feldarchäologischer Methoden gewonnenen Erkenntnisse im Pilgerheiligtum auf dem Hemmaberg ein wesentlicher Beitrag zur Erforschung der Spätantike und des frühen Mittelalters im Alpenraum geleistet wurde.

Insbesondere anhand der materiellen Kultur dieser Region manifestiert sich die Vielschichtigkeit der Epoche. Gesellschaftlicher Wandel, wirtschaftliche und infrastrukturelle Veränderungen, ethnogenetische Prozesse und politische Umwälzungen kennzeichneten die Zeitspanne vom 4. bis zum 7. Jh. Die Abstraktion des archäologischen Befundes und die Einbettung der Erkenntnis in einen kulturhistorischen Kontext unter Berücksichtigung aller Quellengattungen erlauben es, ein lebendiges Bild zu zeichnen, das deutlich von einer in der archäologischen Forschung lange rezipierten Vorstellung einer Verfallszeit abweicht. Kontinuität trotz Katastrophe kennzeichnet auch das Ende der Spätantike in den Ostalpen, als zwar mit der Zerstörung der Sakralanlagen die offizielle und institutionalisierte Kirchenorganisation ein Ende fand, christlich-römische Traditionen jedoch ungebrochen im Frühmittelalter weiterwirkten.

***Abb. 15** Frühchristlicher Schrankenpfeiler, sekundär verbaut in der romanischen Kirche von Jaunstein.*

Hans-Rudolf Meier

# Der Begriff des Modernen und das Ende der Antike

## Ein neuer Blick auf die materiellen Zeugen des Altertums*

Der als Staatsmann für den Ostgotenkönig Theoderich tätige Senator Flavius Magnus Aurelius Cassiodorus (um 485/90 – ca. 583) überliefert in seiner als *Variae* bezeichneten Sammlung von amtlichen Briefen und Edikten ein Schreiben, in dem Theoderich den Patrizier Symmachus für seine Verdienste um den Erhalt der Bauten Roms lobt und ihm staatliche Unterstützung zur Ausbesserung des Pompeius-Theaters zusichert (Abb. 1). Theoderich ordnet an, daß das Theater gemäß den Anweisungen von Symmachus zu verstärken sei, damit es nicht unter dem Druck der Steinmassen nachgebe und damit ein Werk verfalle, dem schon Symmachus' Ahnen zur Zierde des Vaterlandes (*in ornamentum patriae*) ihre Zuneigung geschenkt hätten, womit der König auf eine frühere Reparatur des Pompeius-Theaters anspricht[1]. Symmachus' Bemühungen sollen aber nicht nur den alten Bauwerken gegolten haben, vielmehr versuchte er auch, die zunehmend vom Zahn der Zeit bedrohte *Urbs* durch Neubauten aufzuwerten. Dieses Tun veranlaßte den König, ihn als «sorgfältigsten Nachahmer der Antiken und vortrefflichsten Schöpfer moderner Werke (*antiquorum diligentissimus imitator, modernorum nobilissimus institutor*)» zu würdigen, befolgte Symmachus doch mit seinem Bauverhalten einen Grundsatz, den Theoderich in einem anderen Dekret formuliert hatte, nämlich «Neubauten ohne Minderung der Altbauten zu errichten (***moderna*** *sine priorum imminutione desideramus erigere*)»[2]. Gefordert wird also, beim Bau von «modernen» Werken auf den überkommenen Bestand Rücksicht zu nehmen und die neuen Gebäude den alten anzupassen. Die Harmonie von Neu und Alt wird in Cassiodors Quellensammlung noch ein weiteres Mal unter Verwendung des Begriffs «modern(us)» explizit genannt und als Postulat formuliert, und zwar wiederum bezogen auf stadtrömische Bauwerke: «*Romanae fabricae decus peritum convenit habere custodem, ut illa mirabilis silva moenium diligentia subveniente servetur et moderna facies operis affabris dispositionibus construatur. hoc enim studio largita nostra non cedit, ut et facta veterum exclusis defectibus innovemus et nova vetustatis gloria vestiamus*»[3]. Die Anstellung eines Architekten wird hier also damit begründet, daß die Zierde der römischen Bauten einen kundigen Kustos erfordere, der durch seine Bemühungen die große Zahl an wunderbaren Mauern (der Antike) zu bewahren helfe und durch die kunstvolle Anordnung (von Neubauten) das «moderne» Stadtbild dem Ruhm des alten anpasse. Mit Reparieren und Konservieren allein war das Stadtbild offensichtlich nicht mehr zu erhalten, so daß – wie im Falle von Symmachus – Ergänzungs- und Ersatzbauten notwendig erschienen, die nun auch als solche benannt wurden[4].

Der in diesen drei Quellen jeweils zur Charakterisierung von Neubauten verwendete Begriff des Modernen, der für unsere eigene Epoche namensgebend und vor allem für das eben zu Ende gegangene 20. Jahrhundert so zentral und allgegenwärtig war, wurde zu Cassiodors Zeiten neu geprägt: Die ältesten bekannten Textzeugnisse für dieses Wort finden sich in zwei Briefen von Papst Gelasius (492–496). In ihnen ermahnt der Papst die Bischöfe, das an der römischen Synode im Jahre 494 ausgesprochene Verbot, Unfreie zu kirchlichen Würden zu ordinieren, auch wirklich einzuhalten und durchzusetzen[5]. Im ersten Brief an die Bischofe Martyrius und Justus heißt es, «*post modernum*» – zu ergänzen ist wohl *decretum*; also: «nach der jüngst erlassenen Bestimmung» – dürfe ein Bischof Unfreie nicht nur nicht zu kirchlichen Würden zulassen, sondern habe auch bereits Ordinierte dieses Standes aus dem kirchlichen Dienst zu entlassen und ihren

1

***Abb. 1 Städtebauliche Reste des Pompejus-Theaters in Rom, Luftaufnahme.***

2

größere Spannweite» als in der eingangs zitierten politischen Schrift[9]. Die *Variae* des Staatsmannes Cassiodor sind für uns aber besonders deshalb wichtig, weil in ihr der Neologismus *modernus* ins Feld der Architektur übertragen und damit erstmals in einem für die Kunstgeschichte relevanten Kontext benutzt wird. Wie für Gelasius steht für Cassiodor «modern» in Kontrast zu *antiquus* bzw. zur verflossenen, aber weiterhin vorbildlichen *antiquitas*. Der Gegensatz wird in den *Variae* zusätzlich akzentuiert durch Cassiodors differenzierte Bezeichnung der Vergangenheit: Das «Altertum», die Antiquitas, ist jene Zeit, die bereits weit zurückliegt und damit von jüngst zurückliegenden Ereignissen und Zeiträumen, die er mit *vetus / vetustas* bezeichnet, abgesetzt wird[10]. Das Bewußtsein, daß die «Antike» unwiederbringlich passé ist, wird offensichtlich. Wenn Theoderich überdies in einem Dekret an die Bürger von Catania diesen erlaubt, die Steine ihres ruinösen Amphitheaters für ihre Stadtmauern zu verwenden, «da es keinen Nutzen bringt, unansehnlich herumliegende Bauglieder aufzubewahren» und so «schmerzvolle Erinnerung an frühere Jahrhunderte wachzuhalten (*ad ornatum debent surgere redivivum quam dolorem monstrare ex memoria praecedentium saeculorum*)»[11], so wird zugleich die Trauer deutlich, die mit diesem Bewußtsein der Vergangenheit der Antike verbunden ist. Allerdings ist diese Trauer nicht mit Resignation gleichzusetzen: Anders als Papst Gregor I., der am Ende desselben 6. Jhs. dazu aufrief, «dieses gegenwärtige Säkulum (...) aus ganzer Herren zurückzugeben. Im zweiten Brief an die Bischöfe Rufinus und Aprilis fragt Gelasius rhetorisch: «*Quis enim aut leges principum aut patrum regulas aut admonitiones modernas dicat debere contemni, nisi qui impunitum sibi tantum aestimat transire commissum?* (Wer aber außer jener, der persönliche Vorteile daraus zieht, wenn Vergehen ungestraft bleiben, sage, die Gesetze der Oberen, die Regeln der Väter und die «modernen» Ermahnungen sollen mißachtet werden?»[6]. Gelasius benutzt den Begriff «modern» für die kurz zuvor erlassenen Synodalbeschlüsse, und zwar komplementär zu den «antiken» Regeln der Väterzeit, die er nach den Aposteln beginnen und mit dem Konzil von Chalkedon (451) enden läßt[7]. Von diesem kirchlichen Altertum setzt er die eigene – eben «moderne» – Zeit ab, ohne daraus aber einen schroffen Gegensatz zu konstruieren; die *antiquitas* und ihre Gesetze wirken vielmehr normativ in die Gegenwart hinein.

Das gilt auch bei Cassiodor, bei dem die Differenz zwischen den beiden Zeitbegriffen allerdings in manchen Werken größer zu sein scheint. Nach seinem Abgang aus dem Staatsdienst hatte sich Cassiodor auf seinem Landsitz geistlichen Dingen zugewandt. In einem dabei verfaßten Psalmenkommentar beschreibt er mit dem Adjektiv *modernus* einen größeren Zeitrahmen, wenn er Vers 166 von Psalm 118 (= Ps 119, 174) als «für die ‹antiken› und die ‹modernen› Rechtgläubigen angemessen (*antiquis fidelibus convenit et modernis*)»[8] bezeichnet und damit offenbar alttestamentliche Gläubige aus dem Volke Israel einerseits und Christen andererseits meint, die beide die Ankunft des Herrn erwarteten. Auch in seinem grammatischen Werk *De orthographia* «besitzt (...) *modernus* eine zeitlich

***Abb. 2** Cassiodors Vivarium, Federzeichnung in einer Ausgabe der Institutiones aus dem 8. Jh. (Staatsbibliothek Bamberg, fol. 29v in Msc. Patr. 61; alt HJ IV 15). Im Zentrum des Bildes wohl eine Portikusvilla mit Eckrisaliten, deren Christianisierung (eventuell erst durch den mittelalterlichen Kopisten?) durch die Kreuze auf den Giebeln und die Beschriftung als Martinskirche deutlich gemacht wird. Fischteich und Bäume zeigen an, daß der Bau von einer Gartenanlage umgeben war.*

***Abb. 3** Ravenna, S. Apollinare Nuovo, Inneres gegen Osten. Die Palastkirche Theoderichs verbindet oberitalienische und oströmische (byzantinische) Formen und Techniken.*

***Abb. 4** Ravenna, Theoderichs-Grabmal.*

3

4

5

6

Seele» zu verachten, da er im «leeren Rom (...), wo doch die Ruinen überhandnehmen und wir sehen, wie die Häuser der Stadt zerfallen» nur mehr Zeichen der Erfüllung der Ezechielvision und damit auf das nahe Weltende sah[12], trauten Cassiodor und Theoderich ihrer Zeit Leistungen zu, die es mit jenen der Antike aufnehmen konnten. Am offensivsten ist Cassiodor diesbezüglich in seinem Werk zur Orthographie; Elisabeth Gössmann konstatiert hier gar eine gewisse Überordnung der «modernen» Grammatiker über jene der Antike: «Die Art und Weise, wie er (Cassiodor) *antiqui* und *nos* bzw. *traditio ab antiquis* und *moderna consuetudo* gegenüberstellt, läßt klar erkennen, daß er selbst sich als *modernus* versteht und auf orthographisch-grammatischem Gebiet berechtigt fühlt, Veraltetes auszumerzen und neue Entwicklungen zu stützen»[13]. Daß sich dieses Bewußtsein gerade auf sprachlicher Ebene besonders ausgeprägt äußert, verdient Beachtung, ist der Sprachwandel doch – um mit Aleida Assmann zu sprechen – «eine wichtige Dimension, in der die empirische Erfahrung kulturellen Wandels gemacht werden kann»[14]. Im Bereich der Architektur dagegen blieb der Primat des Altertums unbestritten, was gerade die Textstellen, in denen von «modernus» die Rede ist, mit aller Deutlichkeit zeigen. Von einer blinden Imitation der Alten kann freilich in der Umgebung von Cassiodor auch im Bausektor nicht die Rede sein. Sobald es nicht mehr um den Schutz des städtischen Kontextes geht, sind – wie zu zeigen sein wird – auch in diesem Gebiet selbstbewußte Neuerungen zu verzeichnen.

Nimmt man Cassiodors Werk als Ganzes bzw. vergleicht alle darin vorkommenden Belege für den Moderne-Begriff, so wird offensichtlich, was bei Gelasius noch nicht – oder zumindest nicht so – eindeutig war: Der Schreiber ist sich bewußt, daß die Vergangenheit verloren ist, er sieht sich selber in einer Zeit des Umbruchs, der auch als solcher erfahren wird. Rückblickend läßt sich darin der Übergang von der Antike zum (Früh-)Mittelalter konstatieren, der in der Forschung zum «Archetyp des Epochenwandels»[15] schlechthin geworden ist.

Gerade weil man der Vergangenheit und deren Größe nachtrauerte, blieb – wie Theoderichs lobende Benennung von Symmachus als «sorgfältigstem Nachahmer der Antiken» zeigt – diese noch immer verbindlicher Maßstab für das eigene Schaffen, blieben deren Werke bewunderns- und schützenswert. Bei Cassiodor wird diese Orientierung an den alten Mustern etwa an den Schilderungen seines Landgutes Vivarium in Kalabrien (Abb. 2) deutlich, die praktisch alle Topoi der klassischen antiken Villenbeschreibung enthalten, wie wir sie beispielsweise von Varro oder Plinius kennen[16]. Die Nutzung dieser Anlage für eine klosterähnliche Gemeinschaft ist daher weniger als radikaler Bruch Cassiodors mit der Welt, denn als zeitgemäße, nun ins Christliche transformierte Form des traditionellen *recessus in villam*, des Rückzugs alternder

7

***Abb. 5 Rom, S. Costanza. Das Mausoleum der Constantina († 351) stellt mit seinem Umgang ein besonders elaboriertes Beispiel einer spätantiken Grabrotunde dar.***

***Abb. 6 Rom, Forum Romanum. Links die von Papst Honorius christianisierte Senatskurie, in der Mitte die Kirche S. Lorenzo in Miranda, deren Vorgänger im Frühmittelalter in die Cellae des Antonius und Faustina-Tempels eingebaut wurde, weiter rechts SS. Cosma e Damiano mit dem Romulus-Tempel.***

***Abb. 7 Tempietto sul Clitunno, Gesamtansicht.***

8

Römer auf ihren Landsitz am Ende ihres öffentlichen Wirkens, zu verstehen[17].

Auch der Ostgotenkönig eiferte in seinen Bauten in Ravenna spätrömischen Vorgaben und Gebräuchen nach. Als Bauherr von S. Apollinare Nuovo etwa (Abb. 3) folgte er den Spuren, welche die Kaiserin Galla Placidia († 450) mit dem Bau von San Giovanni Evangelista gelegt hatte. Wie dort verschmelzen auch in Theoderichs Kirche lokale Bau- und Dekorationstraditionen mit solchen aus dem oströmischen Gebiet. Zugleich zeigen aber gerade einzelne seiner Bauvorhaben Abwandlungen von (spät-)antiken Bautypen in bis dahin unbekannter Weise. Zu nennen ist hier vor allem Theoderichs eigenes Grabmal, das in einer eigenartigen Mischung von Tradition und Innovation eine gewisse Sorglosigkeit im Umgang mit dem antiken Kanon und die Bereitschaft, diesen zu überwinden und daraus Neues zu schöpfen, offenbart (Abb. 4). Zwar steht es als Zentralbau in der Tradition antiker Mausoleen hochgestellte, Persönlichkeiten, – eine Tradition, für deren Vitalität bis weit in frühchristliche Zeit hinein S. Costanza (Abb. 5), das Mausoleum der Kaisermutter Helena oder die Anbauten an der Südseite von Alt-St. Peter in Rom zeugen. Theoderichs Grabbau unterscheidet sich aber vor allem durch den Grundriß über dem Zehneck, die Doppelgeschossigkeit mit der (vermuteten) Platzierung des Sarkophags im Obergeschoß sowie durch die Quaderbautechnik und die eigentümlichen Dekorationsformen entschieden von diesen «Vorgängern». Auch wenn sich für die meisten dieser Motive und Elemente ältere Vergleiche nennen lassen, ist damit die Einzigartigkeit des Mausoleums in Ravenna in keiner Weise erklärt. Auch mit dem «spätrömischen Kunstwollen» oder anderen linearen Entwicklungsmodellen ist der eigenartige Bau nicht zu deuten. Entsprechend relativierend ist der Entwicklungsbegriff zu verstehen, wenn Robert Heidenreich und Heinz Johannes in ihrer Untersuchung des Theoderich-Grabmals zum Schluß kommen, es fasse «als letztes Glied einer langen Entwicklung (...) vieles aus dem Altertum Überkommene zusammen und bildet aus ihm eine neue Einheit»[18]. Ebenso berechtigt wie als Abschluß einer Traditionskette läßt sich das Mausoleum des Ostgotenkönigs auch als Inkunabel verstehen, und zwar jener Reihe frühmittelalterlicher Bauwerke, die durch ihre jeweilige Singularität faszinieren, sich dadurch einer einfachen Einordnung entziehen und so auch die Forschung während langer Zeit irritierten. Als Beispiele zu nennen wären der sogenannte Tempietto sul Clitunno bei Spoleto – auf den wir unten zurückkommen werden (Abb. 7) – und die mit diesem durch die qualitätvolle Bauplastik verbundene Kirche S. Salvatore auf dem Spoletiner Friedhof (Abb. 9), ferner S. Sofia in Benevent mit ihrem höchst ungewöhnlichen gezackten Grundriß und die als «Tempietto longobardo» bekannte Kapelle S. Maria in Valle in Cividale. Außerhalb Italiens wären dieser Gruppe beispielsweise das Baptisterium Saint-Jean und das Hypogée des Dunes in Poitiers anzufügen.

Im 6. Jh. manifestiert sich der Wandel im Verhältnis zur materiellen Hinterlassenschaft der Antike auf vielfache Weise. Von Theodahat, Theoderichs zweitem Nachfolger auf dem Ostgotenthron (534–536), berichtet Cassiodor etwa, daß dieser auf die Klagen des römischen Stadtpräfekten Honorius über den prekären Zustand mancher Denkmäler auf dem Forum Romanum mit einer finanziellen Beteiligung an deren Restaurierung reagierte, dabei aber nicht verschwieg, daß diese Werke in seinen Augen «Denkmäler des Aberglaubens der Antike» waren[19]. Konkret ging es um die Instandsetzung von Bronzeelefanten, die vermutlich von einem spätrepublikanischen Triumphmonument stammten[20], also ursprünglich nicht primär religiös konnotiert waren. Noch im 4. und 5. Jh. dürfte denn auch ein Besucher des römischen Forums diese Elefanten und die anderen Statuen an der Via sacra nicht als Glaubensmanifest für die alten Götter denn vielmehr als Bestandteile einer eigentlichen Identifikations- und Erinnerungsachse des Weltreichs verstanden haben. Dem Ostgotenkönig war dieser letztgenannte Aspekt hingegen fremd – für ihn standen die Statuen allein schon durch ihr Medium im Ruch, «Götzen» zu sein. Anders aber als für die frühchristlichen Eiferer und Bilderstürmer hinderte ihn dies nicht, in den Figuren *auch* und in erster Linie Werke der Kunst der Alten zu sehen, die es – im Sinne der Tradierung antiker Werte – *trotz* ihres vermeintlich heidnischen Inhalts zu schützen und erhalten galt.

Das Gefühl, in einer vom Altertum verschiedenen Welt zu leben, bildete auch die Voraussetzung für einen neuen, unverkrampften Umgang mit den alten, ehemals «heidnischen» Bauwerken. Anders als in der Zeit der (Kirchen-)Väter, von der Papst Gelasius die «moderne» Gegenwart abgesetzt hatte, stand der Kampf mit dem «Heidentum» – und standen damit auch die Tempel – nun nicht mehr im Zentrum der religiösen Auseinandersetzungen. Zwar dauerte es in Italien und in Gallien noch bis in späte 6. Jh., bis eine namhaftere Anzahl von einstigen Tempeln als Kirchen einer christlichen Nutzung zugeführt wurden[21]. Aber bereits für das Jahr 515 – und damit in der Zeit Theoderichs und Cassiodors – überliefert Avitus, Bischof von Vienne im Rhonetal, eine Kirchweihe an Stelle eines *fanum*. Avitus' Bericht trägt noch deutlich Züge kämpferischer Missionsrhetorik, was angesichts der damals noch nicht vollständig christianisierten Landbevölkerung in Gallien nicht erstaunt: «Der Ort der Märtyrer trägt Früchte, wo der Kult der Götzen blühte; (...) der Altar des Frevels verschwindet (und) es kommt der Altar des christlichen Opfers (*fructificat locus martyrum, quo floruit cultus idolorum. (...) Sacrilegiis ara perit, venit ara sacrificiis*)»[22]. Zugleich spricht aus diesen Worten aber auch die Vorstellung, definitiv in ein neues Stadium eingetreten zu sein, wobei das gewählte Bild eine gleichsam natürliche Progression suggeriert.

Es dürfte mehr als eine zufällige Koinzidenz sein, daß in Rom in der Zeit Cassiodors und Theoderichs die ersten Kirchen am Forum Romanum – dem von der neuen Religion lange Zeit unberührten einstigen Zentrum des römischen Weltreichs – entstanden (Abb. 6): Den Anfang machte vermutlich die unter Theoderich erbaute Kirche S. Martina im Secretarium Senatus; es folgte Papst Felix IV. (526–530) mit der Einrichtung der Kosmas- und Damianskirche in einem Apsidensaal des Forum Pacis, und schließlich ein knappes Jahrhundert später die Weihe der ehemaligen Senatskurie zu Ehren des Märtyrers Hadrian durch Papst Honorius I. (625–638)[23]. Bereits vor dieser letztgenannten Christianisierung eines ehemaligen Verwaltungsbaus war auch in Rom mit der Weihe des Pantheons zur Marienkirche unter Papst Bonifaz IV. (608–615) erstmals ein ehemaliger Tempel zum christlichen Gotteshaus umgenutzt worden. Das von Papst Gregor dem Großen (590–604) im vielzitierten Brief an Abt Mellitus in Britannien empfohlene Prinzip, gut erhaltene pagane Heiligtümer (*fana (…) bene constructa*) besser als Kirchen zu nutzen als sie zu zerstören, hatte sich damit nicht nur in der Provinz, sondern auch im einstigen Zentrum der Welt durchgesetzt[24].

Gemeinsam ist all diesen Beispielen die explizite Distanz zur Antike. Die fiktionale, ja autosuggestive Selbstvergewisserung der *beatitudo temporum*, die noch im 5. Jahrhundert aus den Quellen spricht[25], ließ sich seit dem 6. Jh. kaum mehr aufrechterhalten. So sehr man auch damals noch die Werte und Werke der Alten hochhielt und zu erhalten versuchte, so sehr war man sich dessen bewußt, daß sie der Vergangenheit angehörten. Entsprechend waren auch die einstigen Tempel nicht mehr pagan konnotiert, sondern erinnerten hauptsächlich an die nur mehr als Ideal gültige Pracht des römischen Reichs. Dadurch wurde im Laufe des Frühmittelalters möglich, was in der Spätantike undenkbar gewesen wäre: daß Tempelarchitekturen für neue christliche Bauwerke das Vorbild abgeben konnten. Zahlreich sind die entsprechenden Beispiele zwar auch aus dem Frühmittelalter nicht – dazu war das basilikale Schema konstantinischer Prägung vor der Renaissance allzu verbindlich und prägend. Ein Bau aber wie der sogenannte Tempietto sul Clitunno bei Spoleto (Abb. 7) läßt sich trotz seiner geringen Dimensionen und der scheinbar peripheren Lage nicht als Betriebsunfall der Architekturgeschichte oder als abseitige Idee eines verwirrten Provinzlers abzutun, wäre doch damit seine Erhaltung kaum zu erklären. Zahlreiche Pilgergraffiti belegen überdies die Akzeptanz, ja Attraktivität des «Tempietto» als christlicher Sakralbau gerade im Frühmittelalter[26]. In der Renaissance ließen dann freilich die Tempelform – für die es allerdings keine exakte Parallele in der Antike gibt – und die Qualität der Bauplastik, ungeachtet des gut sichtbaren Kreuzes im Giebelfeld (Abb. 8), zumindest die Architekten glauben, einen antiken Tempel vor sich zu haben. Daß sich auch die Fachwelt noch bis in die Gegenwart mit diesem Bau schwer tat, äußert sich in Datierungsvorschlägen von der Kaiserzeit bis in die Romanik[27]. Aber auch andere Tempelfassaden des Frühmittelalters stellen die Forschung stets wieder vor Interpretationsprobleme. Auf der Rückseite der Bildnisdenare Karls des Großen und Ludwigs des Frommen ist ein von Säulen getragener Tempelgiebel dargestellt, der von einem Kreuz gekrönt wird und dadurch eindeutig als Kirche gekennzeichnet ist (Abb. 10). Da die christliche Grundaussage dieser Münzen – die durch

9

***Abb. 8** Tempietto sul Clitunno, Giebelfeld mit zentralem Kreuz.*

***Abb. 9** Spoleto, S. Salvatore.*

10

die Umschrift XPICTIANA RELIGIO noch betont wird – nicht zu bezweifeln ist, wurde geradezu krampfhaft versucht, in der dargestellten Architekturvignette wahlweise die Peterskirche in Rom, die Aachener Pfalzkapelle oder die Grabeskirche in Jerusalem zu erkennen, was Philip Grierson und Bernd Kluge mit Verweis auf antike Vorlagen mit Tempeldarstellungen überzeugend abgelehnt haben: «Die Ableitung von der Münzdarstellung antiker Tempel ist sicher beabsichtigt»[28]. Während aber auf antiken Münzen etwa von Kaiser Maxentius (306–312) im Zentrum zwischen den Säulen das Abbild der antiken Gottheit saß, ersetzte man dieses auf den karolingischen Prägungen durch das Kreuz. Bei aller Aufgeschlossenheit gegenüber der antiken Architektur blieb die großfigürliche Skulptur – der ja schon König Theodahat mit Skepsis begegnet war – auch im späteren Frühmittelalter noch mit dem Fluch der Idolatrie behaftet. Die Tempelfassade hingegen enthielt keine spezifisch pagane Aussage mehr, sondern zeugte – wie das ebenfalls an römischen Vorbildern orientierte Herrscherbild auf der Avers-Seite derselben Münzen – für den imperialen Anspruch der fränkischen Könige. Mit diesem Zugriff auf die römische Tempelarchitektur versinnbildlichen die karolingischen Denare eine Sicht auf die Antike, deren Wurzeln dreihundert Jahre zurückreichen in die Zeit, in der das Bewußtsein eines Bruchs mit dem Altertum sprachlichen Ausdruck in der Neuschöpfung «modern» fand. Wenn den Karolingern unsere philologische Herleitung auch gewiß unbekannt war, so reiht sich das Beispiel doch in eine Reihe anderer, bewußter Zeugnisse für die Schlüssel- und Gelenkstellung Theoderichs in der karolingischen Antikenrezeption: Vom (damals bereits ruinösen, selber auch unter Verwendung von Spolien erbauten) Palast Theoderichs in Ravenna hat sich Karl der Große bei Papst Hadrian I. 786/787 Säulen, Kapitelle und Teile der Marmorverkleidung als Spolien für die Aachener Pfalz erbeten[29], und es war der von Karl wohl irrtümlicherweise für die Palastkirche Theoderichs gehaltene Bau von S. Vitale, der das Vorbild für Karls Pfalzkapelle abgab.

Der von Theoderich und Cassiodor formulierte Anspruch, sich mit den «modernen» Bauten an jenen der Antike zu orientieren, mithin also neue Gebäude im Stile der Antike auszuführen (*nova simili antiquitate*)[30], kann aus dieser Perspektive als eingelöst gelten. Mit dem Rekurs auf die Bauten der Vergangenheit als verbindlichen Maßstab war auch der Moderne-Begriff bei seinem ersten Auftauchen im architektonischen Zusammenhang aufs engste verbunden. Darin aber liegt der prinzipielle Unterschied zur «Modernen Architektur» im 20. Jahrhundert, deren Erbauer in ihrer geschichtsphilosophischen Gewißheit auf die Zukunft keine historische Situierung im Bestehenden brauchten.

***Abb. 10** Bildnisdenar Karls des Großen, Rückseite mit einer Tempelfassade, die durch Kreuze auf dem Giebel und zwischen den Säulen deutlich als Kirche gekennzeichnet ist, nach 800.*

Franz Alto Bauer

# Beatitudo Temporum

## Die Gegenwart der Vergangenheit im Stadtbild des spätantiken Rom*

Im Jahre 417 beschrieb Rutilius von Namaz mit folgenden Worten seine Wahlheimat Rom[1]:

«Deine hohen, mit zahlreichen Trophäen dicht besetzten Bauten aufzuzählen wäre eine so mühsame Arbeit, wie wenn einer die Sterne zählen wollte; auch blenden die schimmernden Tempel die umherschweifenden Blicke: so, möchte ich meinen, wohnen die Götter selbst. Was soll ich die Wasserleitungen rühmen, die auf luftigen Bogen schweben, so hoch, wie kaum Iris ihre Regenbogen wölben könnte? Bergketten könnte man sie eher nennen, die bis zu den Sternen emporgewachsen sind. ... In deinen Mauern werden Ströme aufgefangen und aufgespeichert, deine hochragenden Thermen verbrauchen ganze Seen; nicht minder reichlich wird deine Stadt auch von eigenen Wasseradern benetzt, und allenthalben murmelt es darin von eigenen Brunnen. Daher mildert ein kühler Hauch die heißen Lüfte, und reineres Wasser löscht hier den Durst, ohne zu schaden. ... Was soll ich die Gärten rühmen, die von Säulengängen mit getäfelten Decken umrahmt sind? Mögen die Vögel, die dort heimisch sind, diese Pracht mit bunten Melodien besingen. Ewiger Frühling lacht dir das ganze Jahr; der Winter gibt sich geschlagen und schont deine Reize.»

Wer diese Beschreibung liest, der sieht sich in eine Märchenstadt versetzt, die reich an Prachtbauten und altehrwürdigen Tempeln ist, über mächtige Wasserleitungen und gewaltige Thermen verfügt sowie luxuriöse Parkanlagen bietet, die zum Lustwandeln einladen, kurzum: in der, wie auch Rutilius Namatianus bemerkt, ewiger Frühling herrscht (Abb. 1). Wäre dieses Sprachgemälde im 1. oder 2. Jh. n. Chr. entworfen worden, so hätte man es wohl trotz aller panegyrischen Topik als Abbild der Stadt Rom ernstgenommen. Doch da diese Beschreibung aus dem frühen 5. Jh. stammt, kommt die Frage auf, ob hier nicht eher Wunschdenken die Feder des Autors geleitet hat. Denn zu diesem Zeitpunkt hatte Rom längst seinen Status als kaiserliche Residenzstadt verloren, hielt der Westkaiser in Mailand und in Ravenna Hof, während der Ostkaiser in Konstantinopel seinen Palast besaß. Und mit dem Fortgang des Kaisers verlor Rom nicht nur seine politische Bedeutung; auch die Bautätigkeit verlagerte sich in die neuen Regierungssitze, während die alte Hauptstadt nur selten in den Genuß kaiserlicher Stiftungen kam. Finanzielle Engpässe und ein spürbarer Bevölkerungsrückgang bewirkten einen allmählichen Niedergang der Bausubstanz, der bald an allen Ecken und Enden spürbar wurde. Neubauten blieben in der ausgehenden Antike eher die Ausnahme – sieht man einmal von den Kirchen ab, die im Laufe des 4. Jhs. zunächst an der Peripherie, dann auch im Stadtzentrum entstanden[2].

Woher nahm Rutilius also seine Euphorie, als er diese Beschreibung verfaßte? Um eine Antwort auf diese Frage zu finden, darf man sich nicht nur an den archäologischen Fakten orientieren; vielmehr ist es notwendig, sich in die Lage des spätantiken Stadtbewohners zu versetzen, die Stadt aus seiner Sicht zu erfahren und zu begreifen. Dieser bewegte sich in einer Stadtlandschaft, die in weiten Teilen ererbt war und auf ein hohes Alter verweisen konnte. Wie aber ging er mit den zahlreichen Prachtbauten um, die sich allenorts erhoben? Inwiefern bestimmte das überkommene Stadtbild gar das Leben des spätantiken Rombewohners? Provozierten die Monumente einer großen Vergangenheit seine Verhaltensweisen in der Stadt, ja beeinflußten diese sein Selbstgefühl?

* * *

Mit dem Fortzug des Kaisers bildete sich ein Machtvakuum, das alsbald durch den Senatsadel ausgefüllt wurde. Ablesbar ist das neugewonnene Selbstbewußtsein der römischen Aristokratie nicht nur an den prächtigen Privathäusern, die nunmehr das Stadtbild dominierten, sondern auch an einer Reihe von Baustiftungen und Instandsetzungsmaßnahmen, die der Konservierung des urbanen Umfelds dienten[3]. Besonders tat sich dabei der *praefectus urbi*, der Stadtpräfekt, hervor, bei dem es sich stets um einen Angehörigen der Senatsaristokratie handelte[4]. Seit dem Jahre 331 besaß dieses Amt eine hohe Machtfülle: Ihm untergeordnet waren nunmehr u. a. ein *curator operum maximorum*, ein *curator operum publicorum* und der *curator statuarum*, also Beamte, die mit dem Erhalt öffentlicher Bauten und Statuen betraut waren. Zum einen führte der Stadtpräfekt kaiserliche Bauprojekte in Rom aus, die die Kaiser selbst nicht überwachen konnten, zum anderen trat er als ranghoher Magistrat selbst als Stifter auf und betrachtete es als seine Plicht, während seiner in der Regel einjährigen Amtszeit der Stadt wenigstens eine prächtige Stiftung zu hinterlassen. Meist handelte es sich dabei um Instandsetzungen bestehender Bauten, in erster Linie von Thermen, Vergnügungsbauten, paganen Kultanlagen und, allgemeiner, von städtischen Prachtbauten, Profanbasiliken wie Säulenhallen[5] – also von Bauten, wie wir sie auch in Rutilius' Beschreibung finden. Offenbar waren es gerade diese Bauten, an denen das Weltstädtische Roms ablesbar und erfahrbar war[6].

Mit diesen Stiftungen hinterließen die Präfekten Inschriftentafeln oder -basen, die uns nicht nur den Namen des Spenders und sein Amt überliefern, sondern oft auch die Konservierungsmaßnahmen erläutern, so daß wir uns selbst dann ein Bild von den spätantiken Eingriffen machen können, wenn uns eine Inschrift nur in Abschrift vorliegt oder sich heute nicht mehr an ihrem originalen Befestigungsort befindet. Jeder Versuch, das spätantike Rom vor unseren Augen wiedererstehen zu lassen und einen Einblick in die mentale Verfaßtheit der spätantiken Stadtbewohner zu gewinnen, sollte gerade diese Inschriftenzeugnisse in ganz besonderem Maße berücksichtigen, da sie uns trotz oder gerade wegen ihrer starken Topik einen Einblick geben, welchen Zweck der Stifter mit seiner Maßnahme verfolgte, und uns zugleich erschließen, was der Betrachter vor diesen Monumenten und Bauten empfunden haben mag[7].

### Brunnen und Thermen im spätantiken Rom

Beginnen wir unseren Rundgang an einer Brunnenanlage, die wir zwar nicht lokali-

***Abb. 1 Rom-EUR, Museo della Civiltà Romana, Modell der Stadt Rom.***

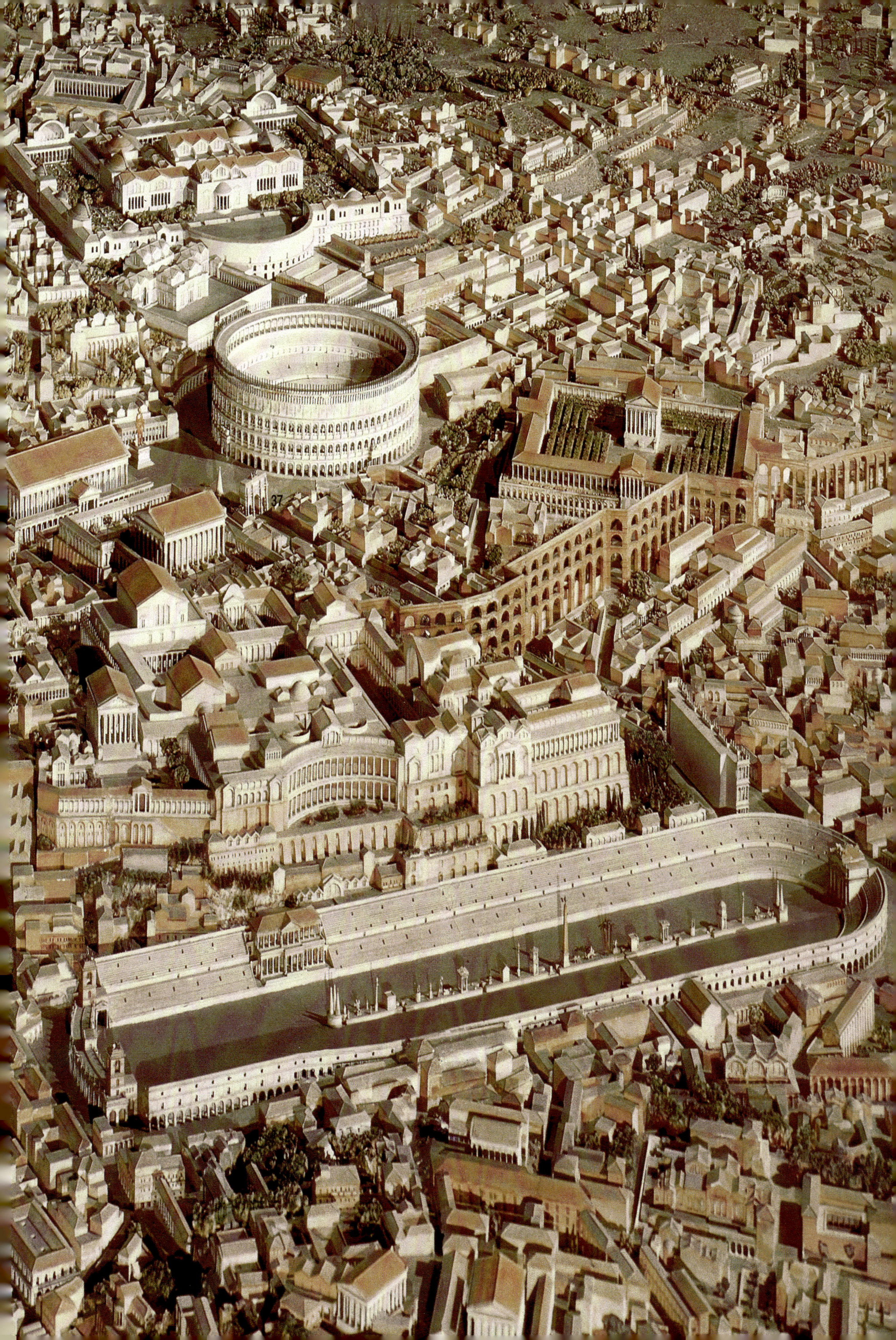
37

2

sieren können, deren spätantike Instandsetzungsinschrift sich dafür aber erhalten hat (Abb. 2). Ihr zufolge ließ der Stadtpräfekt Flavius Philippus im Jahre 391 das Nymphäum wiederherstellen[8]:

*Flavius Philippus v(ir) c(larissimus) praef(ectus) urbi | nymfium sordium squalorem | foedatum et marmorum nuditate defor|mem ad cultum pristinum revocavit.*

«Flavius Philippus, Angehöriger des Senatorenstands und Stadtpräfekt, hat das von starrendem Schmutz verunstaltete und seiner Marmorausstattung beraubte Nymphäum in seinem früheren Schmuck wiederhergestellt».

Offenbar war im Laufe des 4. Jhs. das uns unbekannte Nymphäum allmählich verfallen, seiner Marmorteile beraubt worden und lag als Schandfleck im Stadtbild ungenutzt da. Auf Initiative des Stadtpräfekten wurde der Schutt entfernt, die Brunnenanlage neu verkleidet und an das Wassernetz angeschlossen. Interessanterweise verschweigt die Inschrift den vormaligen Verfall nicht; sie thematisiert mit deutlichen Worten den unansehnlichen Zustand des Nymphäums und stellt so die wiedererlangte Ausstattungspracht in ein besonders helles Licht. Der spätantike Passant wird dies ähnlich empfunden haben. Er mochte an verschiedenen Ecken und Enden seiner Stadt den Niedergang öffentlicher wie privater Bauten bemerkt haben. Spätestens als er dieses Nymphäum erreichte, wähnte er sich in einer intakten Stadt, konnte er sich an dem Wasserreichtum erfreuen und an der Ausstattungspracht ergötzen. Beim Lesen der Inschrift fühlte er sich als Einwohner einer Stadt, deren einst verfallene Prachtbauten wieder in altem Glanz erstrahlten, konnte zugleich die Geschichtlichkeit dieses Monuments erfahren. Verabschiedete er sich von dem Brunnen und setzte er seinen Weg durch die Stadt fort, so wurde er wieder mit Eindrücken konfrontiert, die so überhaupt nicht dem Bild einer sich erneuernden Stadt entsprachen. Aber wahrscheinlich suchte der

3

Bewohner Roms diese Gegenden gar nicht auf. Statt dessen steuerte er wohl jene Bereiche an, in denen er eine intakte Stadt fand.

Solch ein Bereich waren die Thermen: Wer sie betrat, tat dies, um für geraume Zeit Ablenkung und Entspannung zu suchen. Der Besucher fand sich in einem prächtig ausgestatteten Ambiente wieder, in dem die städtische Realität ausgeblendet war (Abb. 3). Kein Wunder, daß diesen Badeanlagen das besondere Augenmerk galt, wie ja Wasserreichtum in der Spätantike generell eine wichtige Rolle spielte. Diokletian hatte zu Beginn des 4. Jhs. die bislang größte Thermenanlage Roms auf dem Esquilin vollenden lassen, und noch Konstantin ließ einen wenn auch bescheideneren Thermenbau auf dem Quirinal ausführen. Daneben mußten aber die älteren Anlagen instandgehalten werden. So rühmen sich die Kaiser Konstantius II. und Konstans in einer fragmentarischen Inschrift, eine altersschwache Thermenanlage auf dem Marsfeld, wahrscheinlich die Agrippathermen, renoviert zu haben, und empfehlen sich dem Thermenbesucher als Bewahrer der Grandeur Roms[9]:

*[Dd(omini) nn(ostri) Constantius | ac Cons]tans triumphatores Augusti | termas vetustate labefactas restauraverunt | Q(uinto) Rustico v(iro) [c(larissimo) praef(ecto) urb(i)...].*

«Unsere Herren, die Triumphatoren und Augusti Konstantius und Konstans haben die infolge Alter wankenden Thermen wiederherstellen lassen. Quintus Rusticus, Angehöriger des Senatorenstands und Stadtpräfekt, hat dies [durchgeführt]».

Wesentlich detaillierter ist eine Inschriftentafel, die zu einer Badeanlage auf dem Aventin gehört haben muß, vielleicht den Deciusthermen. Auch sie nennt zunächst die Kaiser, obwohl die eigentliche Restaurierungsmaßnahme auf den Stadtpräfekten des Jahres 414, Caecina Decius Aginatius Albinus zurückgeht (Abb. 4)[10]:

4

*Salvis ac florentibus dd(ominis) nn(ostris) Honorio et Theodos[io] | perpetuis semper Augg(ustis) Caecina Decius Aginatius | Albinus v(ir) c(larissimus) praef(ectus) urbi vice sacra iudicans | cellam tepidariam inclinato omni pariete labent[em] | de qua cellarum ruina pendebat erectorum a fu[n]|damentis arcuum duplici munitione fulcivit | d(evotus) n(umini) m(aiestati)q(ue) eorum.*

«Unter der segensreichen und blühenden Regierung unserer Herren, der ewigen Augusti Honorius und Theodosius, hat Caecina Decius Aginatius Albinus, Angehöriger des Senatorenstandes und Stadtpräfekt, zuständig für das Appellationsgericht, den Raum des Tepidariums, der infolge einer sich neigenden Wand wankte und dessen Einsturz bevorstand, gesichert, indem er von Grund auf einen zweifachen Verstärkungsbogen errichtete. Ihrer (der Kaiser) göttlichen Majestät ergeben».

Ausführlich beschreibt die Inschrift nach einer rühmenden Adresse an die regierenden Herrscher den vormaligen Zustand der Thermen und die Art der Instandsetzungsmaßnahme. Der fehlende Verweis auf das Alter der Anlage und die zeitliche Nähe zur Eroberung und Plünderung Roms unter Alarich haben zur Vermutung geführt, daß vielleicht auch diese Thermen in Mitleidenschaft gezogen wurde. Jedenfalls sollte dieser untragbare Zustand nicht lange währen. Indem nun Albinus zwei Stützbögen einziehen ließ, hielt er die Funktion des Warmbadraums aufrecht, der nun wieder Besuchern offenstand. Für die Dauer seines Aufenthalts fand der Besucher hier ein luxuriöses Ambiente, in dem die Zerstörungen des Jahres 410 ausgeblendet waren. Wenn er im Tepidarium der Thermen angelangt die Inschrift wahrnahm und die zugehörigen Kaiserbildnisse sah, sich der Intaktheit der Anlage und seines Umfeld bewußt wurde, dann mochte er auch dem Inschriftentext glauben, der die segensreiche und blühende Regierung der Kaiser beschwor.

Eine der letzten inschriftlich erwähnten Wiederherstellungsmaßnahmen an stadtrömischen Thermen datiert ins Jahr 443. Betroffen waren die vergleichsweise jungen Konstantinsthermen auf dem Quirinal, wie aus der Inschrift selbst hervorgeht[11]:

*Petronius Perpenna Magnus Quadratianus v(ir) c(larissimus) et inl(ustrissimus) praef(ectus) urb(i) | Constantinianas thermas longa incuria et abolendae civilis vel | potius feralis cladis vastatione vehementer adflictas, ita ut agnitione{m} sui ex omni parte perdita desperationem cunctis repa|rationis adferrent, deputato ab amplissimo ordine parvo | sumptu, quantum publicae patiebantur angustiae, ab extremo | vindicavit occasu et provisione largissima in pristinam | faciem splendoremque restituit.*

«Petronius Perpenna Magnus Quadratianus, Angehöriger des Senatorenstands im Range eines illustris und Stadtpräfekt, hat die Konstantinsthermen, die infolge fortwährender Sorglosigkeit und der Verwüstung des verheerenden Bürgerkriegs oder vielmehr verderblichen Unheils so heftig beschädigt waren, daß sie ganz unansehnlich geworden waren und sich bei allen Verzweiflung bezüglich der Wiederherstellung breitmachte, nachdem nur eine geringe Summe vom Senat bewilligt worden war, soweit es die angespannte finanzielle Lage des Staates zuließ, vor dem endgültigen Verfall gerettet und diese mit großzügigster Fürsorge in ihrem einstigen Erscheinungsbild und Glanz wiederhergestellt».

Was war passiert? Die Thermenanlage war bereits vor geraumer Zeit beschädigt worden – vermutlich infolge der Eroberung Alarichs zu Beginn des 5. Jhs., wie der Text andeutet. Funktionslos lag sie als Bauruine eine Generation lang da; öf-

**Abb. 2 *Rom, Kapitolinische Museen, Instandsetzungsinschrift des Stadtpräfekten Flavius Philippus.***

**Abb. 3 *Thermenalltag im antiken Rom, Rek. nach E. Paulin 1882.***

**Abb. 4 *Rom, Kapitolinische Museen, Instandsetzungsinschrift des Stadtpräfekten Caecina Decius Aginatius Albinus.***

5

fentliches Geld für eine Instandsetzung fehlte, selbst der Senat mußte passen. Ein finanzkräftiger Stifter fand sich erst mit dem Präfekten Quadratianus, der diesen Makel im Stadtbild tilgte. Indem er das einstmalige Aussehen, die *pristina facies,* wiederherstellte, rekonstruierte er für den Besucher der Thermen auch ein Ambiente, in dem die gute alte Zeit herrschte. Solange sich der Besucher in den wiederhergestellten Konstantinsthermen befand, mochte er sein Zeitalter als ein glückliches verinnerlichen, waren die Wunden der Eroberung Roms nicht wahrzunehmen. Allein die Inschrift erinnerte in sehr allgemeinen Worten an dieses Schreckensereignis: doch wird es hier zu einer Episode heruntergespielt, die man überwunden hatte, indem man die vergangenen Zeiten durch die Reaktivierung der Thermen wiederbelebte.

6

## Die Sorge um den Erhalt der Statuen

Auf seinem Stadtrundgang werden dem Bewohner des spätantiken Rom zahlreiche Statuen mit Inschriftenbasen auffallen, die stets dieselbe stereotype Formulierung aufweisen, etwa (Abb. 5 u. 6)[12]:

*Fabius Titianus* | *v(ir) c(larissimus) consul* | *praef(ectus) urbi* | *curavit.*

«Fabius Titianus, Angehöriger des Senatorenstandes, Konsul und Stadtpräfekt, sorgte sich (um die Aufstellung der Statue)».

oder:

*Fonteius Litorius* | *Auxentius v(ir) c(larissimus) pra(efectus)* | *urbi curavit.*

«Fonteius Litorius Auxentius, Angehöriger des Senatorenstandes und Stadtpräfekt, sorgte sich (um die Aufstellung der Statue)».

Es wird zuerst der Name des Stifters genannt, in diesem Fall die Stadtpräfekten Paulinus und Titianus, sowie das Verb «curavit». Der Stadtpräfekt «kümmerte» sich also um etwas. Offenbar sorgte er sich um die Aufstellung der Bildwerke auf diesen Inschriftensockeln. Eine Basis auf dem Forum Romanum, die auf zwei Seiten beschriftet ist, illustriert sehr schön, daß Petronius Maximus, zum zweiten Mal Stadtpräfekt zwischen 421 und 439, ein Standbild des längst verstorbenen Kaisers Valens wiedererrichten ließ (Abb. 7)[13]. Die Masse dieser spätantiken «Reparaturbasen», die sich über das spätantike Rom verteilten, zeigt, daß es ein zentrales Anliegen war, die Statuenpracht der Stadt zu erhalten. Das Breviar des Zacharias Rhetor aus dem späten 6. Jh. listet alleine 80 vergoldete und 64 elfenbeinerne Götterstatuen sowie 3785 Bronzestatuen von Kaisern und Beamten auf – gibt damit aber wahrscheinlich Zustände aus dem frühen 4. Jh. wieder[14]. Die Wahrung des Statuenschatzes erforderte, insbesondere wenn dieser durch Plünderungen dezimiert wurde, stete Ergänzung. Und so schreckte man auch nicht davor zurück, Statuen aus verfallenden Stadtteilen an zentraler Stelle neu

7

*Abb. 5 Forum Romanum, Inschriftenbasis des Stadtpräfekten Fabius Titianus.*

*Abb. 6 Rom, Kapitolinische Museen, Inschriftenbasis des Fonteius Litorius Auxentius.*

*Abb. 7 Forum Romanum, Inschriftenbasis des zweifachen Stadtpräfekten Petronius Maximus.*

*Abb. 8 Rom, Antiquarium des Forum Romanum, Inschriftenbasis des Eustathius.*

aufstellen, wie die Inschriftentexte freimütig zugeben[15]. Der leider unvollständige Text einer Inschriftenbasis aus dem 5. Jh., ebenfalls aus dem Bereich des Forum Romanum, lautet wie folgt (Abb. 8)[16]:

*Fl(avius) Macrobius Pl[otinus | E]ustathius, v(ir) [c(larissimus)... | ... | ex ab]strusis lo[cis ... | ...] aen[... | ...].*

«Flavius Macrobius Plotinus Eustathius, Angehöriger des Senatorenstands, ... aus abgelegenen Orten ...»

Eustathius rühmt sich geradezu, aus entlegenen, sprich: verfallenden Orten der Stadt Standbilder fortgenommen zu haben, um sie an zentralen, frequentierten Punkten der Stadt wieder aufzustellen. Abermals sehen wir, daß die Inschriften keinen Hehl aus dem drohenden Niedergang bestimmter Bauten oder Areale machen. Aber gerade aus diesem Gegensatz zwischen dem «dort» und «hier» bzw. dem «einst» und «jetzt» bezieht der Moment des Lesens der Inschrift seine Bedeutung: hier und jetzt, für den Moment des Wahrnehmens der Statue und der Inschrift war Rom eine Großstadt mit prächtiger Statuenausstattung.

## Der Erhalt des Forum Romanum in der Spätantike

Dem Forum Romanum, seit jeher politisches und ideelles Zentrum der Stadt und des Reichs, galt die besondere Fürsorge der stadtrömischen Aristokratie (Abb. 9). Man sorgte sich um den Erhalt der rahmenden Prachtbauten, profaner wie kultischer Natur, kümmerte sich um die Statuenausstattung und konservierte so eine Vergangenheit, deren Bedeutung man sich in der Spätantike so gerne vor Augen führte. Einer der bekanntesten Exponenten des stadtrömischen Senatsadels, der bekennende Heide Vettius Agorius Praetextatus, ließ im Jahre 367 die am Ostabhang des Kapitols gelegene Zwölfgötterportikus wiederherstellen, die Götterbilder neu aufrichten und die Ausstattung in der alten Form wiederherstellen, wie die Inschrift auf dem Architrav besagt (Abb. 10)[17]:

*[Deorum C]onsentium Sacrosancta Simulacra cum omni lo[ci totius adornatio]ne cultu in [formam antiquam restituo | V]ettius Praetextatus v(ir) c(larissimus) pra[efectus u]rbi [reposuit] | curante Longeio [... v(iro) c(larissimo) c]onsul[ari.*

8

10

«Die Bildnisse der einigen Götter stellte Vettius Agorius Praetextatus, Angehöriger des Senatorenstandes und Stadtpräfekt, unter gänzlicher Schmükkung dieses Orts und unter Wiederherstellung der Ausstattung im alten Erscheinungsbild wieder auf. Longeius ..., Angehöriger des Senatorenstandes im Rang eines consularis, sorgte sich (um die Durchführung)».

Praetextatus als hochrangigen Exponenten des Senatsadels mochte es besonders getroffen haben, daß die kaiserliche Residenzstadt im Osten, Konstantinopel, inzwischen über einen eigenen Senat verfügte und der Kaiser nur mehr höchst sporadisch in Rom aufschien. Mit der Erneuerung der Zwölfgötterportikus am Kapitolsabhang schuf er einen Bereich, in dem dieser Bedeutungsverlust vergessen war. Hier empfingen die einträchtigen Götter ihren Kult, wie es bereits seit dem 3. vorchristlichen Jahrhundert der Fall war. Hier erfuhr sich der Passant als Bewohner einer geschichtsträchtigen Weltstadt, deren Wurzeln tief in die Vergangenheit zurückreichten.

Wie sehr man bestrebt war, das tradierte Erscheinungsbild des Forum Romanum zu wahren, belegt der Wiederaufbau des Saturntempels im späten 4. Jh. (Abb. 11). Bereits seit der Königszeit befand sich hier ein Heiligtum dieses Gottes, das immer wieder renoviert wurde. Zuletzt wurde der Bau in der Spätantike erneuert, wobei es sich um einen kompletten Wiederaufbau gehandelt haben muß[18]. Auf dem Architrav des Tempels ist heute in großen, einst in Bronze eingelegten Lettern folgende Widmungsinschrift zu lesen[19]:

*Senatus Populusque Romanus | incendio consumptum restituit.*

«Senat und Volk Roms haben wiederhergestellt, was das Feuer vernichtete».

Offenbar fiel der Saturntempel im fortgeschrittenen 4. Jh. einem Brand zum Opfer. Der Senatsadel und die römische Bevölkerung konnten sich mit der Baulücke, die ein solch empfindliches Loch in die Rahmenbebauung des Forums riß, nicht abfinden und bemühten sich um einen sofortigen Wiederaufbau. Dabei ging man einerseits sehr konservativ vor, da man bestimmte Details des vergangenen Tempels auch in dem spätantiken Neubau wiederfinden wollte, etwa die typischen ionischen Kapitelle. Andererseits realisierte man den Wiederaufbau unter Verwendung einer Unzahl von Spolien, die sich bei genauer Betrachtung des Monuments dem Betrachter offenbaren. Wer von hinten in den Pronaos des Tempels blickt, der sieht dort Relieffragmente, die sekundär verbaut wurden (Abb. 12). Vom Forumsplatz aus nahm man die intakte Fassade eines Tempels wahr, der wahrscheinlich seine kultische Funktion bereits verloren hatte: er wurde als *ornamentum urbis* wiedererrichtet, nicht als Tempel, in dem sich Opfer vollzogen. Der Bau erfüllte seine Funktion auch ohne konkrete Nutzung – alleine schon indem er die Intaktheit einer Stadt widerspiegeln sollte, die jenseits der Grenzen des Forum Romanum bedroht war.

Auch anderenorts lassen sich spätantike Instandsetzungen von Tempeln beobachten. Der Tempel des Apollo Sosianus wurde in den Jahren 357/9 renoviert, und nicht lange vor 395 wurde ein Tempel der Flora erneuert[20]. Ob dieses Bewahren von paganen Tempeln die Instandsetzungsmaßnahmen ewiggestriger Heiden waren, ist mehr als fraglich. In erster Linie dürfte es hierbei um die Bewahrung der traditionsreichen Prachtbauten gegangen sein, die von Angehörigen aller Konfessionen geschätzt wurden. Und so stellt auch die spätantike Baugesetzgebung diese Tempel als schützenswerte Baudenkmäler explizit unter Schutz.

Die Kulisse des Forum Romanum wurde selbst noch im 5. Jh. bewahrt, obwohl die Eroberungen, die Rom über sich ergehen lassen mußte, das Stadtzentrum erheblich in Mitleidenschaft gezogen hatten. Die Basilica Aemilia an der Nordseite des Platzes (Abb. 13) brannte im Jahre 410 fast völlig aus; nur die beiden Seitentrakte mit den Treppenhäusern erhielten sich bis ins Obergeschoß. Da das Geld für einen Wiederaufbau der gewaltigen mehrschiffigen Basilika nicht reichte, begnügte man sich mit einer eingeschossigen, kleinteiligen Säulenportikus, die man zwischen die beiden erhaltenen Seitenflügel spannte (Abb. 14)[21]. Ebenso verfuhr man an der Westseite: hier wurde dem Schutthaufen eine Wand vorgeblendet, deren Nischen offenbar Standbilder aufnehmen sollten, der Anblick der Ruine also durch eine Statuengalerie ersetzt. Die Bemühungen des Stadtpräfekten um die Konservierung des Forums gingen so weit, daß man das Forum Romanum in ein potemkinsches Dorf verwandelte, um die Erinnerung an die verlorene Größe Roms zu konservieren.

Eine Reihe von Inschriftenbasen kommemoriert die Wiederherstellung der Statuenausstattung vor der so drastisch geschrumpften Basilica Aemilia (Abb. 15)[22]:

Seite 82/83

***Abb. 9** Forum Romanum.*

***Abb. 10** Porticus Deorum Consentium.*

***Abb. 11** Saturntempel.*

SENATVS POPVLVSQVE ROMANVS
INCENDIO CONSVMPTVM RESTITVIT

12

13

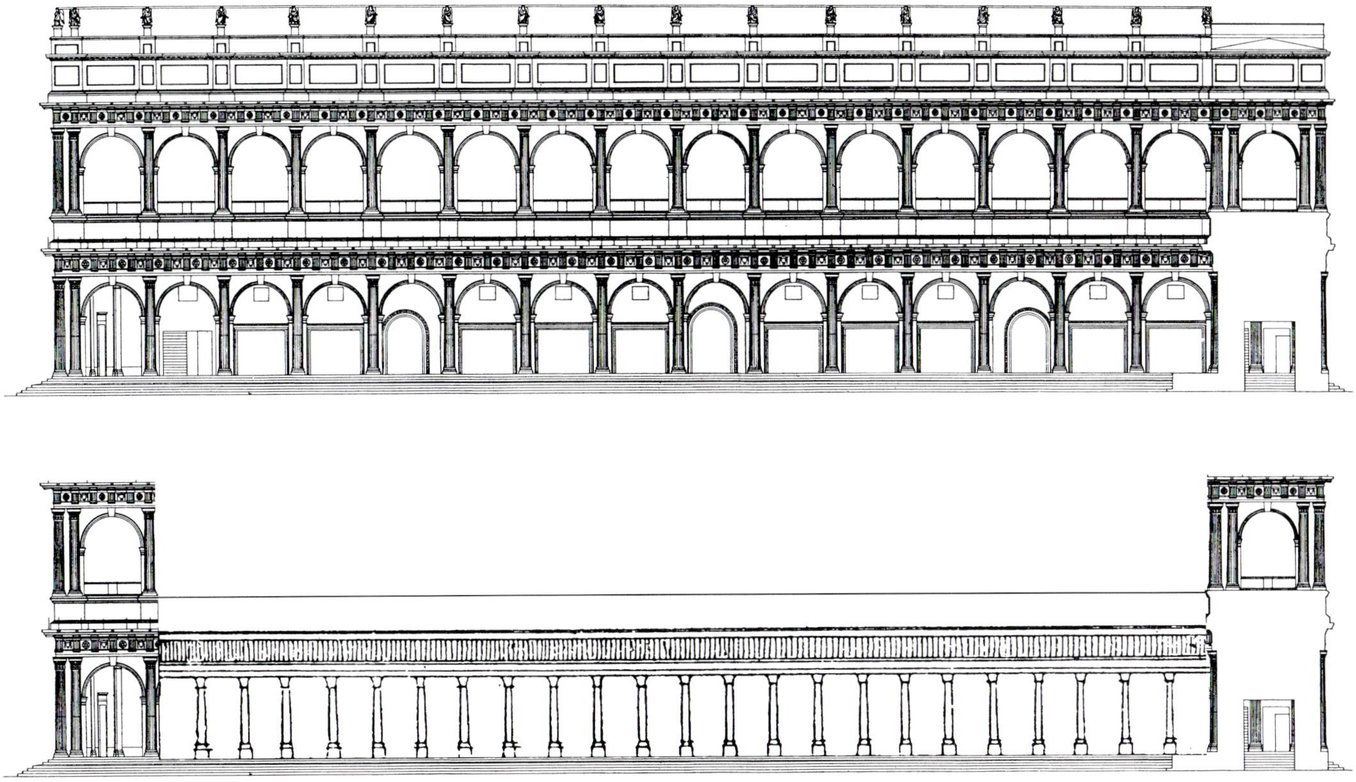

14

*Gabinius Vettius | Probianus v(ir) c(larissimus) | Praef(ectus) urb(i) | statuam fatali | necessitate con|labsam celeberri|mo urbis loco adhi|bita diligentia reparavit.*

«Gabinius Vettius Probianus, Angehöriger des Senatorenstandes und Stadtpräfekt, hat diese Statue, die infolge eines unvermeidlichen Verhängnisses herabgestürzt war, am berühmtesten Ort der Stadt mit der gebotenen Sorgfalt wiederhergestellt».

Keine Frage: mit der in der Inschrift erwähnten *fatalis necessitas* kann nur die Eroberung Roms durch Alarich im Jahre 410 gemeint sein. Probianus verschweigt die Umstände der Zerstörung nicht, wenn er sich auch einer wolkigen Umschreibung bedient. Doch durch die Umsicht des Stadtpräfekten fand der «berühmteste Ort der Stadt», eben das Forum, wieder zu seinem weltstädtischen Glanz zurück.

Die Eroberung durch Alarich blieb nicht der einzige Schicksalsschlag, den das spätantike Rom zu ertragen hatte. Noch zweimal zogen im 5. Jahrhundert Barbarenhorden plündernd durch die Stadt. Und jedesmal wurden die Schäden, die sie hinterließen, umgehend beseitigt. Eine Inschrift, die bei S. Maria Nova gefunden wurde, bezieht sich vermutlich auf die Eroberung Roms im Jahre 455. Vandalen hatten damals Italien angegriffen, Rom erobert und die Stadt 14 Tage lang geplündert, wobei man sich vor allem an den wertvollen Bronzestatuen schadlos hielt. Vermutlich war es eine solche geraubte Statue, die der Stadtpräfekt Audax an uns unbekanntem Ort ersetzen ließ (Abb. 16)[23]:

*Castalius Innocentius | Audax v(ir) c(larissimus) praef(ectus) urb(is) | vice sacra iudicans | barbarica incursione | sublata restituit.*

«Castalius Innocentius Audax, Angehöriger des Senatorenstands und Stadtpräfekt, zuständig für das Appellationsgericht, hat wiederhergestellt, was bei einem Barbareneinfall beschädigt worden war».

Die folgende Inschrift fand sich auf dem Forum Romanum und berichtet von

15

16

***Abb. 12** Saturntempel, Inneres der Vorhalle.*

***Abb. 13** Basilica Aemilia.*

***Abb. 14** Basilica Aemilia, kaiserzeitlicher und spätantiker Zustand im Vergleich.*

***Abb. 15** Forum Romanum, Inschriftenbasis des Gabinius Vettius Probianus.*

***Abb. 16** Rom, Antiquarium des Forum Romanum, Inschriftenbasis des Castalius Innocentius Audax.*

17

einem Bürgerkrieg, in dessen Verlauf ein Minervastandbild zerstört wurde[24]:

*Simulacrum Minerbae | abolendo incendio | tumultus civilis igni | tecto cadente confractum | Anicius Acilius Aginantius | Faustus v(ir) c(larissimus) et inl(ustris) praef(ectus) urbi | vic(e) sac(ra) iud(icans) in melius | integro proviso pro | beatitudine temporis restituit.*

«Das Bildnis der Minerva, das durch den Einsturz eines Daches zerbrochen war, der durch ein vernichtendes Feuer während eines Bürgerkriegs verursacht worden war, hat Anicius Acilius Aginantius Faustus, Angehöriger des Senatorenstands im Rang eines *illustris* und Stadtpräfekt, zuständig für das Appellationsgericht, besser und zur Gänze für das Glück unseres Zeitalters wiederhergestellt».

Bei diesem Minervabildnis kann es sich nur um die Götterstatue im Atrium Minervae handeln, das sich beim Senat befand[25]. Diese Räumlichkeit geriet offenbar in Brand, als Rikimer im Jahre 472 Rom «eroberte» und plünderte. Die spätantiken Quellen berichten fast gar nicht von diesem Ereignis, das am Ende einer Auseinandersetzung des germanischen Heermeisters mit dem Westkaiser Anthemius stand. Und doch beleuchtet die uns überlieferte Inschrift schlaglichtartig die Folgen der Eroberung, die in einer – wie sollte es anders sein – Plünderung und teilweisen Zerstörung der Stadt ausartete.

Interessanter als die Zerstörungen sind die Versuche der Wiederherstellung. Denn der stadtrömische Senatsadel fand sich nicht mit der Zerstörung des traditionsreichen Atrium Minervae ab, das auf eine jahrhundertelange Geschichte zurückblicken konnte. Vielmehr fand sich mit der Person des Stadtpräfekten und späteren Konsuls Faustus jemand, der das Standbild *besser und zur Gänze für das Glück unseres Zeitalters* wiederherstellte. Abermals wird die Zerstörung nicht verschwiegen, ja wird detailliert die Zerstörungsursache erläutert und damit der Leser an die Eroberung und damit Verwundbarkeit des spätantiken Rom erinnert. Was er sah, war aber nicht die Zerstörung, sondern die Wiederherstellung des alten Zustands in noch besserer Form. Die Minervastatue hinter dem Senat wurde so zu einem jener traditionsreichen Punkte innerhalb der Stadtlandschaft, an denen der Passant nicht nur die Überwindung der Krise, sondern geradezu die Fortsetzung der altehrwürdigen Vergangenheit in ein noch besseres Zeitalter nachvollziehen sollte. Immun gegen Eroberung und Plünderung wurde das Minervastandbild zu einem Hoffnungsträger für die Zukunft. Und für diese Zukunft waren auch die Inschriften geschrieben, nicht nur für die Generation der Augenzeugen der Zerstörungen. Spätestens nach einer Generation war nicht mehr nachzuvollziehen, ob die Inschrift übertrieb oder nicht: sie sagte die Wahrheit.

Gerade diese beschwörenden Verweise auf das Glück des Zeitalters, die *beatitudo temporum*, zeigen, daß hinter diesen Bau- und Ausstattungsmaßnahmen und ihrer inschriftlichen Fixierung eine zutiefst verunsicherte Gesellschaft stand, die sich mit dem Forum Romanum einen Bereich schuf, in dem die Vergangenheit präsent war, die politische Bedeutung Roms ablesbar und erfahrbar. Inmitten einer Stadt, deren Bevölkerung abnahm, deren Bauten, Wohnbauten wie öffentliche Bauten, infolgedessen ihre Funktion ver-

18

loren und ruinös wurden, die sich mit Kirchen zu füllen begann und deren Mauern belagernde Horden abzuwehren hatten, muß das Forum Romanum wie eine Oase gewirkt haben, aus der der Stadtrömer sein Selbstwertgefühl bezog.

Eine weitere Inschrift, ebenfalls aus dem Bereich um die Senatskurie kommend, führt uns in die Zeit der ostgotischen Könige, die nach der Abdankung des letzten Kaisers in Italien das Ruder übernahmen[26]. Ein letztes Mal erlebte die Stadt eine Blüte, ein letztes Mal sorgte man sich um den Erhalt der alten Bauten und ihrer Ausstattung – sicherlich auch um durch diese Erneuerung Roms die Legitimität der germanischen Königsherrschaft über Italien zu dokumentieren (Abb. 17)[27]:

† *Salvis dominis nostris Anastasio perpetuo | Augusto et gloriosissimo ac triumfali viro | Theoderico Valerius Flori[an]us, v(ir) c(larissimus) et inl(ustris), | ex com(ite) domest(icorum), ex com(ite) [sacrar(um) larg(itionum), praef(ectus) urb(i), | in atrio libertat[is columnas] septuaginarias, | quae vetus[tate ac temporis] carie fuerant | [f]ere con[fectae, reparavit et] omnia eius loci | [re]fecit [...] et in secretario | [senatus...]ves simili | [...]tavit quam eius | [...] Capitolium | [...] fuerat ex omni | [...]ive loco.*

19

***Abb. 17 Rom, Antiquarium des Forum Romanum, Reparaturinschrift des Valerius Florianus.***

***Abb. 18 Marcellustheater.***

***Abb. 19 Codex Einsidlensis, Abschrift der Inschrift des Pompejustheaters.***

***Abb. 20 Kolosseum.***

«Unter der segensreichen Regierung unserer Herren Anastasius, des ewigen Augustus, und Theoderich, des ruhmreichsten Triumphators, hat Valerius Florianus, Angehöriger des Senatorenstands im Rang eines *illustris,* ehemaliger Comes Domesticorum, ehemaliger Comes Sacrarum Largitionum und Stadtpräfekt, im Atrium Libertatis die 70 Fuß hohen Säulen, die infolge Alters und durch den Zahn der Zeit fast zugrunde gegangen

20

21

waren, wiederhergestellt, alle ... an diesem Ort erneuert und im Secretarium des Senats ...».

Fraglos handelt es sich um eine bedeutende Wiederherstellungsmaßnahme von Traditionsbauten in unmittelbarer Verbindung mit dem Senat, der noch im 6. Jh. tagte. Wir finden in der Erneuerung von Atrium Libertatis und Secretarium Senatus gleichsam die bauliche Entsprechung für die Konservierung dieses Gremiums, dessen Existenz bereits ein Anachronismus war, der aber gerade in seiner Erstarrung notwendig war, um sich beständig die traditionelle politische Verfassung der einstigen Welthauptstadt vor Augen zu halten.

Was für ein Anblick: in einer Zeit, in der die ersten Kirchenbauten am Forum Romanum entstanden, versammelte sich der höchste Stand in seinem Versammlungsraum am Forum Romanum. Für diesen Moment wähnte sich nicht nur der zufällig vorbeikommende Passant im Zentrum der Welt, auch die Angehörigen des Senats selbst glaubten an das Schauspiel, das sie gaben.

Wir verlassen das Forum Romanum, welches das Selbstvertrauen des Stadtrömer so sehr stärkte, und begeben uns zu den großen Vergnügungsbauten. Allmählich gewöhnen wir uns auch die Sichtweise des spätantiken Römers an und sehen nur mehr was wir sehen wollen. Wir bewegen uns in den Bereichen, in denen wir den monumentalen Beleg für eine Weltstadt finden, ja merken gar nicht, daß die Stadtanlage selbst uns zu führen beginnt, unser Gang durch Fassadenwände, optische Zielpunkte und Blickachsen kanalisiert wird und wir an den verfallenden Stadtgebieten vorbeigelenkt werden.

**Das Kolosseum und andere Vergnügungsbauten in der Spätantike**

Öffentliche Vergnügungsbauten erfreuten sich der besonderen Fürsorge. Wenn auch das Marcellustheater (Abb. 18) bereits im späten 4. Jh. als Steinbruch für die Wiederherstellung des Pons Cestius diente, so deuten doch Statuenstiftungen aus dem 5. Jh. darauf hin, daß man den Bau im Kern intakt hielt[28]. Etwas mehr ist über das spätantike Pompeiustheater bekannt: Eine Inschrift, die nur in einer frühmittelalterlichen Abschrift erhalten ist, illustriert anschaulich den Zustand der Prachtbauten Roms im frühen 5. Jh. und den beständigen Kampf gegen den drohenden Verfall (Abb. 19)[29]:

*Dd(omini) nn(ostri) Arcadius et Honorius [invicti et] perpetui Augg(usti) theatrum Pompei, [collapso] exteriore ambitu, magna etiam [ex parte] interior[e] r[uen]te, convulsum, [ruderibus] subductis et excitatis invice[m fabricis | novis, restituerunt].*

«Unsere Herren Arcadius und Honorius, die unbesiegten und ewigen Augusti, haben das Theater des Pompeius, da der äußere Umgang eingestürzt und auch zum großen Teil das Innere in Trümmern war, aus seiner Zerstörung durch Wegführen

22

der Trümmer und Aufführung neuer Bauten an beiden Orten wiederhergestellt».

Man stelle sich vor: Der äußere Umgang des Theaters war eingestürzt, auch ein großer Teil des Inneren lag in Trümmern. Selbst wenn der Inschriftentext in übertriebener Weise die Schäden des Theaters beschreibt, so scheint doch der Bau seit längerem eine Ruine an zentraler Stelle innerhalb der Stadt gewesen zu sein. Die Baumaßnahmen der Kaiser dürften sich auf eine notdürftige Instandsetzung unter Entfernung der Trümmer beschränkt haben, so daß das Theater zwar keinesfalls in seinem einstigen Glanz dastand, aber immerhin nicht mehr als ruinös empfunden wurde.

Vergnügungsbauten, in denen das Volksvergnügen auf etwas geringerem Niveau bereitet wurde, – etwa das Amphitheater (Abb. 20–21) – erfreuten sich der beständigen Pflege in der Spätantike. Mehrfach werden Reparaturen am Kolosseum erwähnt, das offenbar bis ins 6. Jh. instandgehalten wurde, um als Arena für Tierhatzen zu dienen[30].

Bald nach der traumatischen Erfahrung der Eroberung und Plünderung Roms durch feindliche Barbarenhorden, die so erfolgreich durch die beschwörenden Hinweise auf die Glückhaftigkeit der Jetztzeit verdrängt wurde, ging man daran, die Spuren der Zerstörung am Kolosseum zu tilgen. Eine in zweifacher Ausführung angefertige Inschrift, die an der Oberkante des Podiums des Zuschauerraums entlanglief, dokumentiert eine Instandsetzung im frühen 5. Jh. Man hat in Erwartung der kaiserlichen Visite im Jahre 416 die Spuren der Verwüstung getilgt, hatte die Nekropole vor dem Kolosseum einplaniert, Schäden am Amphitheater beseitigen lassen, um hier wieder die gewohnten blutigen Spektakel aufzuführen. Und während der Kaiser Honorius seine Siege über verschiedene Usurpatoren feierte, wähnten sich die Stadtrömer, im Amphitheater versammelt, wieder im Zentrum der Welt und wohnten in der Gegenwart des sonst so schmerzlich vermißten Herrschers der Aufführung bei. Vermutlich ließ der Kaiser während seines Rombesuchs gesetzliche Maßnahmen zur Wiederherstellung der gebeutelten Stadt ergreifen[31].

Schon bald trat eine neue Inschrift an die Stelle dieser älteren: Sie dokumentiert mit folgenden Worten Wiederherstellungsmaßnahmen unter dem Stadtpräfekten des Jahres 438, Flavius Paulus[32]:

*[Pro] felicitate dd(ominorum) nn(ostrorum) [Flavii? The]odo[s]ii et Placidi Valentiniani, perpetuorum invictis[si]morum principum, Flavius [Synesius? Gennadi?]us Pa[ul]us, vir clarissimu[s et inlustris], praefectus urbi, [iteru]m vice s[acra i]udican[s, aquis] dimiss]is per cloacas?], quae ante non fueran[t, amph]ith[e]a[tri p]odium et i[ma]m ca[veam], ad maiorem gratiam voluptatemq(ue), [pro beatitudine tempori?]s, instauravit ac de[dicavit].*

«Für das Glück unserer Herren, Flavius Theodosius und Placidus Valentinianus, der immerwährenden siegreichen Fürsten, hat Flavius Synesius Gennadius Paulus, Angehöriger des Senatorenstands im Rang eines *illustris* und Stadtpräfekt, zuständig für das Appellationsgericht, durch Ableitung des Wassers mit Hilfe von Kanälen, die zuvor nicht existierten, das Podium und den unteren Teil des Zuschauerraums des Amphitheaters zur größeren Annehmlichkeit und Vergnügung für das Glück unseres Zeitalters instandsetzen und weihen lassen».

Etwa um dieselbe Zeit wurde folgende Inschrift verfaßt, die Reparaturen an der Arena, dem Podium des Zuschauerraums, den *portae posticae* und den Sitzstufen des Zuschauerraums dokumentiert (Abb. 22)[33]:

23

***Abb. 21 Kolosseum, Inneres.***

***Abb. 22 Kolosseum, Reparaturinschrift des Flavius Paulus.***

***Abb. 23 Kolosseum, Reparaturinschrift des Messius Phoebus Severus.***

24

*Salvis dd(ominis) nn(ostris) Theodosio et Placido V[alen]tinia[n]o Augg(ustis), | Rufius Caecina Felix Lampadius, v(ir) c(larissimus) et inl(ustris), praef(ectus) urbi, | harenam amphiteatri a novo una cum podio et portis | posticis sed et reparatis spectaculi gradibus restituit.*

«Unter der heilbringenden Regierung unserer Herren und Augusti Theodosius und Placidus Valentinianus hat Rufius Caecina Felix Lampadius, Angehöriger des Senatorenstands im Rang eines *illustris* und Stadtpräfekt, die Arena des Amphitheaters zusammen mit dem Podium und den Hintereingängen sowie den Sitzstufen für die Zuschauer wiederhergestellt».

Wahrscheinlich schlossen sich Paulus und Lampadius zusammen, um Schäden zu reparieren, die das Erdbeben des Jahres 443 am Amphitheater hervorgerufen hatte[34]. Archäologischen Untersuchungen zufolge scheint sich Paulus um eine Wiederherstellung der Wasserabflüsse, des Podiums und des Zuschauerraumes gekümmert zu haben. Lampadius wiederum erneuerte die Arena und die Hintereingänge. Höchstwahrscheinlich sollte das Amphitheater im Rahmen der Vizennalfeier Valentinians III. 445 n. Chr. wieder eingeweiht werden. Eine weitere Monumentalinschrift, in der möglicherweise auf diese Festivität Bezug genommen wird, wurde über der bereits bestehenden Podiuminschrift angebracht[35].

Eine Generation später fielen erneut Reparaturen an der Arena an. Der Konsul des Jahres 470, Messius Phoebus Severus, nahm sich des Kolosseums an, dessen verhältnismäßige Unversehrtheit geradezu als Ausdruck glückseliger Zustände gesehen wurde (Abb. 23)[36]:

*[Salvis dd(ominis) nn(ostris) L]eone et A[n]themio p(atris) p(atriae) Aug-g(ustis), Messius Phoe[bus Severus, v(ir) c(larissimus) et inl(ustris) p(raefectus) u(rbi) patric(ius) co(n)s(ul)] ordin(arius) [hare]nam amphitheatri longi tem[pore restitutam]... esset extinctum pro beatitudin[e temporum]...*

«Unter der segensreichen Regierung unserer Herren und Väter des Vaterlandes, den Augusti Leo und Anthemius, hat Messius Phoebus Severus, Angehöriger des Senatorenstandes im Rang eines *illustris,* Stadtpräfekt, Patrizier und ordentlicher Konsul, die Arena des Amphitheaters, die vor langer Zeit wiederhergestellt worden war ... für das Glück unseres Zeitalters ...».

Auch die letzte inschriftlich belegte Instandsetzung eines Stadtpräfekten im spätantiken Rom galt dem Kolosseum; dabei handelt es sich um drei Statuenbasen mit identischem Text (Abb. 24)[37]:

*Decius Marius Venantius | Basilius v(ir) c(larissimus) et inl(ustris) praef(ectus) | urb(i) patricius consul | ordinarius arenam et | podium quae abomi|nandi terrae mo|tus ruina pros|travit sumptu pro|prio restituit.*

«Decius Marius Venantius Basilius, Angehöriger des Senatorenstandes im Rang eines *illustris,* Stadtpräfekt, Patrizier und ordentlicher Konsul, hat die Arena und das Podium, welche das abscheuliche Erdbeben niederstreckte und zur Ruine machte, mit eigenen Mitteln wiederhergestellt».

Abermals erfreute sich die Arena und das Podium einer Erneuerung. Abermals war ein Erdbeben Auslöser der Zerstörungen, wie die Inschrift betont. Leider können wir dieses Erdbeben nicht datieren, doch muß es sich vor der Präfektur und dem Konsulat des Basilius (484) ereignet haben[38]. Welcher Art aber waren die Baumaßnahmen? Beim Ausgraben der Kellerräume des Kolosseums fand man zahlreiche Bauglieder, zerbrochene Säulen, die zum obersten Umgang des Amphitheaters gehörten. Offenbar hatte ein schweres Erdbeben im späteren 5. Jh. den obersten Säulengang zerstört, woraufhin der Präfekt und Konsul Basilius den

Schutt in die Kellerräume unter der Arena schaffen und diese zuschütten ließ[39]. Denn die Spiele mußten weitergehen: noch für die Jahre 519 und 523 überliefert Cassiodor Spiele im Amphitheater[40].

Literarische Quellen, Darstellungen auf Elfenbeindiptychen und Kontorniaten zeigen, daß die Tierhatzen im Amphitheater allerhöchste Priorität hatten (Abb. 25 u. 26). Kein Aufwand wurde gescheut, um den Amtsantritt mit aufwendigen Darbietungen zu krönen, nichts empfahl einen Magistraten bei der Stadtbevölkerung mehr als ein Spektakel im Kolosseum. Die Gründe dafür liegen auf der Hand: die Darbietungen galten seit jeher als großstädtisches Merkmal und dokumentierten die finanzielle Potenz des Veranstalters. Der entscheidende Grund dürfte jedoch in der Verbindung von Architektur und Funktion des Kolosseums liegen. Denn wer den Bau betrat, verließ die reale Stadt und begab sich in einen Bereich, in dem der Alltag durch eine künstliche Scheinwelt ersetzt wurde – und auf diesen Effekt legte man in der Spätantike besonderen Wert.

Man stelle sich den Besucher solch einer Veranstaltung vor: Er betrat das Amphitheater, das sich in dem gebeutelten Rom geradezu als erratischer Block erhoben hat, begab sich in den Zuschauerraum und nahm in dem für ihn vorgesehenen Sektor Platz. Auch wenn die Sitzränge trotz der aufwendigen Veranstaltung halb leer blieben, so nahm er einen eigenen Abschnitt innerhalb des Zuschauerrunds war, der den Senatoren vorbehalten war: ihre Plätze waren noch im 6. Jh. mit den Namen der Besitzer markiert[41]. Hier sah er also den höchsten Stand, in Toga gekleidet, versammelt, in deren Mitte der Stadtpräfekt, manchmal auch der Konsul, in jedem Fall aber der Spielegeber thronte. Auf sein Zeichen begann die Veranstaltung, wurden wilde Tiere und Gladiatoren in die Arena geführt. Und spätestens in dem Moment, als die Bestien und Jäger gegeneinander antraten und die Arena von dem Applaus der Zuschauer erfüllt wurde, befand sich unser Kolosseumsbesucher in einer Stadt Rom, in der Niedergang und Bedrohtheit ausgeblendet waren, er mit dem Ab-

25

***Abb. 24 Kolosseum, Statuenbasis des Decius Marius Venantius Basilius.***

***Abb. 25 Paris, Musée de Cluny, Elfenbeindiptychon mit Venatio.***

26

schlachten wilder Tiere geradezu die Überwindung dieser Bedrohung wahrnahm. Simultan wiesen ihn Inschriften darauf hin, daß man die Schäden, die Plünderungen, Erdbeben und der Zahn der Zeit hervorriefen, beseitigt hatte, daß man hier ein Stück funktionierende Vergangenheit fand. Insofern trifft auch aus der Perspektive des spätantiken Stadtrömers zu, was Beda im frühen 8. Jh. formuliert[42]: «Solange das Kolosseum stehen wird, wird Rom stehen; wenn Rom fallen wird, wird die Welt fallen!»

### *beatitudo temporum*

Wäre ein Besucher Roms nach diesem Rundgang gefragt worden, wie er denn die Stadt Rom empfunden habe, so hätte er sich vermutlich nur positiv geäußert: er hätte von den Thermen, den Portiken, den Plätzen und den Arenen geschwärmt, nicht unähnlich der eingangs zitierten Beschreibung des Rutilius von Namaz. Er hätte den Wasserreichtum gepriesen, die schattenspendenden Säulenhallen, die geschichtsträchtigen Foren und das von Darbietungen erfüllte Amphitheater. Auch wird er die Tempel nicht unerwähnt gelassen haben, mit denen eine jahrhundertealte Tradition verbunden war.

Diese Tradition brachten Inschriften zum Ausdruck, die an allen Ecken und Enden im spätantiken Rom zu lesen waren. So er diese lesen konnte und las, wird er die Titulaturen siegreicher Kaiser und die Namen großzügiger Stifter erfahren haben, deren Bau- und Reparaturmaßnahmen den Verfall eben jener altehrwürdigen Traditionsbauten aufhielten. Nicht selten wird er belehrt worden sein, worin genau die Stiftung bestand, ob in der Wiederaufrichtung einer Statue, dem Wiederaufbau eines Gebäudes oder der Instandsetzung einer Ruine. Ebenso nachdrücklich wird ihm vermittelt worden sein, daß diese Maßnahme die Überwindung einer Phase des Niedergangs und der äußeren Bedrohung bedeutete. Doch lagen die meisten der in den Inschriften angedeuteten Ereignisse, Plünderungen, Feuerkatastrophen und Erdbeben, bereits zurück und waren Vergangenheit. Gegenwart war die Pracht der instandgesetzten Bauten und Statuen, die auch die Inschriftentexte beschwören. Im Moment des Lesens fühlte man sich in ein glückseliges Zeitalter versetzt, bestätigten sich Inschrift und optischer Eindruck wechselseitig.

Daher macht es auch keinen Sinn zu fragen, ob die Inschriften übertreiben oder gar lügen. Sie behaupten es, und deshalb ist es für den Moment des Lesens wahr. Aus unserer Archäologensicht, die eine spätantike Stadt auf der Basis von abstrakten Befundplänen interpretiert, wird diese immer Spuren des Niedergangs und des Verfalls aufweisen, obwohl die Inschriften glückselige Zustände feiern. Versetzt man sich in die Lebenswirklichkeit des spätantiken Rombewohners hinein, so wird man jedoch feststellen, daß dieser die Bereiche des Niedergangs aus seiner Stadterfahrung ausblendete. Dort, wo er spätantike Inschriften vorfand, erhielt er die schriftliche Bestätigung für die Überwindung verschiedenartiger Bedrohungen, die Wiederherstellung der Vergangenheit, kurz: die Restituierung glückvoller Zustande – *beatitudo temporum.*

Und selbst wenn er sie nicht las, so taten diese Texte doch ihre Wirkung, und zwar indem es sich um in geordneten Lettern verfaßte Inschriften handelte. Das war ihre vornehmliche Bedeutung. Sie adelten die Träger, auf denen sie sich befanden, als in antiker Tradition stehend und die Vergangenheit ungebrochen repräsentierend. Dessen waren sich die Stadtrömer in ihrem Bemühen um Aufrechterhaltung der überkommenen Bausubstanz durchaus bewußt, wie ja das Beharren auf dem Medium der Inschrift nichts anderes war als der Versuch, die Vergangenheit in die Gegenwart zu überführen.

***Abb. 26 Liverpool Museum, Elfenbeindiptychon mit Venatio.***

Susanne Muth

# Eine Kultur zwischen Veränderung und Stagnation

## Zum Umgang mit den Mythenbildern im spätantiken Haus[1]

### Ein Einstieg: Das Entsetzen der Kirchenväter – oder: Über das Gefallen an der Zuchtlosigkeit

Es war eine Mahnrede voller Vehemenz und Eindrücklichkeit, die Clemens von Alexandria um 200 n. Chr. auf die heidnischen Griechen seiner Stadt niedergehen ließ. Erbarmungslos prangerte er an, daß sie Gefallen daran fänden, sich in ihrem Leben mit den Bildern der griechischen Mythen zu umgeben:

«... Aber das ist nicht die Gesinnung der Menge; vielmehr haben sie die Scham und die Furcht von sich geworfen und lassen in ihren Häusern die unreinen Gelüste der Dämonen in Bildern darstellen. Deshalb haben sie ... ihre Schlafzimmer mit gewissen Gemälden, die wie Weihgeschenke aufgehängt sind, ausgeschmückt, indem sie die Zuchtlosigkeit für Frömmigkeit zu halten scheinen. Und wenn sie auf ihrem Bett liegen, so können sie bei ihren Umarmungen selbst noch jene nackte Aphrodite ansehen, die in ihrem Ehebruch gefesselt ist; und aus Freude an der Abbildung des weiblichen Körpers lassen sie auf ihren Siegelringen den verliebten Schwan darstellen, wie er seine Flügel um Leda schlägt, und verwenden so ein Siegelbild, das der Zuchtlosigkeit des Zeus entspricht. Das sind die Urbilder für euere eigene Wollust, das sind die göttlichen Lehren der Zuchtlosigkeit, das der Unterricht der zusammen mit euch hurenden Götter ...»[2].

Die Polemik des Kirchenvaters hatte durchaus ihren Anlaß. Denn die Häuser der Wohlhabenden im luxuriösen und mondänen Alexandria waren voll von Bildern der griechischen Mythen. Sie begegneten auf den Gemälden an den Wänden, auf den Mosaiken am Boden, auf den Objekten des täglichen Gebrauchs, auf Tafelgeschirr, Lampen, Schmuck. Bilder immer wieder mit nackten Körpern und eindeutigen Handlungen; Bilder, die erotische Träume und sexuelle Lüste gleichermaßen stimulieren konnten. Und dies war nicht nur in Alexandria so. Letztlich betraf es die Kultur der kaiserzeitlichen Gesellschaft im Römischen Reich insgesamt. Überall finden wir dieselben Bilder.

Es sind vor allem die Mosaikböden in den Häusern, die uns einen unverfälschten Blick auf diese Realität des römischen Hauses eröffnen[3]. Sie zeigen eindrucksvoll, welch großes Interesse die römische Gesellschaft an den Mythenbildern hatte. In einem Haus eines wohlhabenden römischen Bürgers in Thysdrus (El Djem, Tunesien) zierte eine reiche Mosaikkomposition den Boden des *cubiculum*

***Abb. 1–3** Mosaikboden mit erotischen Szenen aus einem cubiculum eines römischen Wohnhauses in Thysdrus (El Djem, Tunesien), der sogenannten Sollertiana domus, aus dem zweiten Viertel des 3. Jhs. In der Mitte der Mosaikkomposition erscheint Ganymed, der Geliebte des Zeus, die äußeren Bildfelder zeigen unter anderem Satyrn, die Nymphen überfallen, sowie Leda, die von dem Schwan bedrängt wird.*

1

2

3

(Abb. 1–3). In der Mitte erscheint der schöne Knabe und Geliebte des Zeus, Ganymed, die vier Außenseiten schmücken erotische Szenen: Satyrn überfallen und bedrängen Nymphen, Zeus vergnügt sich in der Gestalt des Schwans mit Leda, ein Satyr entblößt den Körper der schlafenden Ariadne – ein nur allzu angemessen stimulierendes Bilderensemble im Kontext eines *cubiculum*. Es waren allerdings nicht nur die privateren Räume der Häuser, die solche Bilder aufwiesen. In einem anderen Haus derselben Stadt zeigte das *triclinium*, der zentrale Empfangs- und Gelageraum, eine ähnliche mehrbildrige Mosaikkomposition mit mythischen Paaren (Abb. 4. 5): Hier verfolgt nun Apollon in Liebesbegierde die schöne Daphne, hier präsentieren sich Helios und seine Geliebte als Liebespaar, andere Bildfelder wiederum zeigen einen Satyr in Verfolgung einer Nymphe und eine Nereide im erotischen Spiel mit einem Seekentauren. Derartige mythologische Szenen um die Beziehung der Geschlechter, sei es in Einzelbildern, sei es in Gegenüberstellung mehrerer Bilder, finden sich häufig in den kaiserzeitlichen Häusern, durch alle Provinzen des Römischen Reiches hinweg, im Westen wie im Osten. In einem reichen Stadthaus etwa in Volubilis (Marokko) ist in einem der rückwärtigen privateren Wohnräume das Mosaik mit der Darstellung des schönen Hylas verlegt, den zwei liebestolle Nymphen umringen und bedrängen, im Nachbarraum das Bild der badenden Göttin Artemis in Gesellschaft der Nymphen und dem Voyeur Aktaion (Abb. 6. 7): Beide Bilder eröffnen gewissermaßen einen Dialog um die erotische Attraktivität des Mannes bzw. der Frau und die Begierde des Partners. In einem wohlhabenden Haus in Amphipolis (Nordgriechenland) erscheint ebenfalls das Bild des bedrängten Hylas, hier nun kombiniert mit der Darstellung des Poseidon, der sich seiner Geliebten Amymone nähert, um sie zu ergreifen. In einem Stadthaus in Chania (Kreta) wiederum zeigt ein Mosaik den Mythos von Amymone in zwei Szenen (Abb. 8): zum einen die Vergewaltigung der Heroine durch einen geilen Satyr, zum anderen ihre Begegnung mit ihrem künftigen Liebhaber Poseidon, der sich ihrer bemächtigt[4]. In unendlichen Variationen wiederholen die Mythenbilder Szenen voller erotischer Begierde und sexueller Lust, Szenen mit schönen nackten Körpern und aufreizenden Posen, deren stimulierende Wirkung auf den Betrachter nicht zu unterschätzen ist[5].

Kein Wunder, daß in den Augen der christlichen Lehrer solche Bilder empörten, sowohl in ihrer Darstellung der heidnischen Götter, als auch in ihrer Darstellung erotischer Themen. Clemens und mit ihm die anderen Kirchenväter hatten also nur zu guten Grund, diese Bilder anzuprangern. Aber: Hatte ihre Kritik auch Erfolg? Wandte sich die zunehmend christianisierte Gesellschaft langsam von den

4

5

Bildern der Mythen in ihren Häusern ab? Hörte sie auf, sich in ihrem Leben mit ihnen zu umgeben? Wurden ihr die Mythenbilder langsam fremd? Als Relikte eines vergangenen Heidentums?

6

## Probleme mit den Mythen: Konstruktion einer Epochenschwelle?

Die Forschung hat diese Frage nach einer wachsenden Distanz der spätantiken Gesellschaft zu den Bildern der Mythen meist bejaht[6]. Grund für diese Annahme war der generelle und tiefgreifende Wandel, dem man die Kultur der römischen Gesellschaft an der Wende vom späten 3. zum 4. Jh. ausgesetzt sah – und zwar in allen zentralen Bereichen: im politisch-administrativen System, in der sozialen Struktur, in Religion und Mentalität. Ein Wandel, der diese Jahrhundertwende als die Schwelle von der römischen Kaiserzeit zur Spätantike definieren ließ. Und je gravierender man diese Schwelle begriff, desto umfassender vermutete man die Wandlungen der Gesellschaft. Eine zunehmend problematisierte Einstellung zu den Relikten der heidnischen Kultur – sei es unbewußte Entfremdung, sei es bewußte Distanzierung – gehörte dabei zum selbstverständlichen Habitus, den man für die neue christliche Gesellschaft postulierte. Entsprechend vermutete man eine Abwendung von den Mythen der heidnischen Götter und Heroen, als eines der charakteristischsten und damit problematischsten Relikte der überwundenen Vergangenheit. Und dies ganz besonders, wenn die Mythen als Medium dienten, um erotische Träume und sexuelle Lüste zu stimulieren. Alles in allem wurde also die problematisierende Haltung, die uns von den Kirchenvätern überliefert ist, verabsolutiert und auf die spätantike Gesellschaft insgesamt projiziert (s. auch den Beitrag Scheer).

Nun fanden aber die heidnischen Mythen in der spätantiken Kultur weiterhin Darstellung. Vor allem die Mosaiken zeigen, wie die Bilder der Mythen auch die Häuser der spätantiken Oberschicht schmückten. Wieder finden wir die gewohnten Szenen: Auf einem Mosaik aus einer Villa bei Quintanilla de la Cueza (Palencia, Spanien) wird Leda vom Schwan vergewaltigt (Abb. 9), auf einem Mosaik aus Pupput (Hammamet, Tunesien) bedrängt ein Satyr eine schöne Nymphe, Poseidon liebkost eine seiner Geliebten auf einem Mosaik in den Privatthermen einer Villa bei Sidi Ghrib (Tunesien) (Abb. 10), Deidameia umarmt auf einem Mosaik in Kourion (Zypern) ihren geliebten Achill (Abb. 11)[7]. Wie ist diese fortwährende Existenz von Mythenbildern im Haus zu verstehen, unter der Annahme eines zunehmend distanzierten Umgangs mit den Mythen?

Die Forschung hat diese spätantiken Mythenbilder meist im Sinne der postulierten Problematisierung zu erklären gesucht. Indem sie auf einen generellen Rückgang der Mythenbilder als übergreifendes Phänomen verwies und dementsprechend die überlieferten Mythenbilder als letzte Rudimente einer langsam aussterbenden Tradition häuslicher Bilderwelt deutete, die den Besitzern der Häuser immer weniger sagten. Und die

*Abb. 4–5 Mosaikbilder mit mythischen Paaren aus einer mehrbildrigen Mosaikkomposition: Apollon verfolgt Daphne (Abb. 4), Helios präsentiert sich mit einer seiner Geliebten (Abb. 5). Das Paviment war in einem triclinium eines anderen Hauses in Thysdrus, der sogenannten Maison A im Terrain Jilani Guirat, verlegt und stammt wahrscheinlich aus dem späten 2. Jh.*

*Abb. 6 Mosaikbild mit dem Raub des schönen Hylas durch die Nymphen. Das Paviment schmückte einen privateren Raum einer reichen domus in Volubilis (Marokko), der sogenannten Maison à la mosaïque de Vénus; es wurde in der ersten Hälfte des 3. Jhs. verlegt.*

*Abb. 7 Mosaikboden aus dem Nachbarraum desselben Hauses in Volubilis. Hier erscheint die badende Artemis in Gesellschaft zweier Nymphen und dem Voyeur Aktaion (die Figur des Aktaion in der oberen rechten Bildecke ist zum größten Teil zerstört).*

7

8

von ihnen bestensfalls als Symbole klassischer Bildung eingesetzt worden seien, in Verweis auf die antiken Dichtungen, deren Sujet die Mythen bekanntlich waren. Oder man interpretierte die Mythenbilder in den Häusern als bewußt gesetzte Zeichen einer heidnischen Oberschicht, die durch die Wahl dieser Bilder ihre Zugehörigkeit zu der alten heidnischen Kultur betonen und beschwören wollten. Oder man vermutete schließlich eine weiter reichende Uminterpretation der heidnischen Mythen, die ihnen im Gewand der christlichen Allegorese ihr Fortbestehen in der spätantiken Kultur ermöglichte. Wie auch immer: In jedem Fall schien der Umgang mit den Mythen ein anderer geworden zu sein. Die Mythenbilder im spätantiken Haus erscheinen von Ernst und sittlicher Moral eingeholt: Statt Feier von Lebenslust, erotischer Emotion und ausgelassener Heiterkeit, wie sie die Bilder in der vorausgehenden Epoche geboten hatten, scheinen die Mythenbilder nun zu leeren Hüllen aufrechtgehaltener Traditionen geworden, zu sinnfreien Zeichen eines stilisierten Bildungsanspruches, zu programmatischen Symbolen in der Vergegenwärtigung religiöser Identität. Was sie aber scheinbar nicht mehr waren, waren sie in ihrer ursprünglichen Bedeutung: Bilder, die konkrete Verhaltensweisen und Formen der Interaktion zeigen, vorgeführt am Beispiel der Götter und Heroen, das heißt: Bilder, die Vorstellungen vom Leben exemplifizieren, in denen sich Leitbilder oder Wunschträume der Gesellschaft artikulieren.

Freilich: Im Einzelfall mögen solche Interpretationen zutreffen. Jedenfalls können wir sie nicht ausschließen. Doch aufs Ganze gesehen ist es schwierig, einen solch problematisierten Umgang mit den Mythen, zumindest in der Bilderwelt des Hauses, zu verifizieren. Klare Indizien fehlen – und man gewinnt den Eindruck, daß es eher die Erwartung eines tiefgreifenden Wandels ist, der solche Interpretationen förderte. Blendet man aber diese Erwartung aus, so scheinen die Befunde in den Häusern eine andere Sprache zu sprechen. Eine Sprache, die uns einen neuen Blick auf die spätantike Gesellschaft zu eröffnen vermag. Und die uns zögern läßt, die Frage nach Wandel und Epochenschwelle eindeutig zu beantworten.

9

## Interesse am Mythos – Interesse an Erotik: «Heidnische» Konstanten in der spätantiken Wohnkultur

Bei aller Komplexität, die die häusliche Bilderwelt des 4. bis 6. Jhs. zeigt: Die Mythenbilder blieben eine ihrer wesentlichen Konstanten. Betrachtet man jedenfalls die Befunde in den verschiedenen Provinzen des Römischen Reiches, so läßt sich von einem wirklichen Rückgang im Interesse an den Mythen kaum sprechen[8]. Im Gegenteil: Die Mythen erfreuten sich auch nach der Wende vom späten 3. zum 4. Jh. weiterhin einer ungebrochenen Beliebtheit[9].

So ist etwa im großen Empfangsraum einer prächtigen Villa bei Lillebonne (Frankreich) aus dem fortgeschrittenen 4. Jh. als Mittelbild des Mosaikbodens die Verfolgung Daphnes durch Apollon (oder Amymones durch Poseidon, die Deutung ist unsicher) gewählt; die erotische Szene wird von zeitgenössischen Jagdszenen gerahmt (Abb. 12). In ähnlicher Weise hat der *dominus* einer reichen Villa bei Pedrosa de la Vega (Palencia, Spanien) die Szene von der Entdeckung Achills unter den Lykomedes-Töchtern als zentralen Bildschmuck des Repräsentationsraumes verlegen lassen (Abb. 13). In einer Villa bei Carranque (Madrid, Spanien), ebenfalls aus der Zeit der zweiten Hälfte des 4. Jhs. bis zum frühen 5. Jh., konzentriert sich der figürliche Mosaikschmuck wiederum allein auf die mythische Bilderwelt (Abb. 14–15): In den beiden Repräsentations- und Empfangsräumen der Villa sind Mosaikbilder vom Mythos um Adonis und Aphrodite bzw. Achill und Briseis verlegt; im *cubiculum* des Hausherrn erscheinen hingegen verschiedene Szenen betont erotischen Gehaltes (u. a. Hylas und die Nymphen, die badende Artemis mit Aktaion, die von Poseidon bedrängte Amymone)[10].

Nicht anders die Situation in den Häusern der nordafrikanischen Oberschicht: In einer *domus* in Neapolis (Nabeul, Tunesien) aus der ersten Hälfte des 4. Jhs. zeigen alle gehobenen Wohnräume mythologischen Mosaikschmuck: darunter die Hochzeit Bellerophons mit Philonoe, zwei Szenen des troianischen Sagenkreises, die Nymphen mit Pegasus, die Verfolgung Amymones durch Poseidon, oder die Bedrängung einer Nymphe durch einen Satyr (Abb. 16–19). Ein Mosaik mit der badenden Artemis und dem Voyeur Aktaion schmückte den Empfangsraum einer *domus* in Thamugadi (Timgad, Algerien) aus dem fortgeschrit-

10

11

***Abb. 8** Paviment aus einem Stadthaus in Chania (Kreta). Das Bildfeld zeigt zwei Szenen aus dem Mythos um Amymone: links ihre Bedrängung durch einen geilen Satyr, rechts ihre Begegnung mit Poseidon, ihrem künftigen Liebhaber. Das Mosaik wird in das fortgeschrittene 3. Jh. datiert.*

***Abb. 9** Leda mit dem Schwan auf einem nur fragmentarisch überlieferten Mosaik einer spätantiken Landvilla bei Quintanilla de la Cueza (Prov. Palencia, Spanien) aus dem fortgeschrittenen 4. oder sogar frühen 5. Jh.*

***Abb. 10** Poseidon umarmt eine seiner Geliebten (Amymone oder Amphitrite). Ausschnitt aus einem großflächigen Mosaikboden im frigidarium der Privatthermen einer spätantiken Villa bei Sidi Ghrib (nahe Karthago, Tunesien) aus dem späten 4. bis frühen 5. Jh. Dargestellt war die Hochzeit der beiden Meeresgötter, begleitet von den Trabanten des marinen Thiasos, den Nereiden und Seekentauren.*

***Abb. 11** Mosaikboden eines Stadthauses in Kourion (Zypern) aus dem 4. Jh. mit Darstellung der Entdeckung Achills auf Skyros: Der unter den Töchtern des Königs Lykomedes versteckte Held hat die Waffen ergriffen und gibt sich dadurch als Mann zu erkennen; links hinter ihm steht seine Geliebte Deidameia, die ihn umarmt und zurückzuhalten sucht, auf der rechten Seite erscheint Odysseus, der mit List die Entdeckung Achills erzwang.*

12

tenen 4. Jh., das Bild der den Stier liebkosenden Europa ein Haus in Macomades (Mrikeb-Thala, Algerien) (Abb. 20)[11].

Dieses Bilderrepertoire findet sich gleichermaßen aber auch in der Wohnarchitektur des östlichen Mittelmeerraumes: In einem Haus in Nea Paphos (Zypern) aus dem 4. Jh. erscheinen im zentralen Repräsentationsraum mehrere Mythenbilder kombiniert, unter anderem Leda mit dem Schwan, der Schönheitswettbewerb zwischen Cassiopeia und den Nereiden, der Sieg Apollons über Marsyas (Abb. 21). Im nahegelegenen Stadtpalast wurde im fortgeschrittenen 4. Jh. das Mosaik mit dem Liebespaar Poseidon und Amphitrite in einem kleineren privaten Raum verlegt, wohl im 5. Jh. dann eine mehrbildrige Komposition im Repräsentationssaal, unter anderem mit der Darstellung des thronenden Paares Thetis und Peleus und dem ersten Bad ihres kleinen Sohnes Achill (Abb. 22). Das Peristyl einer reichen Villa in Sarrîn (Syrien) aus dem späteren 5. bis mittleren 6. Jh. wies ebenfalls eine mehrbildrige Mosaikkomposition auf (Abb. 23–25): Neben Szenen der zeitgenössischen Jagd erscheinen hier nun ein mythisches Jägerpaar, Meleager und Atalante bzw. wahrscheinlich eher Aeneas und Dido (Abb. 24), ferner Herakles, der sich begierig Auge nähert (Abb. 25), Europa auf dem Stier, Aphrodite, die wie im Triumph von zwei Seekentauren in einer Muschel über das Meer getragen wird, sowie Dionysos mit Ariadne und den Trabanten seines Thiasos. Im Repräsentationssaal einer reichen Wohnanlage in Madaba (Jordanien) aus dem 6. Jh. begegnen wiederum die Liebespaare Adonis und Aphrodite sowie Hippolytos und Phädra (Abb. 26)[12].

Alles in allem: Man gewinnt nicht den Eindruck, daß die spätantike Gesellschaft größere Vorbehalte gegenüber den Mythenbildern in ihren Häusern gehabt hat. Ebensowenig gegenüber der Thematisierung des Erotischen innerhalb der Mythenbilder. Auch hier findet sich, wie gesehen, kaum eine spürbare Zurückhaltung. Weiterhin posiert Venus auf den Mosaiken mit ihren körperlichen Reizen vor dem Betrachter, weiterhin belästigen die Satyrn die schönen Nymphen, weiterhin verfolgt Apollon Daphne, und weiterhin schickt sich Herakles an, Auge zu vergewaltigen. Bilder, vor denen die Kirchenväter warnten. Sie alle finden sich in den Häusern der Spätantike. Und wir müssen davon ausgehen, daß es die Häuser der christlichen Oberschicht waren, in denen solche Mosaikbilder auch verlegt waren[13].

Die Bilderwelt im spätantiken Haus: also doch eine Fortsetzung der Wohnkultur der vorausgehenden Epoche? Kontinuität statt Wandel – trotz Epochenschwelle? Freilich: Beliebtheit ist für sich noch kein ausreichendes Indiz. Unterschiedliche Motivationen können sich im selben Phänomen artikulieren. Es gilt also, tiefer zu fragen: Was war das konkrete Interesse der spätantiken Gesellschaft an den Mythenbildern in ihren Häusern? Warum griffen sie sie auf – und: warum lehnten sie sie nicht ab? Und wie verhält sich ihr konkreter Umgang mit den Mythen zu dem der kaiserzeitlichen Gesellschaft?

## Ein Zwischenspiel: Zur Methode der Interpretation von Bildern

Die Frage, was Bilder Menschen bedeuten, was sie ihnen sagen, ist eine Frage, auf die sich viele Antworten finden lassen[14]. Bilder sind grundsätzlich offen für verschiedene Interpretationen. Sie vermögen unterschiedlichste Assoziationen zu stimulieren, je nach Kontext und Situation ihrer Rezeption sowie je nach Mentalität und Stimmung des Betrachters. Was ein einzelner Betrachter bei einem Bild empfunden hat, weshalb er dieses und nicht ein anderes zur Ausstattung seines Hauses ausgewählt hat – dies bleibt für den Historiker nahezu unerschließbar. Was er aber rekonstruieren kann, sind Konventionen im Denken und Empfinden: etwa Konventionen im Verhalten einer Gesellschaft oder Gesellschaftsschicht, sich ihre Häuser mit Bildern auszustatten. Solche Konventionen zeichnen unsere moderne Wohnkultur gleichermaßen aus wie die der römischen Kaiserzeit und Spätantike[15]. Und dies in stärkerem Maße, als man zunächst vermuten möchte. Denn individueller Geschmack ist im Unterbewußtsein weitaus mehr von konventionellen Vorstellungen des Schicklichen und Reizvollen determiniert als dies der Einzelne wahrnimmt. In der Konventionalität liegt insofern also ein wesentlicher Schlüssel zum Verständnis kultureller Phänomene – gerade in solchen Lebensbereichen wie dem der Wohnkultur, in denen scheinbar individuelle Entscheidungen dominieren. Für unsere Fragen bedeutet dies, daß wir somit in der Konventionalität der Bildausstattung von Häusern die Voraussetzung und zugleich auch einen Rahmen für die Interpretation der Mosaikbilder haben: Wir können

13

zwar nicht die Meinung jedes einzelnen Hausbesitzers rekonstruieren, wohl aber das konventionelle Interesse der spätantiken Gesellschaft an ihren Mythenbildern in den Häusern.

***Abb. 12 Mosaik aus einem Empfangssaal einer reichen Villa bei Lillebonne (Frankreich) aus dem fortgeschrittenen 4. Jh. Das Mittelbild zeigt eine erotische Verfolgungsszene, deren Identifizierung aufgrund der nur fragmentarischen Überlieferung umstritten ist: Dargestellt sind entweder Apollon und Daphne oder Poseidon und Amymone. In den rahmenden Bildzonen erscheinen hingegen verschiedene Szenen aus dem Repertoire zeitgenössischer Jagddarstellungen.***

***Abb. 13 Darstellung der Entdeckung Achills auf Skyros auf einem prächtigen Mosaikboden im Repräsentationssaal der spätantiken Villa ‹La Olmeda› bei Pedrosa de la Vega (Prov. Palencia, Spanien), um die Mitte bzw. in der zweiten Hälfte des 4. Jhs. entstanden. Achill, der die Waffen ergriffen hat, wird von allen Töchtern des Lykomedes bedrängt und festgehalten, am rechten Bildrand erscheinen Odysseus und Diomedes. Der Mythos wird hier entgegen der literarischen Tradition in einer neuen Weise erzählt.***

Eine gewisse Einschränkung ergibt sich allerdings bei dieser Interpretation. Während die moderne Wohnforschung die Chance hat, die Bewohner der Häuser selbst nach ihren Gründen und Vorlieben bei der Ausstattung ihrer Wohnungen mit Bildern zu befragen und so Strukturen des konventionellen Geschmacks zu analysieren, bleiben diese Möglichkeiten für die Erforschung antiker Wohnkulturen verschlossen. Auch die literarischen Zeugnisse helfen kaum weiter. Die Bedeutung der Bilder in den Häusern war kein Thema, zumindest nicht in denjenigen Diskursen, die in den literarischen Quellen Manifestation und Überlieferung fanden. Der archäologischen Forschung bleiben somit theoretisch nur zwei Wege, die Vorstellungen der antiken Gesellschaft von ihren Bildern in den Häusern zu rekonstruieren: Zum einen kann man das Verständnis, das sich allgemein in der zeitgenössischen Literatur zu den einzelnen Mythen greifen läßt, auf die entsprechenden Bilder jener Mythen innerhalb der Häuser übertragen und so ihre Bedeutung im Kontext des Wohnens zu erschließen suchen. Dieser Ansatz einer deduktiven Interpretation von Mythenbildern, obgleich oft in der Forschung zur Anwendung gelangt, ist jedoch nicht unproblematisch. Denn: Mythenerzählungen sind polyvalent, können in sehr unterschiedlicher Weise verstanden und rezipiert werden, teils sogar unter konträrer Auffassung erzählt, und das heißt: aus konträren Interessen heraus aufgegriffen werden[16]. Dabei ist es vor allem die Unterschiedlichkeit der jeweiligen Rezeptionskontexte, mit ihren verschiedenen Erwartungshaltungen, Interessen und Formen der Wahrnehmung, die immer wieder unterschiedliche Sichtweisen auf die Mythen bedingen. Dies bedeutet, daß eine in der zeitgenössischen Literatur überlieferte Vorstellung von einzelnen Mythen nicht einfach auf die zu deutenden Bilder in den Häusern übertragen werden kann. (Und dies gilt nicht nur für das Verständnis von einzelnen Mythen, sondern gleichermaßen auch für den grundsätzlichen Umgang mit den Mythen: Eine Ablehnung oder aber christliche Uminterpretation von Mythen, so sehr dies Tendenzen sind, die wir in der Spätantike natürlich auch fassen können, sind nicht zwangsläufig die einzigen Modi, in denen diese Gesellschaft mit

14

15

ihren Mythen und Mythenbildern umgegangen sein muß.)

Um dieser Polyvalenz der Mythen gerecht zu werden, bleibt somit für die Interpretation letztlich nur ein einziger Weg: Indem man in dem jeweiligen Mythenbild selbst nach Indizien sucht, die Aufschluß darüber zu geben vermögen, welch konkretes Verständnis vom Mythos der betreffenden Rezeption zugrunde liegt – um von hier aus auf das spezifische Interesse am Mythos und die jeweiligen Bedürfnisse bei der Auswahl des entsprechenden Mythenbildes als Schmuck des Hauses zu schließen. Aufschlußreich sind dabei vor allem zwei Aspekte: Zum einen die Art und Weise, wie die einzelne Mythenerzählung konkret im Bild dargestellt ist: welcher Moment aus der gesamten Handlung, von der der Mythos berichtet, herausgegriffen ist, wie diese spezifische Handlungsszene wiedergegeben ist, welche Akzente dabei gesetzt werden; und ob im Bild narrative Elemente des Mythos umgewandelt werden, das heißt, ob der Mythos im Bild verfremdet wird, umerzählt wird – aus einem spezifischen Interesse an ihm heraus. Und zum anderen, mit Blick auf das gesamte Repertoire der im Wohnbereich rezipierten Mythen, welche Mythenerzählungen überhaupt im Kontext des Hauses aufgegriffen werden, welche aus dem breiten Spektrum der zur Verfügung stehenden Mythen ausgewählt und auch welche nicht ausgewählt werden, und welche Strukturen sich in dieser thematischen Selektion abzeichnen.

Thematische Selektion der Mythenerzählung und konkrete Formen der Akzentuierung der einzelnen rezipierten Mythen bilden somit den Schlüssel zum Verständnis der Mythenbilder. Auf ihnen muß die Interpretation der Bilder im spätantiken Haus basieren.

## Die Notwendigkeit der Mythen oder: Zur Rolle der Bilder im Diskurs über das Leben

Betrachtet man das Spektrum der Mythenbilder, die seit der Wende vom späten 3. zum 4. Jh. auf den Mosaikböden der Häuser dargestellt wurden, so zeigen sich klare Strukturen – sowohl in der thematischen Selektion als auch in der spezifischen Akzentuierung der einzelnen Mythen[17]. Sie alle künden von einem eindeutigen Interesse der spätantiken Gesellschaft an den Mythenbildern.

Auffallend ist zunächst, daß die Mosaiken weniger die großen Heldentaten der Heroen zeigen oder die berühmten Erzählungen, die in der Dichtung in wohlbekannten Versen besungen wurden, – was man erwarten würde, wenn es bei den Mythenbildern in den Häusern

16

17

*Abb. 14 Mosaikbild aus dem Empfangssaal einer reichen Villa bei Carranque (Prov. Toledo, Spanien) aus dem fortgeschrittenen 4. Jh. Dargestellt ist der Mythos von Adonis: Auf der rechten Bildhälfte tritt der Heros im Kampf gegen den wilden Eber an, auf der linken Bildhälfte erscheint Aphrodite, seine Geliebte, sowie Ares, sein Gegenspieler. Die beiden Jagdhunde am unteren Bildrand sind entsprechend ihrer hohen Bedeutung als Statussymbol spätantiker aristokratischer Jäger eigens durch Namensbeischriften hervorgehoben.*

*Abb. 15 Mosaikbild aus dem zweiten Repräsentationsraum der Villa von Carranque. Hier erscheint der thronende Achill, der die ihm als Braut herbeigeführte Briseis begrüßt.*

*Abb. 16 Hochzeit des Bellerophon mit Philonoe. In der Mitte steht der Brautvater Iobates, der seine Tochter dem Helden zuführt; am rechten zerstörten Bildrand ist der Flügel des Wunderpferdes Pegasus noch zu erkennen. Die Darstellung findet sich auf einem Mosaik eines reichen Stadthauses in Neapolis (Nabeul, Tunesien), der sogenannten Nymfarum domus, aus der ersten Hälfte des 4. Jhs.*

*Abb. 17 Die Nymphen mit Pegasus. Ausschnitt aus einem weiteren Mosaik, das eines der cubicula der Nymfarum domus schmückte. Die Nymphen präsentieren – den Drei Grazien gleich – in unterschiedlichen Posen die Reize ihres nackten Körpers.*

18

primär um die Artikulation von Bildungsanspruch gegangen wäre oder aber um die Instrumentalisierung der Mythen in betonter Rückbesinnung auf die Größe der alten heidnischen Kultur, wie dies beides als Erklärungsmöglichkeiten für die Mythenbilder in den Häusern ja vorgeschlagen wurde. Vielmehr zeigen die Mosaikböden vor allem solche Mythen, die die Interaktion von Göttern mit Göttinnen, von Heroen mit Heroinen, allgemeiner gesagt, die die Interaktion von Mann und Frau zum Thema haben: Einerseits die berühmten Liebschaften der Götter, tragischen und untragischen Endes, die die Idee der Partnerschaft und das Verlangen nach dem Partner formulieren (z.B. Abb. 9. 10. 12. 14. 18. 20. 21. 26. 28). Andererseits die Szenen aus dem Leben der berühmten Heroen, die sie in Begegnung, Beisammensein oder aber erotischer Auseinandersetzung mit einer Partnerin zeigen (z.B. Abb. 11. 13. 15. 16. 24. 25. 26. 27. 29. 32. 39). Und schließlich die unzähligen Darstellungen der Trabanten des dionysischen oder des marinen Thiasos, auf denen Satyrn und Nymphen, Nereiden und Tritonen einander im erotisch-sexuellen Spiel begegnen (z.B. Abb. 19. 23).

Es war also offensichtlich das Interesse an der Konstellation der Geschlechter, das die thematische Selektion der im Wohnbereich rezipierten Mythen bestimmte. Besonders deutlich zeigt sich dies im Fall der Heroenmythen, die dank ihrer narrativen Komplexität theoretisch ein reiches Repertoire an verschiedensten Erzählmomenten zur Verfügung stellen. Es sind nicht so sehr die herausragenden Leistungen, auf denen ihr Heldentum beruht, die aus dem Leben der großen Heroen ausgewählt und auf den Mosaiken dargestellt wurden, sondern vor allem die Szenen ihrer Begegnung mit Frauen: Achill vornehmlich in seiner Rolle des Liebhabers von Deidameia, Briseis oder Penthesileia (Abb. 11. 13. 15. 32), hingegen weniger als der siegreiche Krieger vor Troia; oder Herakles, nicht nur als der strahlende Vollbringer seiner sprichwörtlichen Heldentaten, sondern auch in seinen außer der Norm stehenden Beziehungen zu Omphale oder Auge (Abb. 25). Entsprechendes läßt sich auch bei den anderen Heroenmythen beobachten: Adonis erscheint immer in seiner Beziehung zu Aphrodite (Abb. 14. 26. 28), Hippolytos in seinem Verhältnis zu Phädra (Abb. 26), Meleager immer in seiner gemeinsamen Jagd mit Atalante (Abb. 24?. 27. 29), selbst Aeneas begegnet auf den Mosaiken in der sonst eher seltenen Mythenikonographie seiner gemeinsamen Jagd mit Dido (Abb. 24?), oder Bellerophon in der gleichfalls seltenen Darstellung seiner Hochzeit mit Philonoe (Abb. 16).

Wie sehr die Mythen als exemplarische Artikulation zentraler Leit- oder Traumbilder der Geschlechterkonstellation begriffen wurden, zeigt sich schließlich auch dort, wo man zugunsten einer klareren Formulierung gesellschaftlicher Wertvorstellungen in die narrative Substanz der Mythen eingriff und sie modifizierte oder gar transformierte: So erscheint etwa auf dem Mosaik in Pedrosa de la Vega (Abb. 13) Achill in der Szene seiner Entdeckung auf Skyros nicht nur von Deidameia, sondern auch von ihren Schwestern umringt, die sich alle bemühen, den schönen Peliden festzuhalten[18]: Nach dem Mythos wußte nur Deidameia von dem wahren Geschlecht des als Mädchen verkleideten Helden und suchte allein ihn festzuhalten; ihre Schwestern flohen hingegen im Moment seiner Offenbarung als Mann. Die veränderte Darstellung der Szene auf dem Mosaik bewirkte, daß Achill in seiner Rolle als schöner Geliebter und Liebhaber expliziter betont werden konnte: Nicht nur eine, sondern alle Mädchen stürzen sich im Liebesbegehren auf ihn. Daß damit eine zentrale Pointe der Mythenerzählung aufgegeben wurde, war offenbar unerheblich. Oder, um ein zweites Beispiel zu nennen: Auf einem zerstörten Mosaik aus einer spanischen Villa bei Arcos de la Frontera (Abb. 28) erscheinen Aphrodite und Adonis als sich präsentierendes Paar, den kleinen Eros an der Hand Aphrodites, umgeben von Jagdgefährten und Reitpferden[19]. Die Szene rekurriert auf die bekannte Ikonographie der Abschiedsszene des zur Jagd aufbrechenden Helden. Man hat allerdings diese mythenspezifische Aufbruchs- und Abschiedsszene nun soweit umgewandelt, daß alle Motive des Aufbruchs und Abschieds eliminiert waren und eine schlichte Szene statischer Präsentation entstand. Und man hat durch das Motiv des an der Hand gefaßten kleinen Eros einen weiteren mythenfremden Aspekt in das Bild hineingeholt, der das Liebespaar zum mythischen Prototyp einer Familie werden ließ. Auch hierin bewegte sich die Bildversion des Adonis-Mythos relativ weit von dem geläufigen Mythos-Verständnis weg. All diese Formen einer Um- und Neu-Erzählung der Mythen weisen also ebenfalls eindeutig auf das spezifische Interesse an den Mythenbildern in den Häusern: als exemplifizierende Entwürfe im Diskurs um die Beziehung der Geschlechter.

Daneben traten freilich auch andere Mythenbilder, die die Geschlechter isoliert zeigten und deren Bedeutung vor allem darin lag, verschiedene Rollenideale des Mannes bzw. der Frau für sich zu formulieren: Bei der Frau war es dabei primär ihre erotische Attraktivität und die Schönheit ihres Körpers, die in den Bildern immer gefeiert wurden und auf das Rollenideal der schönen und begehrenswerten Geliebten verwiesen: etwa in den Darstellungen der Nymphen mit dem Wunderpferd Pegasus, auf denen die mythischen Frauen mit den Reizen ihres unbekleideten Körpers posieren (Abb. 17); in ähnlicher Weise die Bilder von Leda mit dem Schwan (Abb. 9. 21) oder Europa auf dem Stier (Abb. 20. 23), wobei zum Teil im Motiv der Liebkosung des Tieres die (Ideal-)Vorstellung starker erotischer Emotion und vitaler sexueller Lust als weitere Werte der Frau betont werden können. Bei den Mythenbildern, die dagegen Idealvorstellungen des Mannes formulierten, dominieren vor allem die Rollenideale des Jägers, Domänenbesitzers oder gebildeten Adligen, das heißt

19

20

***Abb. 18** Auf einem anderen Mosaik aus der Nymfarum domus verfolgt Poseidon die vor ihm zu Boden fallende Amymone. Das Paviment war in dem Vorraum zum cubiculum mit dem Mosaik der Nymphen verlegt.*

***Abb. 19** In einem weiteren Raum derselben domus erscheint das Bild eines Satyrn, der eine Nymphe von hinten überfällt und bedrängt.*

***Abb. 20** Mosaikbild aus einem Haus in Macomades (Mrikeb-Thala, Algerien), entstanden wohl im fortgeschrittenen 4. Jh. Dargestellt ist Europa auf dem Stier, in einer pointiert erotisierten Version gegenüber der geläufigen Ikonographie des Mythos.*

21

*Abb. 21 Mehrbildrige Mosaikkomposition im Repräsentationssaal eines Stadthauses in Nea Paphos (Zypern), des sogenannten Hauses des Aion. Die einzelnen Bildfelder zeigen oben links Leda mit dem Schwan, rechts die Überbringung des kleinen Dionysos durch Hermes zu den Nymphen in Nysa, in der Mitte den Schönheitswettbewerb zwischen Cassiopeia und den Nereiden, unten links den Zug der dionysischen Trabanten sowie rechts die Bestrafung des Marsyas durch Apollon. Das Mosaik wird in das zweite Viertel des 4. Jhs. datiert.*

*Abb. 22 Mosaikbild einer ehemals mehrbildrigen Pavimentkomposition aus dem zentralen Repräsentationssaal des Stadtpalastes in Nea Paphos (Zypern), der sogenannten Villa des Theseus. Dargestellt ist das thronende Paar Thetis und Peleus und das erste Bad ihres kleinen Sohnes Achill. Das Mosaik wurde im 5. Jh. verlegt.*

*Abb. 23–25 Mehrbildriger Mosaikboden aus dem Peristyl eines reichen Stadthauses in Sarrîn (Syrien) aus dem späteren 5. bis mittleren 6. Jh. Die Bilder stecken gewissermaßen die zentralen Ideale im Selbstverständnis der spätantiken Oberschicht ab – zwischen den Polen «Statusrepräsentation», «Erotik», «Ausgelassenheit»: Auf dem Mosaikfries der einen Porticus (links) erscheinen Szenen zeitgenössischer Jäger, mit der Jagdgöttin Artemis im Zentrum; der Fries in der gegenüberliegenden Porticus (rechts) zeigt Dionysos und Ariadne in der Mitte, zu beiden Seiten umgeben von dem ausgelassenen Treiben der Satyrn und Mänaden sowie weiterer Trabanten des dionysischen Thiasos. Die beiden dazwischen liegenden Portiken waren mit einzelnen Mosaikbildern geschmückt. Die eine (oben) zeigt die Darstellung eines Jägerpaares, Meleager und Atalante oder noch wahrscheinlicher Aeneas und Dido (Abb. 24), sowie das Bild von Herakles und Auge (Abb. 25); in der gegenüberliegenden Porticus (unten) erscheint Europa auf dem Stier sowie Aphrodite, die von zwei Seekentauren in einer Muschel über das Meer getragen wird.*

22

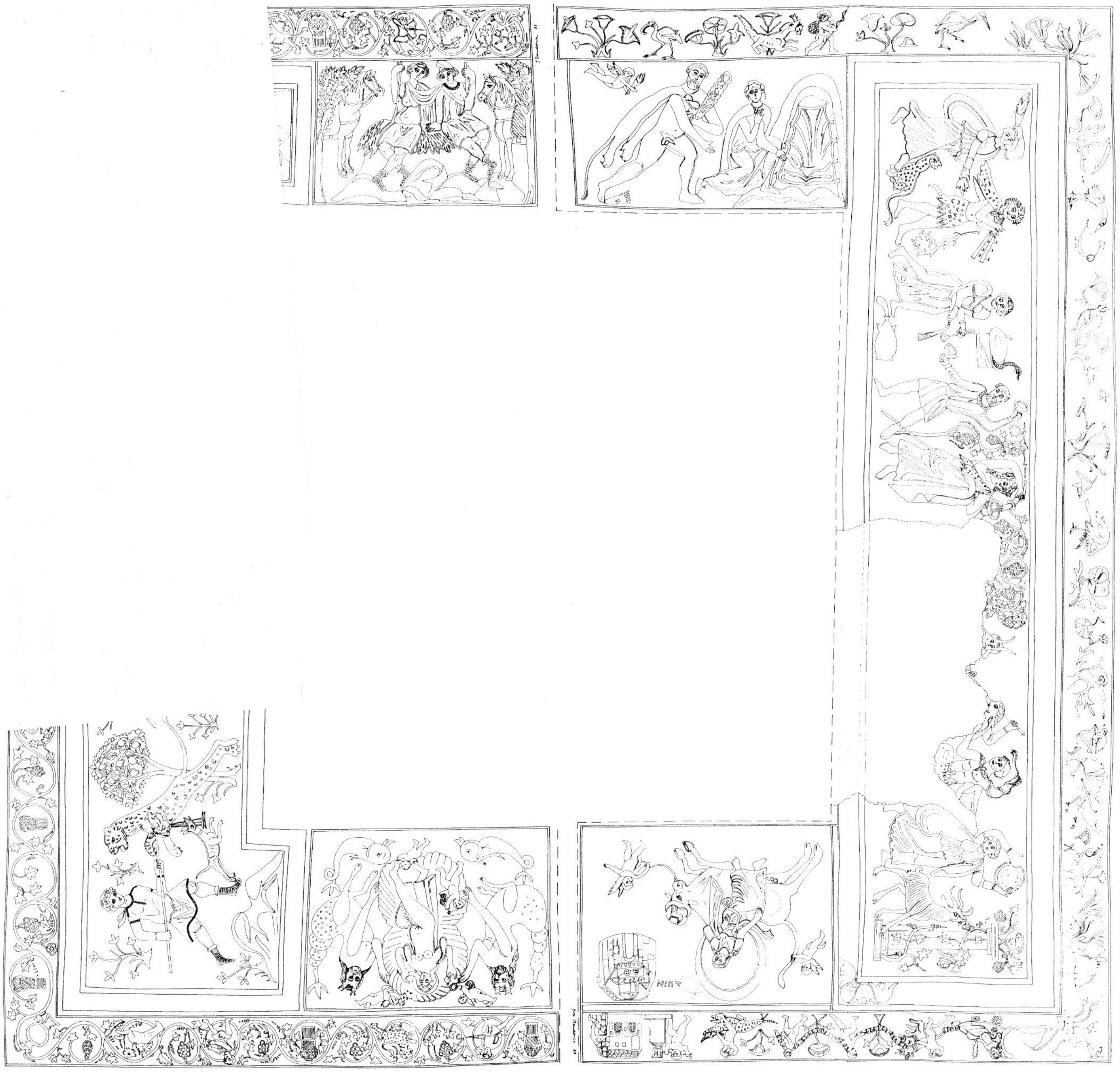

23

Wertvorstellungen von zentraler Bedeutung im Selbstverständnis der spätantiken Aristokraten: So etwa in den Bildern des Jägers Bellerophon, der auf seinem Wunderpferd Pegasus das Monster Chimaira erlegt (Abb. 30), gewissermaßen als mythische Überhöhung der zeitgenössischen Darstellungen des jagenden Adligen zu Pferde, im Kampf gegen Eber, Löwen oder andere wilde Bestien. Oder in den Bildern des jungen Achill, der von seinem Lehrer Chiron im Spiel der Kithara unterwiesen wird, als mythisches Paradeigma musischer Betätigung und Bildung (Abb. 31). Doch sind derartige Thematisierungen isolierter Rollenbilder des Mannes eher seltener. Weitaus beliebter waren solche Mythenbilder, die Rollenideale des Mannes mit dem Thema der Geschlechterkonstellation kombiniert vortrugen. Und die somit in einem umfassenderen Sinne verschiedene Aspekte im Selbstverständnis des spätantiken Aristokraten gleichzeitig ansprachen. Bezeichnend hierfür sind etwa zwei Mosaiken mit Meleager und Atalante (Abb. 29) bzw., im selben ikonographischen Schema, Adonis und Aphrodite (Abb. 28) aus zwei spanischen Villen bei Cardeñajimeno bzw. dem oben schon erwähnten Arcos de la Frontera[20]. Auf beiden Mosaiken präsentieren sich die mythischen Protagonisten feierlich als Partner, umgeben von Jagdgefährten, Jagdpferden und -hunden. Dabei erscheinen zwei ikonographische Schemata der zeitgenössischen Bildrepräsentation vermischt: zum einen die Präsentation des Ehepaares, zum anderen die Präsentation des Mannes als Jäger und Domänenbesitzer[21]. Wie groß das Interesse offensichtlich an gerade solchen kombinierenden Mythendarstellungen war, wird vor allem darin deutlich, daß bei beiden Mythen eine Darstellung gewählt wurde, die aus narrativer Sicht eher ungewöhnlich war, da ohne zentrale Bedeutung für die im Mythos erzählte Handlung; und dazu auch eine Darstellung, für die, wie oben angesprochen, ein neues ikonographisches Schema erschlossen wurde, unter Modifizierung älterer Bildtraditionen. Oder, um ein weiteres Beispiel zu nennen, die Darstellung von Achill und Briseis etwa auf einem Mosaik aus Madaba (Jordanien) (Abb. 32)[22]: Hier erscheint in der Bildmitte Achill mit der Kithara als Exempel des gebildeten, musisch sich betätigenden Adligen, neben ihm, gleichsam als Gefährte Patroklos, sowie

24

die schöne Briseis. Bildung und Partnerschaft sind hier die Werte, die gemeinsam in diesem mythischen Bild gefeiert werden. Aber auch die Bilder der gemeinsamen Jagd von Meleager und Atalante bzw. Aeneas und Dido gehören schließlich in diese Gruppe von Bildern erweiterter Leitvorstellungen (Abb. 27), die ihrerseits nun Virtus und Erotik als komplementäre Ideale im Selbstverständnis des Mannes formulierten. Neben der primären Artikulation erotischer Vorstellungen um das Thema der Geschlechterkonstellation war es also auch diese Möglichkeit einer erweiterten Vorführung verschiedener Leitvorstellungen, vor allem verschiedener Rollenideale des Mannes, in der eine besondere Qualität der Mythenbilder lag und die sie für die spätantike Gesellschaft interessant werden ließ.

Die Summe der mythologischen Mosaikbilder in den spätantiken Häusern zeigt also deutlich: Es war vor allem die Thematisierung von Konstellationen der Geschlechter und die Formulierung von gesellschaftlichen Rollenidealen, die an den Darstellungen der griechischen Mythen interessierten – und um derentwillen die Bewohner sich die Mythenbilder als Schmuck ihrer Häuser wählten. In dieser Funktion fügen sich die Mythenbilder unmittelbar in die sonstige Bilderwelt des spätantiken Hauses ein. Denn auch die anderen nichtmythologischen Bilder hatten vor allem das Ziel, normative Leitbilder und Rollenideale zu thematisieren, die von zentraler Bedeutung im gesellschaftlichen Diskurs waren und über die sich die Identität des Selbst vorrangig definierte[23]: die Bilder der Jagd als Zeichen für Virtus (Tapferkeit) und Status (Abb. 33. 34); die Bilder der Domäne und des perfekt funktionierenden Domänensystems, gleichfalls als Zeichen für Status und Rang (Abb. 35); die Bilder aus dem Bereich der sogenannten Xenia, mit Stilleben zubereiteter Speisen, Tieren des Landes, Fischen und Vögeln, als Verweis auf die Verfügbarkeit über die Natur und somit auf Reichtum und Wohlleben; die Bilder von Circus- und Amphitheater-Spielen, als Sinnbild für Munificentia (Wohltätigkeit) und insofern wieder für Status (Abb. 36). Alles in allem evozierten diese sogenannten Lebensbilder eine Ideenwelt, in der sich zentrale identitätsstiftende Themen formuliert fanden, und hatten somit wesentlichen Anteil an der Selbstdarstellung und Selbstvergewisserung der spätantiken Gesellschaft im Kontext ihres Wohnens – in verschiedenen Situationen des Lebens, immer und immer wieder: im Moment der Repräsentation vor Besuchern, in der Begegnung mit den Mitgliedern der Familie oder auch in der alleinigen Reflexion auf sich selbst und das Leben. In den Bildern sprach die Gesellschaft also über sich und ihr Leben. Und sie sprach durch die Bilder zu sich selbst.

Bei aller thematischen Breite, die die nichtmythologischen Bilder im spätantiken Haus ansprachen, ein Themenbereich von zentraler Bedeutung wurde allerdings ausgeklammert: die Konstellation der Geschlechter[24]. Offensichtlich konnte oder wollte man im Wohnbereich nicht auf der Ebene dieser sogenannten Lebensbilder über die Beziehung der Geschlechter reden – wie man dies in anderen Bereichen der Bildkunst tat (etwa in der Bildrepräsentation am Grab oder in der Bilderwelt der Kleinkunst). Immer zeigen die sogenannten Lebensbilder in den Häusern Mann und Frau für sich getrennt, eingebunden in ihren eigenen Lebensbereich, aus dem heraus sich ihre Rollen definieren: der Mann als Domänenbesitzer oder Jäger, die Frau als schöne Herrin im Ritual der Aufwartung oder der Toilette (Abb. 37. 38). Diese auffallende Lücke, die sich im Horizont der Lebensbilder auftat, wurde durch die Mythenbilder wieder geschlossen: Denn hier, in den Bildern der Mythen, finden wir die Konstellation der Geschlechter in allen denkbaren Akzentuierungen formuliert: in der feierlichen Repräsentation als Paar, in Betonung ihrer gegenseitigen Liebe, in Darstellung erotischer Auseinandersetzung und sexueller Emotion. Die Bilder der Mythen stellten also innerhalb der häuslichen Bilderwelt das notwendige Komplement zu den sogenannten Lebensbildern dar: Gemeinsam eröffneten sie den Diskurs um die Werte der Gesellschaft und das Leben.

25

26

## Der Vorteil der Ambivalenz - oder: Die Projektion von Diskursen in die Bilderwelt der Mythen

Die Verwendung der Mythenbilder als Forum, um über die Beziehung der Geschlechter sowie die damit verbundenen Rollen von Mann und Frau zu sprechen, war nicht neu: Sie ist schon für die Mythenbilder der kaiserzeitlichen Wohnarchitektur charakteristisch[25]. Auch hier finden wir die entsprechende thematische Selektion sowie die spezifischen Tendenzen in der Akzentuierung der Mythen, wie sie sich für die Spätantike beobachten lassen. Die spätantike Gesellschaft tradierte also in ihrer Verwendung der Mythenbilder eine Form der Artikulation identitätsstiftender Vorstellungen, wie sie schon zuvor üblich gewesen war. Diese Beobachtung ist wichtig: Denn sie zeigt, daß die Probleme, die sich in der Auslagerung des erotischen Diskurses auf die Ebene des Mythos abzeichnen, nicht erst

***Abb. 26** Mosaikboden im Repräsentationssaal eines Stadthauses von Madaba (Jordanien) aus dem 6. Jh. Im oberen Bildfeld erscheint das thronende Paar Aphrodite und Adonis, darunter Phädra und der zur Jagd aufbrechende Hippolytos (rechte Bildhälfte zu größeren Teilen zerstört).*

***Abb. 27** Meleager und Atalante auf der gemeinsamen Jagd, dargestellt auf einem Mosaik aus einem Haus in Apamea (Syrien) aus dem 6. Jh. Entgegen der mythologischen Tradition erscheint das Jägerpaar zu Pferd im Kampf gegen verschiedene Raubkatzen und einen Bär – anstatt der konventionellen Version ihrer Jagd zu Fuß gegen den wilden Eber.*

27

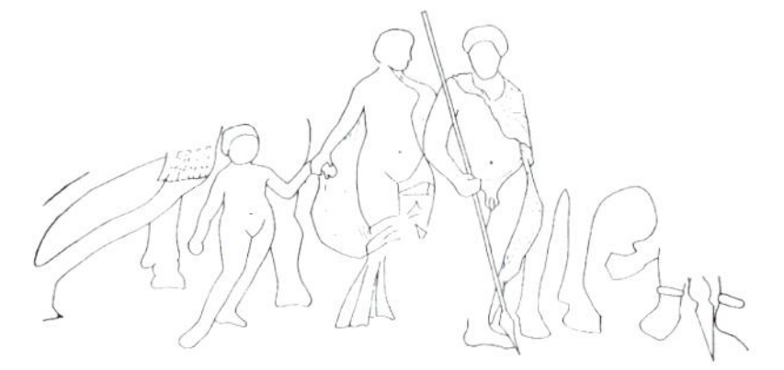

28

29

30

in der Spätantike auftraten, etwa als Indiz für eine zunehmende Problematisierung der Themenbereiche «Erotik» und «Sexualität» im Kontext einer christlichen

*Abb. 28 Umzeichnung eines zerstörten Mosaiks aus einer Villa bei Arcos de la Frontera (Prov. Valladolid, Spanien), wohl aus dem späteren 3. bis 4. Jh. Das Bild zeigt Adonis und Aphrodite als Paar, mit dem kleinen Eros an der Hand, umgeben von Reitpferden und Jagdgehilfen (nur ihre Beinpartie war bei der Freilegung des Paviments noch erhalten). Das Mythenbild greift hier ikonographische Schemata der zeitgenössischen Bildrepräsentation spätantiker Aristokraten auf.*

*Abb. 29 In einem ähnlichen ikonographischen Schema wie Adonis und Aphrodite erscheinen Meleager und Atalante, gerahmt von einem Jagdgehilfen und einem Jagdpferd, auf einem Mosaik aus einer reichen Villa bei Cardeñajimeno (Prov. Burgos, Spanien) aus dem fortgeschrittenen 4. Jh.*

*Abb. 30 Mosaikbild mit dem mythischen Jäger Bellerophon, der auf seinem Wunderpferd Pegasus die wilde Bestie Chimaira erlegt. Das Paviment stammt aus dem 4. Jh. und war in einem Repräsentationsraum der Villa bei Hinton St. Mary (Dorset, England) verlegt.*

*Abb. 31 Chiron unterweist den jungen Achill im Leierspiel. Szene aus einer mehrbildrigen Mosaikkomposition aus dem Repräsentationssaal eines Stadthauses in Caesarea (Cherchel, Algerien) aus dem 4. Jh.*

*Abb. 32 Mosaikboden aus einem Stadthaus in Madaba (Jordanien) aus der ersten Hälfte des 6. Jhs. Dargestellt ist in der Mitte der Leier spielende Achill, links neben ihm sein Waffengefährte Patroklos sowie rechts seine schöne Geliebte Briseis. Das Mosaik verbindet gewissermaßen die Ideen «Bildung», «Kriegertum» und «Erotik» und steckt somit in einfacher Weise die zentralen Pole im Wertesystems der Selbstdefinition und Selbstdarstellung des spätantiken Aristokraten ab.*

*Abb. 33 Mosaikbild eines zeitgenössischen Jägers im Kampf gegen einen Eber, verlegt in der spätantiken Villa El Hinojal bei Merida (Spanien) aus dem 4. Jh.*

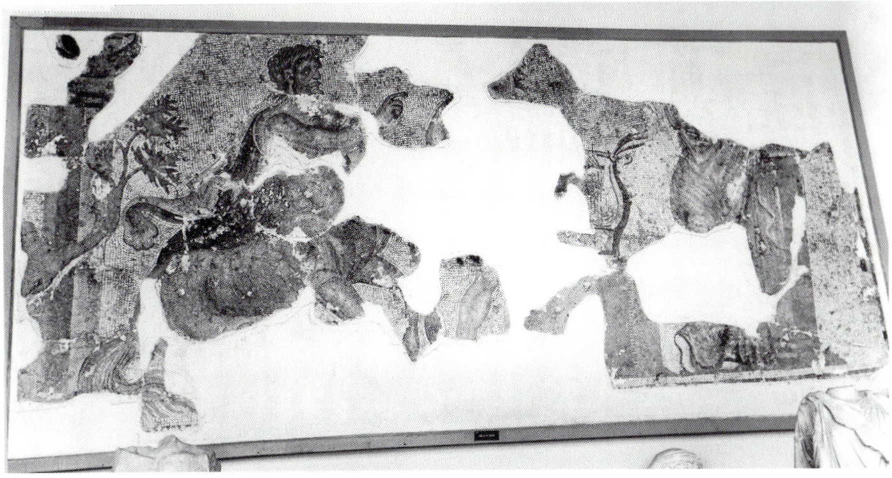
31

bzw. christianisierten Gesellschaft. Die Projektion des erotischen Diskurses auf eine mythologische Artikulationsebene bildet somit ein Phänomen, das die Wohnkultur der Kaiserzeit und die der Spätantike zusammenschließt.

Als Forum, um über die Beziehung der Geschlechter, über Begehren und sexuelle Lüste zu sprechen, erwiesen sich die Bilder der Mythen in mehrerer Hinsicht als ideal[26]. Ihr Vorteil war ihre Ambivalenz: Sie führten die Werte und Ideale in einer Welt vor Augen, die nah und doch zugleich fern war. Dies hatte die Konsequenz, daß sich der Betrachter einerseits mit den in ihnen formulierten Werten und Rollen identifizieren konnte, sie als eigene Wünsche und Ideale bejahen, zugleich aber sich auch andererseits von ihnen distanzieren konnte, indem er sich vergegenwärtigte, daß es eben nicht die eigene Welt, sondern die des Mythos war, jenseits der Realität des Lebens. Kurzum: Die Welt der Mythen hielt die Auseinandersetzung mit der Ideenwelt der Erotik in einer Schwebe – gewissermaßen zwischen Delektieren und Distanzieren. Und dies erlaubte, unverbindlich und offen auf diese Themen zu reflektieren, deren direkte Konfrontation hingegen als problematisch, da anstößig empfunden wurde. Allerdings war die Projektion des erotischen Diskurses auf die Ebene der Mythen nicht nur eine Notlösung. Sie war zugleich auch eine Ideallösung. Denn die Unverbindlichkeit und Unanstößigkeit erlaubte zum einen, die Vorstellungen noch offener und dezidierter zu artikulieren. Zum anderen aber auch, ihre Artikulation zu sublimieren: Denn in den Mythen waren die Körper noch schöner, die Nacktheit noch attraktiver, die Begierden noch erotischer, die Lüste noch vitaler. Im Mythos wurde alles schöner. Eine Welt schönster Träume und Wünsche vom Leben. Sich den erotischen Diskurs im Gewand des Mythos zu vergegenwärtigen, hatte viele Vorteile.

Bei aller Notwendigkeit der Auslagerung der Artikulation muß man sich freilich bewußt sein, daß die Welt der Mythen letztlich ein nur allzu gewohnter Bestandteil im Denken der antiken Gesellschaften war. Eine klare und kontinuierliche Trennung zwischen Wirklichkeit und Mythos, wie wir sie begreifen, existierte nicht. Vielmehr drängte die Welt der Mythen immer wieder in die Wirklichkeit hinein: einerseits in herausgehobenen Ritualen des gesellschaftlichen Lebens, etwa bei den Mytheninszenierungen im Theater oder bei den grausamen Hinrichtungen in der Arena, bei denen die Welt des Mythos für jeden gegenwärtig und gewissermaßen hautnah erlebbar wurde[27]; andererseits im Alltag, vor allem dank der dichten Bilderwelt mit ihrer reichen Darstellung mythischer Figuren, die der Gesellschaft in verschiedensten Lebensbereichen, in den Thermen, am Grab, in den Häusern unentwegt vor Augen stand und sie in ihrem Leben begleitete. Entsprechend leicht und selbstverständlich konnte die Gesellschaft dann in ihrem Denken und Reden auch auf die Ebene der Mythen überwechseln, wie die literarischen Quellen deutlich zeigen. Es gab letztlich viele Brücken, die dazu einluden, die Distanz zwischen der Realität des Lebens und der Welt der Mythen zu überwinden, sie zu vergessen und zu negieren – und damit im Leben zwischen der Realität der Gegenwart und der Fiktion der Mythen zu oszillieren. Im Horizont der Phantasie konnte sich also die Wirklichkeit in den Mythos hinaus erweitern. Und in diesem Sinne wurde die Welt der Mythen auch zu einem Teil der Wirklichkeit des Lebens selbst, zumindest fakultativ.

Sich Themen des gesellschaftlichen Diskurses in der Welt der Mythen zu vergegenwärtigen, wie wir dies in der häuslichen Bilderwelt beobachten, war folg-

32

33

34

lich nur allzu naheliegend. Dies betrifft besonders die Themen des erotischen Diskurses. Denn die Bilder der Mythen stellten hierfür ja schon von sich aus das geeignete Darstellungsrepertoire zu Verfügung: Hier erschienen die Protagonisten mit nackten schönen Körpern, hier thematisierten die Mythen der Liebesbeziehungen vitales Begehren und Verlangen, hier wurden immer wieder verschiedene Formen der Interaktion von Mann und Frau exemplifiziert. Nur allzu leicht konnte man die Bilderwelt der Mythen als einen Bereich entdecken, in dem man die Themen der Geschlechterkonstellation artikuliert fand – und in dem man sie dann auch selbst wiederum artikulierte. Die Projektion des erotischen Diskurses in den Mythos war folglich eine Auslagerung, die nur bedingt als Auslagerung erfahrbar war. Letztlich bestach sie durch ihr polyvalentes Angebot: Als Projektion in eine changierende Vorstellungswelt zwischen Nähe und Ferne stellte sie dem einzelnen immer wieder aufs neue zur Entscheidung, ob er die Distanz wahrnehmen oder ausblenden wollte. Hierin lag die außerordentliche Qualität der Mythenbilder.

Diese Bedeutung der Welt der Mythen als Projektionsfläche für zentrale Diskurse über das Leben war, wie gesagt, charakteristisch für die Epoche der römischen Kaiserzeit. Aber sie scheint es auch nach der Wende vom späten 3. zum frühen 4. Jh. geblieben zu sein. Jedenfalls künden die Mythenbilder in den

35

Häusern davon, daß weiterhin die Mythen ein Forum bildeten, das einerseits Artikulation, andererseits Sublimierung von Diskursen ermöglichte. Freilich: Wieweit der Umgang mit den Mythen (und damit natürlich auch mit dem erotischen Diskurs) in all seinen Nuancen unverändert gleich blieb, oder ob nicht doch eine langsame Distanzierung einsetzte, ist schwer zu sagen. Auf der Grundlage der Bilder in den Häusern können wir dies weder bestätigen noch ausschließen. Aber selbst wenn es zu einer graduellen Problematisierung gekommen sein mag: Sehr groß können solche Tendenzen nicht gewesen sein, zumindest nicht im Horizont der Bilderwelt im Haus. Denn die Mythenbilder zeugen auch nach der Wende vom späten 3. zum 4. Jh. von einem weiterhin vitalen Interesse gegenüber Mythos und Erotik.

36

**Ein sich wandelnder Lebensraum: Das spätantike Haus und seine Bilderwelt**

Wie vital, aber auch gleichzeitig wie konstant der Umgang mit den Mythen in der Spätantike blieb, manifestiert sich schließlich auch darin, wie konsequent die Mythenrezeption auf veränderte Strukturen innerhalb der Wohnkultur reagierte.

Die tiefgreifenden administrativ-politischen Reformen unter Diokletian und vor allem Konstantin führten bekanntlich seit dem späteren 3. und dann vor allem im 4. Jh. zu einer Neukonstituierung der römischen Führungsschicht[28]. Und diese hatte schließlich auch Auswirkungen auf die Wohnkultur, und mit ihr auf die Situation ihrer Bilderwelt. Es sind letztlich zwei getrennte Entwicklungen, die dabei zusammentrafen und sich wechselseitig bedingten: Zum einen ein Wandel im gesellschaftlichen Selbstverständnis sowie im Bedürfnis nach repräsentativer Selbstdarstellung, der die Oberschicht in einem sehr grundsätzlichen Sinne traf. Und zum anderen, in einem spezielleren Sinne, ein Wandel im Verständnis des Hauses als Lebensraum.

Die gesellschaftliche Neukonstituierung der römischen Führungsschicht hatte bekanntlich die Herausbildung eines neuen, hierarchisch stärker gestaffelten Rangklassensystems bedingt. Entsprechend gewann der inneraristokratische Rangvergleich gesteigerte Aufmerksamkeit. Neue Formen einer klaren und eindeutigen Definition der verschiedenen Rangpositionen in ihrem hierarchischen Verhältnis wurden innerhalb der gesellschaftlichen Repräsentation der Oberschicht entwickelt, die die standesinterne Differenzierung sowohl in der zeremoniellen wie auch in der statisch-attributiven Repräsentation (mittels Tracht, Insignien etc.) präziser artikulierbar werden ließen (s. Beitrag Warland). Die Erfahrung und Sichtbarmachung eigener Identität gewannen damals eine andere Qualität. Und ließen die Fragen nach einer status- und rangadäquaten Selbstdarstellung noch mehr in den Mittelpunkt des Denkens der Oberschicht rücken.

Dieses gesteigerte Interesse an rangformulierender Selbstdarstellung wirkte sich entsprechend auf die Bildrepräsentation der Oberschicht aus. Darstellungen, die Rang und Status zum Thema machten, nahmen deutlich zu: Bilder des Adligen als Magistraten, unter Betonung seiner Standesinsignien oder in der Rolle als Stifter öffentlicher und prestigeträchtiger Spiele, ferner als Besitzer großer und reicher Domänen, als vornehmer *dominus* unter Aufwartung seiner Diener, oder aber als Jagdherr mit großem Gefolge – sie steckten die zentralen Ideale ab, über die sich die aristokratische Elite in ihrem Rangdenken vornehmlich definierte. Konsequenterweise drangen solche Darstellungen nun auch in die Bilderwelt der Häuser ein (Abb. 33–37). Und umgaben dort, gleichsam Insignien, den *dominus* mit den Zeichen seines Rangs und seines Status.

In der häuslichen Bilderwelt der vorausgehenden Epochen waren Darstellungen des Villenbetriebs, der Jagd und der öffentlichen Spiele keineswegs fremd gewesen[29]. Doch sie hatten nie ein wirklich zentrales Thema im Gesamtspektrum der Bilder abgegeben. Es dominierten damals vielmehr Bilder einer glücklich-entspannten Genußwelt: Neben Darstellungen von Aphrodite und Dionysos als den beiden göttlichen Repräsentanten höchsten Lebensglücks erscheinen immer wieder Szenen des ausgelassen-erotischen Treibens der Satyrn, Mänaden und Nymphen, des unbeschwerten Spiels der Eroten, des glücklichen Daseins der verliebten Seemonster und Nereiden, dazu die oben angesprochenen Mythenbilder von Liebespaaren (Abb. 1–8), sowie weiterhin Bilder, die den Reichtum und Luxus der Gelagefreuden unentwegt beschworen. Alles in allem war es eine Atmosphäre heiterer und unbeschwerter Le-

***Abb. 34** Szene des Jagdopfers aus dem Mosaik der «Kleinen Jagd» in der Villa von Piazza Armerina (Sizilien), das im fortgeschrittenen 4. Jh. entstanden ist: In der Mitte erscheint der opfernde dominus, er wird rechts und links von Gehilfen mit Jagdpferden und Jagdhunden gerahmt. Die Szene ist bezeichnend für die gesteigerte Beliebtheit statisch-zeremoniöser Repräsentationsbilder innerhalb der spätantiken Jagddarstellungen.*

***Abb. 35** Sogenanntes Dominus-Iulius-Mosaik, aus einem reichen Stadthaus in Carthago (Tunesien), verlegt im fortgeschrittenen 4. Jh. Das Mosaik zeigt in der Mitte die prächtige Landvilla des Dominus Iulius, während an den Seiten verschiedene Szenen der Bildrepräsentation von dominus und domina in ihrer Rolle als spätantike Aristokraten und Domänenbesitzer erscheinen.*

***Abb. 36** Darstellung eines siegreichen Wagenlenkers auf einem Mosaik aus der Casa de la calle Masona in Mérida (Sanien) aus dem fortgeschrittenen 4. Jh.*

37

38

bensfreuden, Wohlstand und Wohlleben kontinuierlich vergegenwärtigend, die die Bilder in den Häusern der kaiserzeitlichen Gesellschaft vor allem evozierten. Mit der Wende vom 3. zum 4. Jh. drangen nun in diese betont privat-entspannte Atmosphäre der häuslichen Bilderwelt die Bilder der aristokratischen Standesrepräsentation ein und bildeten einen neuen Akzent. Die Bilderwelt des spätantiken Hauses wurde dadurch komplexer: Die Mentalität des Lebensglücks wie der Entspannung und die Vergegenwärtigung eines öffentlich-repräsentativen Diskurses standen fortan nebeneinander, konstituierten gemeinsam ein neues ideelles Ambiente des Wohnens.

Doch war es nicht nur das allgemein gewandelte Selbstverständnis der spätantiken Oberschicht mit ihrem gesteigerten Bedürfnis nach standesgemäßer und prestigestiftender Repräsentation, das die neuen Bilder aristokratischer Selbstdarstellung so betont in die Häuser eindringen ließ. Hinzu kam auch ein verändertes Verständnis vom Wohnraum als Lebensraum[30]. Bekanntlich entwickelten sich in der Spätantike die Stadtpaläste und Landvillen in verstärktem Maße zu einem Forum der Repräsentation – Folge der Verschiebung von Adressaten, Situationen und Kontexten aristokratischer Selbstdarstellung: Rang definierte sich allein in Ausrichtung auf den Kaiser und war primär in der Begegnung mit den Standesgenossen erfahr- und vermittelbar. Die normale Bürgerschaft hingegen verlor als Adressat effizienter Standesrepräsentation an Bedeutung. Und entsprechend auch das Werben um die Gunst der Bürgerschaft und somit das Auftreten in und vor der breiten Öffentlichkeit, wie dies in den vorausgehenden Jahrhunderten noch sehr bestimmend gewesen war. Dieser Bedeutungsverlust der öffentlichen Räume der Städte als primäre Bühne einer effizienten Repräsentation der Oberschicht ließ den Wohnraum um so höher aufwerten, als denjenigen Ort, an dem sich zum größeren Teil jene identitätsstiftenden und rangdefinierenden Begegnungen mit den Standesgenossen vollzogen. Konsequent wandte sich die Inszenierung von Reichtum zunehmend nach innen, wurde nicht mehr so stark zur Stiftung öffentlicher Bauten zum Wohle der Gemeinschaft als vielmehr zur Ausschmückung der Stadtpaläste und Villen eingesetzt. Und in gleichem Sinne drang nun auch die öffentlich-repräsentative Bilderwelt mit ihren statusdefinierenden Themen in die Häuser ein.

Im spätantiken Haus konzentrierten sich also unterschiedliche Lebenssituationen und Stilisierungen aristokratischen Lebens, die zuvor auf verschiedene Kontexte – öffentlichen Raum und privaten Wohnraum – aufgeteilt waren. Das Wohnhaus rückte mehr ins Zentrum des Lebens. Und entsprechend griff seine Bilderwelt nun umfassender alle zentralen Diskurse um das Leben auf, sowohl diejenigen um die statusformulierenden Themen gesellschaftlicher Selbstdarstellung, als auch diejenigen um die Träume von einem glücklich-entspannten Genußleben, die früher von den Bilderwelten der unterschiedlichen Lebenskontexte getrennt getragen worden waren.

## Vitalität und Kontinuität: Die Mythenbilder im spätantiken Haus

Diese allgemeinen Verschiebungen innerhalb der Bilderwelt des spätantiken Hauses, die wir bei den nichtmythologischen Darstellungen beobachten können, spiegeln sich nun auch in den Mythenbildern wider, die neben den nichtmythologischen Bildern die Häuser schmückten. Das heißt: Auch die Rezeption der Mythen reagierte auf die gewandelten Interessen im Selbstverständnis und im Repräsentationsverhalten der spätantiken Gesellschaft[31].

So wurden nun diejenigen Mythenbilder besonders beliebt, die das Thema der Geschlechterkonstellation mit Themen des statusformulierenden Diskurses kombinierten: Etwa die Darstellungen der mythischen Jäger mit ihren Partnerinnen – Meleager und Atalante, Adonis und Aphrodite, Aeneas und Dido –, die nun häufiger auf den Mosaiken erscheinen, zum einen in den Bildern der Jagd als Sinnbild für die komplementären Werte Erotik und Virtus (Abb. 14. 27), zum anderen in Kombination verschiedener Formen statisch-feierlicher Präsentation, der des Ehepaares sowie der des Mannes als Jäger und Domänenbesitzer, als umfassende Formulierung männlichen Selbstverständnisses (Abb. 28. 29). Eine nochmalige Steigerung in ihrer Beliebtheit erfuhren auch die verschiedenen Bilder Achills, in seiner Rolle als tapferer Krieger, thronender Fürst oder musisch tätiger Adliger, jeweils kombiniert mit seiner Rolle als schöner Liebhaber und begehrter Geliebter seiner verschiedenen Partnerinnen (Abb. 11. 13. 15. 32). Das neue Interesse an Motiven zeremoniöser Repräsentation führte ferner dahin, daß häufiger Darstellungen thronender Paare, etwa Peleus und Thetis oder Adonis und Aphrodite (Abb. 22. 26), oder aber feierlicher Hochzeiten, wie die von Bellerophon und Philonoe oder Kadmos und Harmoneia (Abb. 16. 39), gewählt wurden – beides als die repräsentativsten Auffassungen der Geschlechterkonstellation, wie sie bis dahin in der häuslichen Bilderwelt eher fremd gewesen waren. Und schließlich erscheinen, als Folge der zunehmenden Bedeutung von Insignien und trachtspezifischen Statussymbolen in der interpersonellen Wahrnehmung, die mythischen Protagonisten zum Teil nun auch in der zeitgenössischen Tracht der spätantiken Aristokraten, gewissermaßen ihrem Rang angemessen (Abb. 26. 27), und tragen auch die mythischen Frauen nun in gesteigertem Maße reichen prächtigen Schmuck, wie ihre nichtmythologischen Schwestern, deren mythische Identifikationsfiguren sie ja bildeten (Abb. 20. 21. 26. 28).

Mit der Wende vom späten 3. zum 4. Jh. zeigen sich insgesamt also gewisse Verschiebungen im Themenspektrum der Mythenbilder: Neben die alten Bilder dezidiert erotisch-entspannter Thematik, die auch weiterhin beliebt bleiben sollten (Szenen der Verfolgung des Partners, Bilder erotischer Emotion, Darstellung der körperlichen Reize der Frau etc.), traten nun neue Mythenbilder, die auf die gewandelten Bedürfnisse aristokratischer Selbstdarstellung im Haus reagierten und ebenso wie die gleichzeitigen Lebensszenen statusformulierende Themen vor Augen führten. Bei der Auswahl dieser neuen Mythenbilder griff man frei auf das Repertoire der tradierten Mythenerzählungen zurück und rezipierte sie souverän nach den eigenen Bedürfnissen: sei es, daß man Mythen mit traditioneller Ikonographie neuartig unter unbekannten Erzählmomenten akzentuierte; sei es, daß man bislang im Wohnbereich nicht rezipierte Mythen nun darstellen ließ; sei es, daß man bei bekannten Mythen in ihre narrative Substanz eingriff, sie modifizierte und begann, sie umzuerzählen. Das heißt: Man ging mit den Mythen originell und flexibel um, soweit es notwendig war, um in den Bildern die neuen Wertvorstellungen angemessen formulieren zu können.

Man hat in der Forschung diese zum Teil weiterreichenden Eingriffe in die Erzählsubstanz der Mythen als Zeichen einer wachsenden Entfremdung der spätantiken Gesellschaft von den Mythen gedeutet, als ein Zeichen einer nachlassenden Anerkennung der Mythen als autoritative Größe, als ein Zeichen einer abnehmenden Vertrautheit mit den mythologischen Erzählungen und eines reduzierten Interesses an ihnen[32]. Doch im Zusammenhang der übergreifenden Veränderungen der aristokratischen Wertewelt und der neuen Anforderungen an die häusliche Bilderwelt wird klar, daß wohl genau das Gegenteil der Fall war: Man rezipierte die Mythen weiterhin vital, bewußt und versiert, wie man es in den vorausgehenden Epochen auch getan hatte, und aktualisierte die Mythen soweit, wie es erforderlich war, um sie mit der Wirklichkeit vergleichbar werden zu lassen[33]. Denn erst die Kommensurabilität zwischen Mythos und Gegenwart läßt die Mythen zum Spiegel der Wertewelt einer Gesellschaft werden, die sich ihrer bediente, um durch die Mythenbilder über sich selbst und ihr eigenes Leben zu sprechen. Diese grundsätzliche Notwendigkeit der Vergleichbarkeit führte dazu, daß in allen Epochen der Antike die Mythen immer wieder aufs Neue an die Gegebenheiten der jeweiligen Gegenwart angeglichen wurden: Indem man gegebenenfalls auch ungewöhnlichere Erzählmomente der Mythen aufgriff, die für die eigentliche im Mythos erzählte Handlung weniger Bedeutung hatten, aber dafür den aktuellen Interessen um so mehr entsprachen; oder indem man die Mythen in den Bildschemata der Lebensszenen darstellte und so die Mythenbilder mit Motiven einer unmythischen Gegenwart durchdringen ließ. Solche Formen einer aktualisierenden Modifizierung oder gar Transformierung von Mythen finden sich schon in der Kultur des archaischen und klassischen Griechenlands; und sie waren ebenso üblich in der Kultur der römischen Kaiserzeit. Die spätantike Gesellschaft stand in ihrem Umgang mit den Mythen also letztlich in einer alten Tradition.

Der einzige Unterschied, der sich zur Mythenrezeption der vorausgehenden Epochen konstatieren läßt, liegt darin, daß die Eingriffe in die narrative Substanz der Mythen und ihre ungewöhnlichen Akzentuierungen quantitativ und qualitativ zunahmen. Doch ist dies nicht als Indiz für eine wachsende Distanz mißzuverstehen, sondern – betrachtet man das Phänomen konsequent im Horizont der Bilderwelt als Spiegel der Lebenswirklichkeit – aus den gewandelten Anforderungen zu erklären, die die Lebenswirklichkeit der Spätantike an die Aktualisierung der Mythen stellte. Zum ersten Mal mußten die Mythenbilder auch Vorstellungen artikulieren, für deren Formulierung ihr eigentliches Darstellungsrepertoire weniger gut geeignet war. Etwa die Idee des Jägers als Leitbild des Adligen: In der Welt der Mythen erschien er primär im Verständnis des *virtus*-Trägers und Athleten, dessen Nacktheit auf die Leistungsfähigkeit seines trainierten Körpers verwies und dessen tapferer Kampf gegen wilde Tiere seinen Heldenmut widerspiegelte; die spätantike Gesellschaft interessierte dagegen mehr die Vorstellung vom Jäger auch in seiner Rolle als adliger Domänenbesitzer, der begleitet von Jagdgefährten und Jagdgehilfen erscheint, Pferd und Jagdhund als Statussymbole neben sich, seine Tugenden weniger in aktionaler Manifestation als vielmehr in feierlich-repäsentativem Auftreten artikulierend, unter Berücksichtigung standesgemäßer Tracht. Aber auch in den Bildern der Jagd selbst verschoben sich die Auffassungen von den standesangemessenen Formen des Jagens, sowohl in den Jagdmethoden als auch in den gejagten Tieren[34]: So erschienen etwa Meleager

39

***Abb. 37–38 Darstellung von dominus und domina auf zwei Bildfeldern, die in den Eingangsräumen der Privatthermen der Villa von Sidi Ghrib (Tunesien) verlegt waren. Die Bilder stammen aus dem späteren 4. bis frühen 5. Jh. und zeigen die beiden Geschlechter in jeweils für sie spezifischen Situationen: den dominus beim Aufbruch zur Jagd, die domina bei der Toilette.***

***Abb. 39 Mosaikbild mit der Hochzeit von Kadmos und Harmoneia, verlegt in einem Repräsentationssaal der Villa La Malena bei Azuara (Prov. Zaragoza, Spanien), aus der ersten Hälfte des 4. Jhs. Hinter dem mythischen Brautpaar steht Zeus in der Rolle des Brautvaters, weitere olympische Götter bilden die Hochzeitsgesellschaft; Kadmos und Harmoneia hingegen erscheinen in der Tracht eines zeitgenössischen Brautpaares.***

und Atalante als die mythisch-prototypischen Jäger nun häufig zu Pferde jagend anstatt zu Fuß, gemäß dem neuen Selbstverständnis der spätantiken Aristokraten, sowie gegen mythenfremde Bestien kämpfend – nicht mehr gegen den für den Mythos spezifischen Eber, sondern gegen gefährliche Raubkatzen, als die standesgemäßere und repräsentativere Beute aristokratischer Jäger (Abb. 27). Inhalt und Wahrnehmung gesellschaftlicher Leitbilder hatten sich insgesamt also derart gewandelt, daß sie mit den bisherigen ikonographischen Möglichkeiten der Mythenbilder nicht mehr immer adäquat formuliert werden konnten. Wollte man sich dennoch der Mythenbilder weiterhin bedienen, mußte man sie an die neuen Gegebenheiten der Wirklichkeit anpassen. Man kann sich überlegen, ob nicht gerade die Spätantike mit ihren veränderten Vorstellungen und Perspektiven vielleicht die bis dahin schwierigsten Anforderungen überhaupt an die Funktionalisierung der Mythen als Spiegel der Lebenswelt stellte. Die massiveren Eingriffe in die narrative Substanz der Mythen und die stärkere Annäherung der Bilder an die Gegebenheiten der gesellschaftlichen Lebenswirklichkeit, die die spätantiken Mythenbilder auszeichnen, erweisen sich jedenfalls nur als logische Konsequenz, um die erforderliche Kommensurabilität zwischen Mythos und Gegenwart aufrecht erhalten zu können.

Nicht also Zeichen für ein nachlassendes Interesse oder eine zunehmende Entfremdung, sondern vielmehr gerade Indiz für einen gleichbleibend vitalen Umgang mit den Mythen: in diesem Sinne sind also die stärkeren Modifizierungen und Transformierungen der Mythen in den spätantiken Bildern zu werten. Auch die spätantike Gesellschaft bediente sich der Mythen weiterhin im gleichen Maße, um sich ihre Wertewelt zu vergegenwärtigen. Nicht der Umgang oder die Mechanismen in der Funktionalisierung der Mythen hatten sich also geändert, sondern die zu artikulierende Wertewelt, und sie verlangte die beschriebenen Verschiebungen im Spektrum der Mythenbilder.

## Ein Epilog: Zur Komplexität geschichtlichen Wandels – oder: Eine Kultur zwischen Veränderung und Stagnation

Wie sollen wir den Umgang mit den Mythenbildern im spätantiken Haus nun bewerten – mit Blick auf die Frage nach dem Epochenwandel an der Wende vom späten 3. zum 4. Jh.?

Die Veränderungen, die die Forschung zu erkennen glaubte und die sie als Indizien für einen tiefergreifenden Wandel der Gesellschaft deutete, im Sinne einer Entfremdung oder Abwendung von den Mythen, diese Veränderungen scheinen sich, zumindest im Horizont der häuslichen Bilderwelt, nicht zu bewahrheiten. Hier sind die Phänomene eher weit von einer Epochenschwelle entfernt: Kontinuität in der Instrumentalisierung der Mythen, anhaltende Beliebtheit der Bilder, fortbestehendes Interesse an der kompensierenden Artikulation problematisierter Diskurse – dies alles stellt die Wohnkultur der spätantiken Häuser in eine direkte Tradition zur Situation der vorausgehenden Epoche. Eine Schwelle zwischen Kaiserzeit und Spätantike ist unter dieser Perspektive nicht spürbar.

Doch wäre es freilich zu einfach, sich mit dieser Antwort zu begnügen. Denn trotz aller Kontinuität des Interesses und der Rezeption: Die mythologische Bilderwelt des Hauses war, wie zuletzt gesehen, auch gewissen Verschiebungen unterworfen – Verschiebungen in den thematischen Akzenten sowie in den Formen der Aktualisierung der Mythen. Sie resultieren aus den übergreifenden Veränderungen im Selbstverständnis der Oberschicht, in ihrer Wertewelt, in ihren Lebensformen, in ihrer Wahrnehmung, die schließlich auch die Realität des Wohnens komplexer und damit partiell anders werden ließen. Kontinuität und Wandel liegen also eng beisammen, sind letztlich sogar untrennbar miteinander verflochten: indem die Kontinuität zum Wandel zwingt und der Wandel die Kontinuität gewährleistet.

Wie mit einer solchen Situation im Hinblick auf die Überlegungen um einen Epochenwandel umzugehen ist, ist zunächst vor allem eine Frage der Perspektiven. Wo man die gewichtigeren Kriterien zu definieren bereit ist: 1) ob bei der Bewertung der häuslichen Bilderwelt mehr im thematischen Spektrum und damit in der Evozierung einer Ideenwelt oder mehr in der Instrumentalisierung der Mythen als Formen der Artikulation von Diskursen und der Konstruktion von Lebenswirklichkeit; und 2) wie man kulturelle Situationen primär begreift, ob stärker unter dem Phänomen des Wandels und der Weiterentwicklung oder aber unter dem der Kontinuität und Stagnation. Es ist vor allem dieser zweite Punkt, der entscheidend ist. Denn wir sind gemäß unserem historischen Fragen in erster Linie auf Veränderungen und Zäsuren des Gegebenen fixiert, begreifen die chronologische Entwicklung unterteilt in Epochen, mit markanten Zäsuren als Schwellen. Stagnation, Kontinuität und unmerkliche Verschiebungen sind hingegen kulturelle Phänomene von nur geringerem Interesse. Daher analysieren wir Kulturen vor allem in den Schritten ihrer Veränderungen, werten die Indizien des Wandels höher als die Dimension der Stagnation, – und fragen in Momenten mutmaßlicher Epochenschwellen primär nach klaren Zäsuren, erwarten sie letztlich, und sind überrascht, wenn wir sie nicht in der prognostizierten Deutlichkeit vorfinden. Doch: Erliegen wir bei all dem nicht nur unseren eigenen Konstrukten von Geschichte? Kulturen und Gesellschaften funktionieren komplexer, ihre Geschichte wandelt sich auf verschiedenen Horizonten mit unterschiedlichen Geschwindigkeiten. Nebeneinander vollziehen sich gleichzeitig rasche Wechsel, radikale Veränderungen, langsamer Wandel, kontinuierlich und unmerklich dahinfließende Verschiebungen, aber auch länger anhaltende Stagnationen und starke Kontinuitäten. Jeder Lebensbereich einer Gesellschaft, und darin wiederum jede spezifische Seite seines Systems haben ihren eigenen Rhythmus und ihre eigene Gesetzmäßigkeit des Wandels und Nichtwandels. So gesehen gibt es auf den verschiedenen kulturellen Feldern viele «Epochenschwellen» nebeneinander: weit verteilt und im chronologischen Spektrum auseinander liegend. Wo soll und kann man in diesem Geflecht von Stagnation und Veränderung dann aber noch die richtigen Zäsuren bestimmen, die erlauben, ganze Kulturen und Gesellschaften übergreifend in historische Epochen zu unterteilen, und damit einen Zeitabschnitt in einem grundsätzlicheren Sinne zu charakterisieren? Und was bringt ein solch übergreifendes Strukturieren von Geschichte dann eigentlich noch für unser historisches Verständnis?

Zweifelsohne: Der Wohnbereich ist ein kultureller Sektor von besonderer Eigengesetzlichkeit, der eher von langsamen Wandlungen und länger anhaltenden Kontinuitäten geprägt zu sein scheint. In seinem Horizont überzeugend klare Epochengrenzen zu definieren, ist kaum möglich. Und entsprechend drängt sich von hier aus auch die Frage nach Epochengrenzen nicht allzu sehr auf. Die Wohnkultur eröffnet vielmehr andere Perspektiven für unser historisches Fragen und unser historisches Verständnis. Die Mythenbilder im spätantiken Haus – sie sind weniger instruktiv für die Frage nach dem Epochenwandel, wohl aber um so mehr für ein Fragen nach der Komplexität von Kultur, zwischen Veränderung und Stagnation, jenseits aller übergreifenden Epochenkonstrukte.

Norbert Zimmermann

# Beginn und Ende der Katakomben

## Die Gesellschaft des spätantiken Rom im Spiegel ihrer Nekropolen

Zu den besterhaltenen Monumenten aus dem spätantiken Rom gehören die Katakomben, da sie nach ihrer Aufgabe als Bestattungs- und Pilgerorte keinen sinnvollen Zweck mehr hatten und so, einmal aus dem Bewußtsein verdrängt, die Zeit relativ unbeschadet überstanden haben. Ihre oft kilometerlangen unterirdischen Gangsysteme dienten für gut zwei Jahrhunderte, vom beginnenden 3. bis ins 5. Jh. hinein, vor allem den christlichen Gemeinden der Stadt als Friedhöfe ihrer Mitglieder und deren Angehörigen. Mit dieser Zeitstellung der zömeterialen Nutzung begleiten die Katakomben genau jenen Abschnitt der Geschichte der Stadt, in dem sich Rom vom politischen und geistigen *caput mundi* als imperiale Residenz- und Hauptstadt des Reiches zum realpolitisch unbedeutenden, wirtschaftlich gebrochenen, von Alarichs Truppen überrannten und geplünderten Symbol der einstigen Macht wandelt. Fast alle Theorien, die den Ursachen dieses Niedergangs nachgehen, weisen der Ausbreitung des Christentums einen mehr oder weniger deutlichen Anteil an dieser Entwicklung zu. Mit einer bisweilen atemberaubenden Unmittelbarkeit führen die Katakomben in die Welt der Zeitgenossen jener Vorgänge hinab und konfrontieren die heutigen Besucher direkt mit den Grabanlagen und z.T. noch den sterblichen Überresten der Menschen, die Zeitzeugen dieser bedeutenden Umbrüche waren. Das Auftreten der Katakomben, ihre Entwicklung und das Abflauen ihrer Nutzung spiegeln in einzigartiger Weise Befinden und Bedürfnisse der Menschen wider, die nach ihrem Tod hier die letzte Ruhe fanden. Ihren Motiven für eine Bestattung in diesen christlichen Friedhöfen und deren Rolle für die spätantike Gesellschaft Roms sei im Folgenden nachgegangen.

Die außergewöhnlich gute Erhaltung der unterirdischen Bereiche birgt sicherlich auch eine oft vernachlässigte Gefahr, nämlich dieser hier zufällig so gut konservierten Situation in der Bewertung des sonst sehr fragmentarischen Gesamtbildes des spätantiken Sepulkralwesens zu große Bedeutung beizumessen. Doch selbst bei der Beurteilung nur der Katakomben wird meist unterschlagen, daß sie mit oberirdischen Friedhofsbereichen in den gleichen Grundstücksgrenzen korrespondierten, so daß praktisch immer «nur» die unterirdischen Teile der Zömeterien vorhanden sind – und betrachtet werden.

Ganz ohne Substanzverlust sind freilich auch die Katakomben nicht erhalten: Schon seit der Antike wurde entwendet und entfernt, was materiell verwendbar oder ideell wertvoll schien, z. B. Spolienmarmor oder Reliquien echter bzw. allzu oft vermeintlicher Martyrer. Aber auch bei den Gräbern angebrachte Lampen oder sonstige Erkennungsgegenstände fanden zu Hunderten den Weg in private und öffentliche Sammlungen. Nicht zuletzt die seit der Wiederentdeckung der Katakomben im Zeitalter der Gegenreformation zu ihrem Schutz eingesetzten Institutionen richteten früher bisweilen mehr Schaden als Nutzen an. So wechseln sich heute jüngst entdeckte, nahezu intakte Galerien mit altbekannten, leergeplünderten Gängen ab. Stets vor Ort verblieben hingegen die bei den Gräbern angebrachten Malereien, da sie nicht entfernbar waren. Diese Bilder öffnen neben den Inschriften auf den Grabverschlußplatten den wichtigsten direkten Zugang zu den Hoffnungen und Wünschen der Bestatteten, weshalb ihnen neben der Struktur und dem Charakter der Friedhöfe unsere besondere Aufmerksamkeit geschenkt sei.

Immerhin etwa 60 katakombale Anlagen sind entlang der Ausfallstraßen außerhalb des aurelianischen Mauerrings bekannt geworden, und man schätzt die Gesamtlänge der unterirdischen Galerien auf nicht weniger als 175 km. Die Bestattungen wurden in Bodengräbern (*formae*), längs übereinanderliegenden Reihen von Wandnischengräbern (*loculi*) oder Bogengräbern (*arcosolia*) eingebracht, entweder entlang der Galerien oder in einzelnen Grabkammern. Wenn man mit fünf Gräbern pro laufendem Meter Galerie rechnet, kommt man auf eine Zahl von ca. 875 000 Grabplätzen, wobei die Möglichkeit von Mehrfach- und Nachbelegungen noch gar nicht berücksichtigt ist. Zweifelsohne handelt es sich um ein gewaltiges Aufkommen, dessen gesellschaftliche Bedeutung schon nach diesen Zahlen für nicht zu gering gehalten werden sollte. Extrem niedrig nimmt sich im Vergleich dazu die Anzahl der bemalten Ambiente aus. In etwa 460 Fällen hat sich im Grabbereich Wandmalerei erhalten, wobei dieser Wert gleichermaßen geringe Reste an einer Galeriewand wie vollständig ausgemalte Kammern erfaßt. Im Schnitt nur etwa alle 380 Meter oder nur jede 1900. Bestattung bzw. – auf 200 Jahre berechnet – nur 2,3 Mal im Jahr wurde ein Grabbereich mit Malerei ausgestattet. Zum Vergleich sind Grabinschriften in einer Größenordnung von etwa 40 000 Stück bekannt; der größte Teil wurde allerdings als Streufund geborgen und ist daher ohne diese direkte Authentizität, die an den ausgemalten Ambienten so fasziniert. Die malerische Grabausstattung war offensichtlich ein ungewöhnlicher, entbehrlicher Luxus,

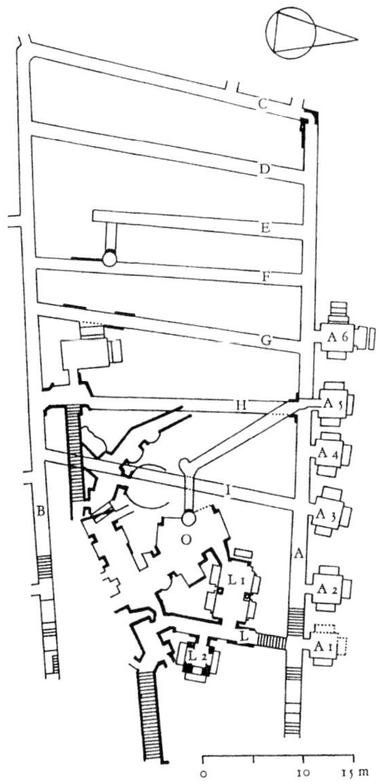


1

***Abb. 1 Callistus-Katakombe, Area I, Hauptgalerien A und B mit Querachsen C-I, Papstgruft L1 und den sog. Sakramentskapellen A1–A6.***

2

der eher selten gewünscht wurde. Rechnet man also mit einigen zerstörten und einigen (noch) nicht bekannten Malereien, so darf man sich also etwas öfter als die etwa 460 bekannten Male die Situation vorstellen, daß ein Grabbesitzer mit einem Maler Kontakt aufnahm und mit ihm konkret die Ausstattung seiner Anlage plante: Allein schon daraus wird deutlich, daß die Katakombenmalerei zuallererst eine persönliche, individuelle Äußerung dieses privaten Auftraggebers ist. Von Seiten der Betreiber der Katakomben – also meist den Gemeinden – sind zumindest bis weit ins 4. Jh. hinein keine über die reine Struktur der Gänge gehende Einrichtungen z. B. für Totenkult in den Katakomben erhalten: Die Initiative für Grabmalerei erfreut sich also wohl kirchlicher Duldung, aber ihre direkte Förderung wird nirgends sichtbar. Neben Wunsch und Zahlkraft des Auftraggebers mußten zudem Maler zur Verfügung stehen, was wohl nicht immer der Fall war. Nur so erklärt sich, daß manche Zömeterien frei von Malerei blieben, obwohl sie von der Architektur her ähnlich reiche Ambiente zeigen wie an Malerei reiche Katakomben. Oft dürften die Fossoren, die für die Erdarbeiten und die Bestattungen zuständigen Arbeiter, die Malereien selbst ausgeführt haben, seltener läßt eine bessere Qualität auch an die Verpflichtung eines Malers aus einem «oberirdischen» Atelier denken.

Schon seit der ersten Wiederentdeckung im Zeitalter der Gegenreformation hat man versucht, sich den Inhalten und Aussagen der Malerei bei den Gräbern zu nähern und war dabei oft von dem Wunsch erfüllt, theologische Positionen und Lehren der Kirche, ihre Dogmen und Sakramente bestätigt zu sehen oder in ihrer apostolischen Tradition zu rechtfertigen. Der zentrale Aspekt des Privaten dieser Kunst, die jedenfalls keine «offizielle» Kunst der Kirche ist, ging dabei verloren. Gerade er sei daher hier besonders herausgestellt, und zwar im Bilde dessen, was als dringlichstes Anliegen der Auftraggeber unzweifelhaft hervortritt: daß die hier Bestatteten, die oft mit den Auftraggebern der Malereien identisch gewesen sein werden, im christlichen Sinne gerettet, daß heißt im Paradies, als Erlöste bei Christus sein mögen.

## Christliche Zömeterien: Die Erfindung der Katakomben im Kontext ihrer Zeit

Die Sorge um die eigene Grablege, die standesgemäße, repräsentative Gestaltung eines Grabmonuments und der Ahnenkult waren zentrale Bestandteile des römischen Sepulkralwesens. Entlang der Ausfallstraßen der Stadt, etwa der via Appia, in der Vatikanischen Nekropole oder der Isola Sacra haben sich typische Beispiele solcher kaiserzeitlichen Nekropolen erhalten, die keine umfriedeten Grabbereiche im heutigen Sinne eines Friedhofes waren, sondern freie Areale, in denen die potenten Grabbesitzer nach Größe, Sichtbarkeit und der Architektur ihrer Grabbauten in Konkurrenz standen, um ihr Andenken zu sichern. Es versteht sich von selbst, daß große Teile der unter der schwierigen wirtschaftlichen und politischen Situation leidenden Bevölkerung keine Möglichkeit hatten, in solchen Dimensionen die eigene Grablege zu bereiten. Zwar sicherte die Familie als Träger dieser Fürsorge auch für Sklaven, Freigelassene und deren Angehörige einen Grabplatz, ähnlich wie dies bisweilen auch Korporationen und Militärverbände taten. Wer jedoch durch alle diese Raster privat-familiärer Fürsorge hindurchgefallen war – vorwiegend Sklaven und Arme –, auf den wartete ein angesichts der Bedeutung des Totenkultes unwürdiges Verscharren in den *puticuli* genannten Massengräbern am Esquilin. Die Wirtschaftskrise des Reiches, die durch den Wechsel von der Brand- zur Körperbestattung noch geschürte Raumnot und die daraus resultierenden steigenden Preise auch für Grabplatz hatten die Situation noch verschärft.

Die Idee zur Nutzung der ausbaufähigen Tuffsedimente der römischen Campagna für sepulkrale Zwecke ist keine christliche. Eine große Zahl von privaten Mausoleen des späten 2. und 3. Jhs. erschließen in ihren oberirdischen Nutzungsgrenzen den zum Besitz dazugehörenden unterirdischen Raum für Bestattungen. Wie die gut erhaltenen Mausoleen etwa unter S. Sebastiano zeigen, wurden in den stollenartigen, wegen der geringen Ausdehnung stark verwinkelten Gängen vorwiegend unbedeutendere Mitglieder der *familia* beigesetzt, während die wichtigen Bestattungen nach wie vor im Hauptraum vorgenommen wurden. Genuin christlich scheint hingegen die Idee der massenhaften Nutzung der unterirdischen Bedingungen für große, konfessionelle und geschlossene Friedhofsbezirke gewesen zu sein.

Am Ende des 2. Jhs. war in den christlichen Gemeinden ein Entwicklungsprozeß abgeschlossen, mit dessen struktureller Festigkeit nach innen auch das Bedürfnis einer Abkapselung nach außen entstanden war. Nicht nur in Rom, auch in anderen Städten des Reiches wie Alexandria oder Karthago wurden zu dieser Zeit solche Friedhofsbezirke gegründet, die ein generelles Novum darstellen. Verschiedene Quellen seit dem frühen 3. Jh. überliefern für diese Bestattungsbezirke auch eine neue, tiefgründige Bezeichnung *coemeterium*. Das Wort, das nur in der Verwendung für christliche Gemeindefriedhöfe belegt ist, fängt expressis verbis die konkrete Auferstehungshoffnung der hier Bestatteten ein und spiegelt so den damit einhergehenden, tiefgreifenden Mentalitätswandel: Als vorübergehender Schlafplatz, an dem die Verstorbenen im *refrigerium interim*, dem «Zwischenzustand» zwischen Tod und Jüngstem Tag, ruhen, werden die Grabplätze in den Katakomben und anderen Gemeindefriedhöfen nun verstanden.

Doch für die Attraktivität dieser Friedhöfe war nicht die neuartige endzeitliche Hoffnung der christlichen Erlösungslehre allein verantwortlich, vielmehr kommt auch ein sehr praktischer, lebensnaher Aspekt hinzu. Denn die christliche *caritas*, die Fürsorge für die Armen, Mittellosen und aus der Gesellschaft Ausgestoßenen, forderte die Gemeinden zu sehr konkreten Wohltaten auf. Speziell die Sorge für ein ordentliches Grab wurde als besonders dringliche Aufgabe empfunden, und die Bischöfe verpflichteten sich, den Ärmsten einen Grabplatz zur Verfügung zu stellen und für die Unkosten der Bestattung aufzukommen. Es wäre sicherlich falsch, in der Frage nach den Gründen für die so erfolgreiche Ausbreitung des Christentums in den unteren Gesellschaftsschichten die ideellen gegen die praktischen Motive auszuspielen. Doch sahen rückblickend im 4. Jh. gerade die Gegner des Christentums, allen voran Julian Apostata, in der Sorge um die Verstorbenen einen der wichtigsten Gründe für den Erfolg der zunächst noch unterdrückten Religion.

### Die erste Gemeindekatakombe

Für die Stadt Rom decken sich die schriftlichen Quellen und der archäologische Befund über die christlichen Friedhöfe in geradezu idealer Weise. Wie die Quellen berichten, betraute Papst Zepherinus (198–217) den Diakon Callistus mit der Leitung des ersten bekannten Zömeteriums überhaupt an der Via Appia. Diese Aufgabe hat Callistus so gut gelöst, daß sein Name mit dem Ort auch noch verbunden blieb, als er Zepherinus auf dem Stuhle Petri folgte. Ende des 19. Jhs. gelang die Identifizierung jener ersten Kernzone, die als Callistus' Wirkungsbereich gelten darf. Die sog. Area I ist seitdem das klassische Beispiel einer solchen christlichen Gemeindekatakombe geworden, weshalb sie kurz vorgestellt sei (Abb. 1). Zwei Parallele Treppen führen zu zwei Hauptgalerien A und B hinab, die untereinander mit Quergängen verbunden sind und auf diese Weise ein etwa 30 x 70 m großes Grundstück optimal erschließen. Drei wichtige Nutzungsbereiche enthält dieses Gangnetz:

Die Wände aller Galerien wurden zunächst dicht gefüllt mit Reihen einfachster Loculi, wobei man auf eine bedarfsweise Ausdehnung der Gänge von Beginn an Rücksicht nahm. Die Loculi sind, neben der großen Rationalität der Raumnutzung, das Merkmal schlechthin der Katakomben: Die weitaus größte Zahl aller jemals in den Katakomben eingebrachten Bestattungen nutzt dieses einfache, oft erst direkt nach dem Körpermaß des Leichnams ausgehöhlte Flachnischengrab. Je nach den finanziellen Möglichkeiten wurden sie von einer Marmorplatte mit Inschrift oder schlicht mit Ziegeln verschlossen.

Daneben kam es in einer Erweiterungs- bzw. Vertiefungsphase auch zur Ausbildung aufwendigerer Bestattungsformen. Die sog. «Papstgruft» (L 1) ist eine Kammer, die ausschließlich zur Bestattung höchster kirchlicher Würdenträger diente. So fanden hier neun römische – von Pontianus († 235) bis Eutychianus († 283) – und vier afrikanische Bischöfe ihre letzte Ruhe. Und schließlich entstand entlang der Galerie A sukzessive eine Reihe abgeschlossener Cubicula, die wohl private Grüfte reicherer Familien sind. Durch den baulichen Zusammenhang mit der Papstgruft und die Tatsache, daß die nachfolgenden Päpste Gaius (283–298), Eusebius (310) und Miltiades (310–314) im weiter ausgedehnten Bereich der Katakombe bestattet sind, ist ihre Entstehung grob zwischen 230 und 280 gesichert.

Es handelt sich um kleine, annähernd quadratische Räume mit flacher oder leicht gewölbter Decke, die an je drei Wänden zwei Loculi übereinander aufnehmen, nur die Eingangswand ist ohne Bestattungen. Von den Bestattungswänden ist zunächst keine deutlich als Hauptwand und die anderen als untergeordnet ausgebildet. Diese mißverständlich als «Sakramentskapellen» bezeichneten Cubicula sind an Decken und Wänden mit Bildern ausgemalt, die uns nun in sehr eindrücklicher Form die Wünsche der Bestatteten vor Augen führen (Abb. 2. 3). In einem leichten Rahmensystem, wie es ähnlich aus zeitgenössischen Wohnbauten in Rom und Ostia bekannt ist, sind zwischen den Graböffnungen kleinfigurige Bilder eingefügt. Neben ornamentalen Vögeln, wohl apotropäischen Darstellungen der Fossoren und traditionellen Szenen wie Totenmahl oder dem zum Guten Hirten umgedeuteten Schafträger finden sich hier zum ersten Mal im Westen auch biblische Szenen. Aus dem Alten Testament sind es etwa das Abrahamsopfer oder der gleich mehrszenig auftretende Jonaszyklus, aus dem Neuen Testament etwa die Taufe, Christus und die Samaritanerin am Brunnen oder die Erweckung des Lazarus. Einige von den Bildern, besonders die letzte Szene mit heraustretendem statt als Wickelmumie verharrendem Lazarus, zeigen ikonographische Sonderformen im Vergleich zu den später stark standardisierten Bildformularen, die am ausgebildeten Bildtyp meist festhalten. Man hat diese Detailunterschiede als Ausdruck einer Zeit des Experimentierens und Indiz der Neuschöpfung dieser Bilder gedeutet. Jedenfalls ist allen hier verwendeten Szenen ein ganz allgemeiner, facettenreich vorgetragener Grundgedanke gemein: Sie erzählen von Errettung, Wundern, Heilungen sowie konkret auch

*Abb. 2 Callistus-Katakombe, Cubiculum 22, sog. Sakramentskapelle A3, Wandabrollung: A: Eingangswand mit (1) Samaritanerin am Brunnen und (2) Wasserwunder; B: linke Wand mit (3) Meerwurf des Jona, (4) Angler, (5) Taufe, (6) Gichtbrüchiger; C: Rückwand mit (7) Jonasruhe, (8) und (12) Fossoren, (9) Dreifuß, (10) Mahlszene, (11) Abrahamsopfer; D: rechte Wand mit (13) Ausspeiung des Jonas.*

*Abb. 3 Callistus-Katakombe, Cubiculum 22, sog. Sakramentskapelle A3, Rückwand.*

3

4

von Totenerweckung und sind Paradigmen dieser Auferstehungshoffnung, die die hier ruhenden Verstorbenen hegen. Die Toten sind auf diese Weise eingebettet in diese biblischen (und zum Teil auch traditionell formulierten) Hoffnungsgedanken. Die einzelnen Szenen scheinen dabei untereinander indifferent und frei austauschbar, ohne die gemeinsame übergeordnete Aussage zu verändern. Erst eine Generation später sind diese christlichen Szenen in der Sarkophagplastik greifbar.

In jüngster Zeit hat man versucht, den einheitlichen Charakter der Katakombengalerien als Ausdruck der geschwisterlichen Gleichheit aller Mitglieder der Gemeinde zu deuten. Wenn dem überhaupt so war, endete dieser Zustand jedoch bereits mit der Anlage von Cubicula, durch die, wenn auch moderat, die sozialen Unterschiede der Bestatteten augenfällig wurden, zumal auch für die Kirchenoberen eine eigene Kammer entstand.

5

Während es eine der Papstgruft vergleichbare Sammelbestattung für Bischöfe

6

*Abb. 4 Callistus-Katakombe, Cubiculum 44, sog. Kammer der fünf Heiligen mit den Darstellungen von fünf Verstorbenen in Orantenhaltung.*

*Abb. 5 Callistus-Katakombe, Cubiculum 44, «Dionysias in pace».*

*Abb. 6 Priscilla-Katakombe, Cubiculum 7, sog. Kammer der Velatio.*

*Abb. 7 Katakombe Ss. Marcellino e Pietro, Cubiculum 27, Decke.*

*Abb. 8 Katakombe Ss. Marcellino e Pietro, Gesamtansicht von Cubiculum 27 nach dem Stich von A. Bosio 1632.*

*Abb. 9 Ss. Marcellino e Pietro, Cubiculum 27, Rückwand. «Elio-(dora)» in Orantenhaltung.*

7

in den Katakomben nie wieder gegeben hat, bleiben die beiden anderen Nutzungsformen für Reichere (Cubicula) und Ärmere (Loculi) bis ans Ende der Bestattungstätigkeit erhalten. In nahezu allen Katakomben bilden sich in klarer Trennung voneinander reiche Regionen mit z.T. ausgemalten Cubicula zumeist im Bereich eigener Treppenanlagen und davon etwas entfernt die Galerieraster nach dem einfachsten Muster aus. So antworten die Katakomben einerseits auf den Bedarf der Gemeinden, andererseits spiegeln sie deren soziales Gefüge wider.

## Die Darstellung der Verstorbenen – Rettung und Repräsentation

In der frühen Denkmälerschicht bis etwa in die 270/80er Jahre des 3. Jhs., für die die «Sakramentskapellen» in S. Callisto als repräsentativ gelten dürfen, sind noch keine Abbildungen von Verstorbenen zu finden. Doch nachdem sich im Verlauf des Jahrhunderts eine gewisse Konvention christlicher Szenen, ein Repertoire an alt- und neutestamentlichen Rettungsbildern etabliert hat, drängen auch direkte Darstellungen der erhofften Seligkeit hervor. Eines der frühesten Beispiele findet sich in einem Cubiculum, das in S. Callisto kurz nach der Erweiterung der mittlerweile überfüllten Area I, etwa zwischen 280–290 n. Chr., angelegt worden sein dürfte. Es handelt sich um die sog. Kammer der Cinque Santi. Die Hauptwand dieses großen Raumes wurde auf der Fläche um das monumentale Arkosol herum verputzt und mit dem Bild eines großen Paradiesgarten versehen, in dem die namensgebenden fünf Personen in Orantenhaltung verteilt stehen (Abb. 4). Die zwei Männer und drei Frauen sind vornehm gekleidet und unterschiedlich alt. Inschriften nennen uns auch ihre Namen, nämlich Dionysias (Abb. 5), Nemesius, Procopius, Eliodora und Zoae, wobei dem Namenszug jeweils die Wunschformel «in pace», «in Frieden», beigegeben ist. Im Bild ist in der Angabe des Gartens die Erfüllung dieses Wunsches bereits vorweggenommen, indem die Vestorbenen schon ins Paradies hineinprojiziert sind. Der Wunsch «in pace» ist eindeutig christlich konnotiert – anders als der von der traditionellen Darstellung der Pietas,

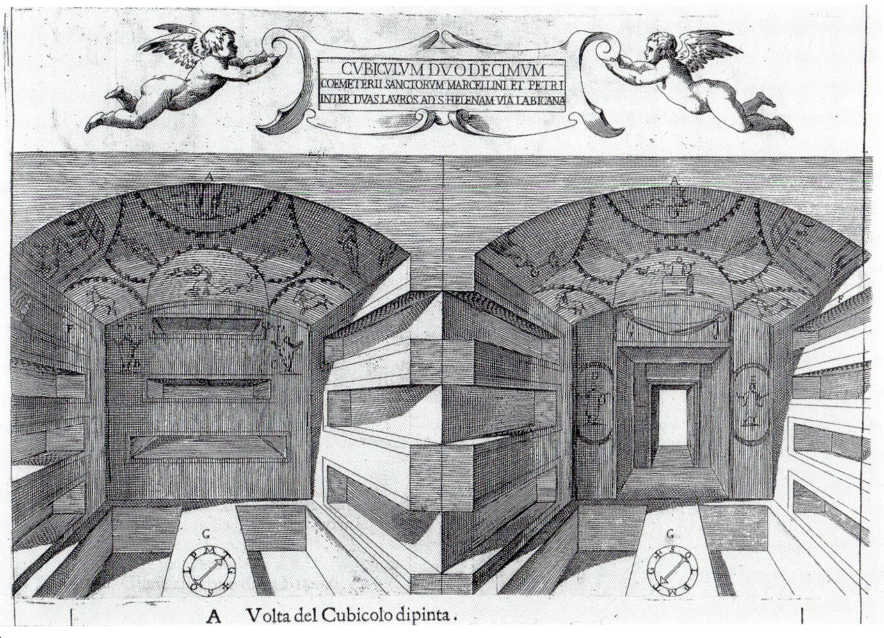


8

9

10

der «Frömmigkeit» der Verstorbenen abgeleitete Orantengestus – und ersetzt in diesem Fall die Abbildung weiterer Rettungsbilder.

Ähnlich datiert wird auch ein zweites, nicht minder berühmtes Beispiel aus der Priscilla-Katakombe. Die kleine und nur mit Loculi belegte sog. Kammer der Velatio (der «Schleiernahme») ist an der Decke und im oberen Wandbereich, d. h. den drei Lunettenfeldern unterhalb des Gewölbes, ausgemalt (Abb. 6). Wiederum an der Hauptwand findet sich eine dreigliedrige Szenerie: In der Mitte steht die Verstorbene mit ausgebreiteten Armen in Orantenhaltung, links dürfte sie im Augenblick der Vermählung und rechts davon als stillende Mutter zu sehen sein. Zwei Momentaufnahmen des realen Lebens sind also dem christlichen Gestus ihrer Pietas gegenübergestellt. Das Ziel ihrer Hoffnung ist wiederum in den umgebenden Szenen an Decke und Nebenflächen ausgeführt, wo im Zentrum der Decke der Gute Hirte, rechts die drei Jünglinge im Feuerofen und links das Abrahamsopfer erscheint. Über dem Eingang begegnet mit der Szene der Ausspeiung Jonas' aus dem Fisch die sonst zyklisch dargestellte Geschichte. Anders als in S. Callisto, aber ebenso einzigartig ist die hier gefundene Bildformel, die nun die möglichst persönliche Bildebene mit den Rettungsbildern direkt verbindet: Dort im Bild des erreichten friedlichen (Paradieses-) Gartens, hier über die persönliche Einbindung in die mittlerweile üblich gewordenen Rettungsbilder.

In die gleiche Denkmälerschicht gehören auch einige Cubicula aus der ältesten Region X der Katakombe Ss. Marcellino e Pietro, die im Vergleich zur «Velatio» in Priscilla eine malerisch etwas bescheidenere Variante der Abbildung persönlichen Heils zeigen: Die kleinen, nur mit Loculi belegten Kammern 10 und 27 zeigen nicht nur im Mittelfeld der Decke einen Guten Hirten oder Daniel zwischen den Löwen umgeben vom Jonaszyklus (Abb. 7), sondern klein an der Hauptwand auch die Person der Verstorbenen bzw. der Grabbesitzer als Oranten (Abb. 8. 9). Ihre Identität ist wegen der geringen Größe der Bilder mit griechischen bzw. lateinischen Lettern angegeben: «Eliobora» in Kammer 27 (Abb. 9), «Bin-kentia» in Kammer 10. Beide Kammern gehören zu einer Serie von Cubicula, die in der Region X erst ungefähr eine Generation nach ihrer Inbetriebnahme auftreten und vielleicht vom gleichen Maler an extremen Enden der ersten Ausdehnung ausgestattet werden – was ähnlich auch in S. Callisto zu beobachten war, nur etwa eine Generation früher.

Mit der gerade genannten Gruppe von Malereien, die leicht um viele weitere Beispiele ergänzt werden können, ist die Schwelle zum 4. Jh. erreicht. Ihnen allen ist gemein, daß sie zwar das Bild der Verstorbenen in den Kreis der Rettungsbilder einbinden, doch auf eine etwas zurückhaltende Art, indem nämlich für die Malerei nicht auf Grabraum verzichtet wurde, wie die «cinque santi», die «Velatio» und Eliodora gemeinsam belegen.

In diesem Bilderkreis haben wir so etwas wie das heimliche Hauptthema der Katakombenmalerei kennengelernt, das sich, in unterschiedlicher Ausprägung, aber sehr konstant, von nun an in einer sehr großen Zahl aller bemalten Grabbereiche überhaupt finden läßt: nämlich Rettung und Repräsentation der Verstorbenen. Man stellt sich selbst oder die eigenen Angehörigen als Gerettete in ein paradiesisches Ambiente oder schafft eine konkrete Verbindung zwischen den gebetsmühlenartig sich wiederholenden Rettungsszenen und der individuell gemeinten oder sogar individuell charakterisierten Darstellung der Verstorbenen. Auf diese Weise ist die Auferstehungshoffnung, ein wenig zumindest, bereits erfüllt, und zugleich wird an geeigneter Stelle möglichst dem Bedürfnis nach der eigenen Repräsentation Genüge getan, indem der Blick des Eintretenden sofort auf die entsprechenden Darstellungen fällt. Es ist in diesem Zusammenhang auch ganz unerheblich, ob die Malereien von Dritten gesehen werden konnten oder, wie anzunehmen ist, die Grabräume nur sehr selten von den eigenen Angehörigen besucht wurden. Beide Aspekte der Bilder bedürfen nicht des Gesehenwerdens, sondern beziehen sich auch unabhängig von eventuellen Betrachtern auf die reale Gegenwart und die erhoffte Zukunft der Bestatteten.

Kurz nach dem Ende der diokletianischen Christenverfolgung beginnt für die römischen Gemeinden bereits 305 unter Maxentius der Kirchenfrieden, der ab der konstantinischen Wende für das ganze Westreich einsetzt. Das nun staatlich erst geduldete und dann sogar geförderte Christentum erfuhr enormen Zulauf aus der Bevölkerung, der sich in einem regelrechten Boom der Katakomben niederschlug. Neben den jetzt vermehrt auftretenden reicheren Kammern mit außergewöhnlichen Formen läßt sich auch eine Vergrößerung der Regionen mit Galerien im einfachen Rastermuster, also der Galerien der Armen und weniger Reichen, konstatieren. Nach wie vor bleibt mithin die Armenbestattung ein zentrales Anliegen, und die Katakomben der Ort dafür.

Aus dieser Zeit ist das Bild einer Verstorbenen erhalten, die in ihrer Anordnung zwischen aufgereihten biblischen Szenen einem Sarkophag aus der Gruppe der «konstantinischen Friessarkophage» entnommen scheint, die in Orantenhaltung verharrende Grata aus der Katakombe der Jordaner (Abb. 10). Sie wird links von einer Lazaruserweckung, rechts von den drei Jünglingen im Feuerofen und Daniel zwischen den Löwen flankiert. Ihr Grabbesitz umfaßte keine geschlossene Kammer, sondern nur einen offenen Wandabschnitt in einer Galerie, so daß als Bildfläche abermals nur der Platz zwischen den Loculi übrig blieb. Insgesamt ist jedoch zu beobachten, daß in den immer aufwendigeren Grabräumen auch Darstellungen der Verstorbenen eine prominentere Stelle zugewiesen bekommen, etwa an der Hauptwand oder möglichst direkt über dem Grab, bei Arkosolen etwa zumeist im Lunettenfeld. Zu ihnen gehört etwa ein Arkosol der namentlich unbekannten und daher als «anonym» bezeichneten Anapo-Katakombe. Der Verstorbene erscheint in Orantenhaltung an der Lunettenwand in einer architektonischen Rahmung (Abb. 11. 12). Seine Jenseitshoffnung ist durch eine der üblichen biblischen Szenen konkretisiert; in diesem Fall ist es im Medaillonfeld über dem Oranten Noe in der Arche, dem die Taube den Zweig bringt.

## Den Himmel erreichen

Neben den Malereien aus Gemeindekatakomben finden sich in ihrer Aussage völlig gleichartige Bilder auch in privaten Grüften. Eins der berühmtesten Beispiele solcher Anlagen ist das Hypogäum der Via Latina. In der hintersten Kammer O, die wohl im dritten Viertel des 4. Jhs. entstand, knüpft die Ausstattung mit der frei vorgetragenen Bitte des Rettungswunsches in der Intention nahtlos an die frühere Denkmälerschicht an: An der Rückwand der Kammer bildet die Lunettenmalerei des Arkosols eine direkte sinnträchtige Einheit mit der Sarkophagfront darunter, denn sie nimmt seine architektonische Gliederung mit vier Säulen auf. Über dem zentralen Inschriftenfeld erscheint in einer Nische frontal der Pfau, das traditionelle Konsekrationsmotiv der Kaiserinnen (Abb. 14). Ihm huldigen horizontal von rechts und links Eroten und kleine Psychen, während in der Vertikalachse darüber im Arkosolbogen die Büste einer jungen Frau, zweifellos der Verstorbenen erscheint. Ein sorgfältiges Girlandengeflecht umgibt sie, und ihr blauer Nimbus deutet die Sphäre an, der sie bereits zugehörig gedacht ist. Diese Komposition ist direkt am traditionellen Motiv der Apotheose orientiert, was jedoch nicht daran hindert, den Ort, in den die Verstorbene hoffnungsvoll projiziert ist, als christliches Paradies zu kennzeichnen. Denn wiederum ist die Szenerie an den Wandflächen eingebunden in die alt- und neutestamentlichen Rettungsbilder, in diesem Fall die Szenen der drei Jünglinge im Feuerofen und des Brotwunders Christi – auch Christus trägt den blauen Nimbus. Als weitere Besonderheit treten zwei Bilder im Eingang des Arkosols flankierend hinzu, die vielleicht sogar die Eltern – und damit die Auftraggeber der Grabanlage – ins Bild setzen: Denn links erscheint Noe in der Arche in ganz unüblicher Weise als bärtiger, nicht mehr ganz junger Mann (Abb. 13), und ihm gegenüber eine verschleierte Orantin, die ebenfalls als nicht mehr jugendliche Matrone gekennzeichnet ist (Abb. 15). Die für die Erlösung ihrer Tochter betenden Eltern an ihrem Grab, verbunden mit christlichen Hoffnungsbildern und einer traditionellen Apotheose-Darstellung, passen sehr gut ins Bild der spätantiken Römer, die aus dem Bildschatz der Vergangenheit neue Bildinhalte zusammensetzten.

Zwei weitere Beispiele, nun wieder aus Domitilla und also einer Gemeindekatakombe, bieten ähnliche Versuche, den gleichen Inhalt zu transportieren. Große Aufmerksamkeit verdient das besonders qualitätvolle Bild eines Guten Hirten mit seiner Herde, das den konchenartig aufgespannten Bogen des Arkosols 70 schmückt (Abb. 16). Rechts und links erscheinen klein zu seinen Füßen die Verstorbenen als Oranten. Die Frau trägt im direkten Blickkontakt zum Guten Hirten Christus ihre Bitte direkt vor, seiner paradiesischen Herde schon zuzugehören. Mit dem Wasserwunder des Mose und der Erweckung des Lazarus in den Nebenfeldern sind wiederum sinnfällig beide Testamente zitiert.

11

Unweit dieses Arkosols und vielleicht im gleichen Kontext entstanden, schmückt ein besonderes Bild das Mittelmedaillon an der Decke der sechseckigen Kammer 69 (Abb. 17). Die leider schlecht erhaltene Szene ist aus der Sarkophagplastik gut bekannt, aber nur dieses einzige Mal in der Malerei belegt. Vor den Thron Christi, der von zwei Aposteln flankiert wird, treten Verstorbene in demütig gebeugter Haltung und mit vorgestreckten Händen. Auch sie verlassen den Kreis der sie umgebenen biblischen Rettungsbilder, um für sich selbst in der direktesten Weise vorzusprechen.

## Die Hilfe der Heiligen

Die bisherigen Beispiele scheinen typisch zu sein für eine Etappe in der Entwicklung christlicher Ikonographie, die noch keine feste Bildform für die theologische Aussage «Erreichen der Seligkeit» ausgebildet und darum immer wieder neue Formulierungen für dieses oft ge-

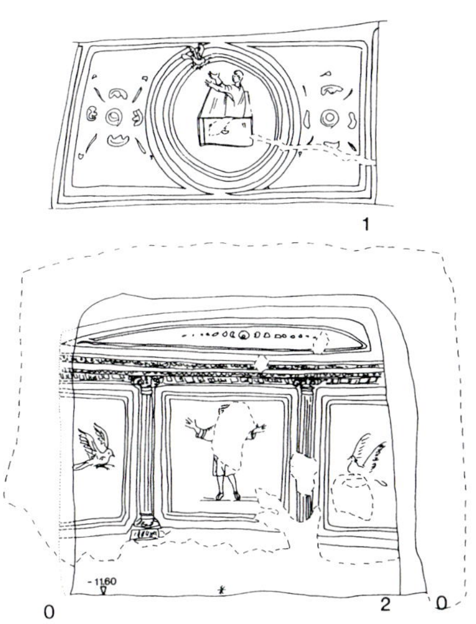


12

***Abb. 10 Jordaner-Katakombe, Darstellung der Verstorbenen Grata.***

***Abb. 11 «Anonyme» Katakombe der Via Anapo, Arkosol 12.***

***Abb. 12 «Anonyme» Katakombe der Via Anapo, Arkosol 12, Umzeichnung.***

14

13

15

16

wünschte Thema entwickelt hat. Streng nach christlicher Lehre konnte dies auch erst am Jüngsten Tag, bei der Wiederkehr Christi zum Gericht erreicht werden. Die einzige Ausnahme bilden die Martyrer, die als Blutzeugen Christi Opfertod direkt nachahmten und daher auch direkten Anteil an seiner Herrlichkeit erhielten. Und genau auf diesem Bild aufbauend entwickelt sich unter dem offensichtlichem Einfluß der Theologen im Augenblick eines verstärkten kirchlichen Martyrerkultes nochmals eine neue Ikonographie, die den Verstorbenen nun nicht mehr individuell ins Paradies projiziert, sondern Fürsprache und Geleit der Martyrer mit ins Bild nimmt. Das Ende der Bestattungstätigkeit in den Katakomben fällt zusammen mit einer letzten Blüte privater Malereien ebendort.

***Abb. 13** Via Latina Katakombe, Arkosol Cub. O, linke Seite des Arkosols, Noe in der Arche.*

***Abb. 14** Via Latina Katakombe, Arkosol Cub. O, im Bogen die Verstorbene.*

***Abb. 15** Via Latina Katakombe, Arkosol Cub. O, rechte Seite des Arkosols, Orantin.*

***Abb. 16** Domitilla-Katakombe, Arkosol 70, Guter Hirte mit den Verstorbenen als Oranten, Mose beim Wasserwunder, Lazaruserwekkung.*

***Abb. 17** Domitilla, Mittelbild der Decke von Kammer 69, Verstorbene vor Christus; Umzeichnung.*

Das vielleicht früheste bekannte Beispiel ist das Lunettenbild der Matrone Veneranda im Retrosanctos-Bereich – d. h. im Bereich unmittelbar beim Heiligengrab – der Domitilla-Katakombe (Abb. 18). Sie steht nun nicht mehr allein in der Fläche, sondern wird von der Hl. Petronella, der hier verehrten legendären Apostelschülerin, in ein mit Blumen angegebenes paradiesisches Ambiente geleitet. Die «Aufgabe» der Selbständigkeit ist wohl ein geringer Preis, wenn die Heilige das Erreichen des Zieles garantiert.

Im «Cubiculum Leonis», der Grabkammer des Offizialen Leo aus den 70er Jahren des 4. Jhs., ist diese Entwicklung weitergeführt. In einer sehr reichen Ausmalung mit vielen Szenen Christi erscheint nun nicht mehr das Bildnis Leos selbst, sondern nur noch sein Namenszug in einer tabula ansata über dem Eingang. Christus im Zentrum einer Apostelversammlung, symbolisch in Gestalt von Tauben angegeben, säumt den Eingangsbogen. Im Sockelbereich erscheinen darunter die beiden Heiligen der Katakombe, Felix und Adauctus (Abb. 19. 20). Sie huldigen Christus mit Kränzen und können so, seiner Sphäre schon angehörig, Fürsprecher Leos sein.

Ein letztes Beispiel aus dem frühen 5. Jh., das zugleich auch zu den letzten Bildern in den Katakomben überhaupt gehört, steht auch am Ende dieser Entwicklung. Die kirchliche Initiative zur Martyrerverehrung unter Papst Damasus (366–384), der eine systematische Erschließung der Martyrergräber für gere-

17

gelten Pilgerverkehr veranlaßte, spricht zur Gänze aus dem Gemälde der Decke einer Kammer in unmittelbarer Nähe des Grabes der Ss. Marcellino e Pietro in ihrer Katakombe (Abb. 21). Bildaufbau, Insignien und Achsbezüge verraten einerseits deutlich die imperiale Herkunft der Bildelemente, die alle Martyrer der Katakombe in huldigender Anbetung in zwei Registern unter Christi Thron vereint, ganz ähnlich wie sich in der Triumphalkunst Beamte oder auch Darstellungen von Barbaren und Personifikationen dem Kaiser nähern. In der Darstellung des Lammes auf dem Berg (s. Beiträge Deckers und Warland), dem die vier Paradiesesströme entspringen, ist die endzeitliche Hoffnung nun orthodox gebündelt. In dieser hierarchischen Komposition hatte die direkte Darstellung der Verstorbenen keinen Platz, auch wenn die fürsprechende Geste der Martyrer wei-

18

terhin auf das Heil der hier Bestatteten zu beziehen ist. Damit hat eine «theologischere» Bitte um Errettung dem individueller und freier vorgetragenen Seligkeitswunsch den Rang abgelaufen.

In der seit dem Beginn der Katakombenmalerei verfolgbaren Beziehung von Grabort und Bild hat sich ein weiterer grundlegender Wandel vollzogen, da die Bildkonzeption hier nun deutlich nicht mehr vom Grab ausgeht, sondern Darstellungen oberirdischer Kulträume widerspiegelt, die in Dimension und Form an die Möglichkeiten einer Katakombenkammer angepaßt sind.

Die Katakomben lösten als enorme Bestattungsräume vor allem armer Bevölkerungsschichten ein elementares Problem der frühchristlichen Gemeinden. Das Abflauen ihrer Nutzung liegt nur zum Teil in der schrumpfenden Bevölkerungszahl und damit einer abnehmenden Knappheit des Platzangebotes begründet. Sicherlich waren die Belagerung der Stadt durch die Goten im Jahre 410, erst recht aber die so unsichere zweite Hälfte des 5. Jhs. nicht ohne direkte Auswirkungen auf die Bevölkerungsentwicklung und das Bestattungsverhalten. Aber schon seit dem letzten Drittel des 4. Jhs. konzentrieren sich die Bestattungen zunehmend auf die oberirdischen Friedhofsbereiche der großen konstantinischen Umgangsbasiliken, von denen bislang sechs jeweils in baulicher Nähe zu einer Katakombe bekannt geworden sind. Durch die extrem dichte Belegung des gesamten Bodens mit Schachtgräbern, die Bestattungen in bis zu acht Etagen über- oder besser untereinander ermöglichten, holen sie die Idee der Katakombengalerie gewissermaßen an die Oberfläche zurück. Diese festgefügten Friedhofsareale mit dem Kultzen-

19

20

trum einer großen Basilika stehen immer in lockerer räumlicher Nähe und daher zumindest assoziativ mit einem Martyrerkult in Verbindung. So werden sie damit die eigentlichen Vorläufer der frühmittelalterlichen Konzeption von Kirche und Friedhof. Mit der Rückkehr der Bestattungen an die Oberfläche reißt zugleich auch der Faden der Überlieferung der Grabmalerei zumindest in Rom zunächst ab.

Im Rückblick ist es möglich, Phasen und Schritte einer Entwicklung zu überschauen, und man entdeckt verschiedene Aspekte direkter Kontinuität antiker Bestattungstradition, vermischt mit zahlreichen ganz neuen, z.T. neu erfundenen Formen. Ob man nun in diesen Grabmonumenten allerdings für die Stadt Rom die Antike ausklingen oder vielmehr eine neue, christlich geprägte Epoche beginnen lassen will, hängt wohl entschieden mehr vom Standpunkt des Betrachters ab denn von den Monumenten selbst.

***Abb. 18** Domitilla-Katakombe, Cubiculum 15: die hl. Petronilla führt Veneranda in den paradiesischen Garten ein.*

***Abb. 19** Commodilla-Katakombe, Cubiculum Leonis.*

***Abb. 20** Commodilla-Katakombe, Cubiculum Leonis.*

***Abb. 21** Katakombe Ss. Marcellino e Pietro, Cubiculum 3, Decke: Christus und die Heiligen der Katakombe.*

21

# Anhang

## ANMERKUNGEN

### Göttlicher Kaiser und kaiserlicher Gott
*Johannes G. Deckers*

[1] F. W. Deichmann (Hg.), Repertorium der Christlich-Antiken Sarkophage, I: Rom und Ostia, 1967, Nr. 773.
[2] R. Krautheimer, Early Christian and Byzantine Architecture, 1979, 30; J. Engemann, Deutung und Bedeutung frühchristlicher Bildwerke, 1997, 8–88.
[3] Lexikon des Mittelalters, VI, 1993, s. v. Nimbus, 1194 (J. Engemann).
[4] V. Fiocchi Nicolai, F. Bisconti, D. Mazzoleni, Roms christliche Katakomben, 1998, 17 ff.
[5] P. Sevrugian, Der Rossano-Codex und die Sinope-Fragmente, 1990.
[6] J. G. Deckers, Vom Denker zum Diener, in: B. Brenk (Hg.), Innovation in der Spätantike, 1996, 137–184.
[7] R. Leeb, Konstantin und Christus, 1992.
[8] Lexikon des Mittelalters, II, 1983, 1943–1945, s. v. Christusmonogramm (J. Engemann).
[9] J. Garbsch, B. Overbeck, Spätantike zwischen Heidentum und Christentum, 1989, 107–112.
[10] Repertorium (wie Anm. 1), Nr. 49.
[11] Deckers (wie Anm. 6), 151 ff.
[12] J. Martin, Spätantike und Völkerwanderung, 1987; A. Demandt, Die Spätantike, 1989.
[13] E. Alföldi-Rosenbaum, Kaiserpriester, in: H. Beck, P. C. Bol (Hg.), Spätantike und frühes Christentum, 1983, 34–39;
[14] Krautheimer (wie Anm. 2), 46 ff.
[15] A. Arbeiter, Alt-St.Peter in Geschichte und Wissenschaft, 1988.
[16] J. P. C. Kent u. a., Die römische Münze, 1973, 586.
[17] Engemann (wie Anm 2), 122 ff.
[18] S. G. MacCormack, Art and Ceremony in Late Antiquity, 1981, 93 ff.
[19] P. Zanker, Forum Augustum, o. J., 22.
[20] MacCormack (wie Anm. 18), 169–177.
[21] J. G. Deckers, Die Wandmalerei im Kaiserkultraum von Luxor, Jahrbuch des Deutschen Archäologischen Instituts 94, 1979, 600–652; ders., Constantin und Christus, in: Spätantike und frühes Christentum (wie Anm. 13), 267–283.
[22] K. Fittschen, P. Zanker, Katalog der römischen Portraits in den Capitolinischen Museen und den anderen kommunalen Sammlungen der Stadt Rom, I, 1985, Nr. 122; MacCormack (wie Anm. 18), 177–185.
[23] Deckers, Wandmalerei (wie Anm. 21); - ders., Constantin und Christus (wie Anm. 21), 281 und Anm. 50.
[24] Kent (wie Anm. 16), 629.
[25] Kent (wie Anm. 16), 665; MacCormack (wie Anm. 18), 123.
[26] MacCormack (wie Anm. 18), 127–132, bes. 127, Anm. 173.
[27] H. P. Laubscher, Der Reliefschmuck des Galeriusbogens in Thessaloniki, 1975, 69–78 (B II 21); Reallexikon für Antike und Christentum, XIV, 1988, 966–1047 s. v. Herrscherbild (J. Engemann).
[28] D. J. Stanley, The Apse Mosaics at Santa Costanza, Mitteilungen des Deutschen Archäologischen Instituts, Römische Abteilung 94, 1987, 29–42.
[29] Repertorium (wie Anm. 1), Nr. 680; Engemann (wie Anm. 2), 78, 121 f.
[30] F. W. Deichmann, Ravenna, Hauptstadt des spätantiken Abendlands, II: Kommentar, 1976, 165 f.; MacCormack (wie Anm. 18), 130; Auch im Zentrum des Mosaiks der Apsisstirnwand der Kirche des Bischofs Eufrasius in Parenzo/Porec aus der Mitte des 6. Jh. ist Christus zu sehen, der auf dem Himmelsglobus thront und die Huldigung der Apostel entgegen nimmt.
[31] J. G. Deckers, G. Mietke, A. Weiland, Die Katakombe «Commodilla», 1994, Nr. 3a.
[32] F. Benoît, Sarcophages Paléochrétiens d'Arles et de Marseille, 1954, Nr. 46.
[33] R. Baumstark (Hg.), Rom und Byzanz, 1998, Nr. 9 (R. Kahsnitz).
[34] J. G. Deckers, Die Huldigung der Magier in der Kunst der Spätantike, in: R. Budde (Hg.), Die Heiligen Drei Könige – Darstellung und Verehrung, Katalog, 1982, 20–32.
[35] O. Mazal, Byzanz und das Abendland, 1981, Nr. 349, 376, Abb 17.
[36] Kent (wie Anm. 16), 644.
[37] Beispiel: ägyptischer Wandbehang mit der Darstellung der Hestia polyolbos, 6. Jh. n. Chr.: Handbook of the Byzantine Collection, Dumbarton Oaks, Washington D.C., 1967, 364.
[38] Leeb (wie Anm. 7), 103–110.
[39] Ausnahme: Flügel eines Diptychons im British Museum. Hierzu: F. W. Volbach, Elfenbeinarbeiten der Spätantike und des frühen Mittelalters, 1976, Nr. 56; MacCormack (wie Anm. 18), 141 f.
[40] Martin (wie Anm. 12); Demandt (wie Anm. 12), 72 ff.
[41] Nicht gesehen, daß Deifizierung und Imperialisierung im 4. Jh. gleichbedeutend sind: Th. F. Mathews, The Clash of Gods, 1993; Besprechung: J. G. Deckers, Byzantinische Zeitschrift 89, 1996, 478–488.
[42] Darstellungen Christi in Feldherrentracht sind selten. Beispiel: F. W. Deichmann, Ravenna, Hauptstadt des spätantiken Abendlands, I, 1969, 202 f; ibid., Kommentar, 1. Teil, 1974, 203.
[43] Christus trägt das Diadem höchst selten. Beispiel: A. Effenberger, Das Christusrelief von Psamathia, Forschungen und Berichte 29/30, 1990, 79–116. Das Diadem meist zusammen mit Purpurmantel auf einem Thron liegend als Insignien Christi hingegen häufiger: ibid. 25, Abb. 24; B. Brenk, Die frühchristlichen Mosaiken in S. Maria Maggiore zu Rom, 1975, 14–19; Lexikon der Christlichen Ikonographie, IV, 1972, 305–313 s. v. Thron (Hetoimasia) (Th. v. Bogyay).
[44] Deckers (wie Anm. 21).
[45] J. G. Deckers, Konstantin und Christus, in: G. Bonamente, F. Fusco (Hgg.), Costantino il Grande, Colloquio Macerata, 1992, 357–362, Abb. 3, 5.
[46] Dura Europos, Aquileia: Krautheimer (wie Anm. 2), 27, 44; Trier: W. Weber, Der Basilikenkomplex auf dem Domfreihof in Trier, Antike Welt, 27,2, 1996, 121–127; Qasr Wahayda, Abu Mina: P. Grossmann, Koptische Architektur, 1998, 209–293, bes. 230 u. Abb. 12, 292 u. Abb. 9; Bawit: ibid., 264 u. Abb. 30.
[47] Deckers (wie Anm. 21), 644 u. Anm. 66.
[48] zitiert nach: G. Steigerwald, Purpurgewänder biblischer und kirchlicher Personen als Bedeutungsträger in frühchristlicher Zeit, 1999, 7.
[49] Lexikon der Christlichen Ikonographie, Band VII, 1974, 336 f. s. v. Konstantin und Helena.
[50] Kent (wie Anm. 16), 674–678.
[51] Kent (wie Anm. 16), 754.
[52] Kent (wie Anm. 16), 720, 733, 734, 744, 745, 753, 760, 762, 782, 788.
[53] Martin (wie Anm. 12); Demandt (wie Anm. 12), 465 f.
[54] Brenk (wie 43), 1 f.
[55] R. L. Freytag, Die autonome Theotokosdarstellung der frühen Jahrhunderte, 1985.
[56] Zum Wandbehang: K. Weitzmann (Hg.), Age of Spirituality, Ausstellung, Begleitheft, 1977, Nr. 69; zur Katakombenmalerei: «Commodilla» (wie Anm. 31), Nr. 3e.

### Die neue Symbolik der Macht
*Rainer Warland*

*Literatur*


Alföldi, Andreas, Die monarchische Repräsentation im römischen Kaiserreich, Darmstadt 1970.
Bleckmann, Bruno, Konstantin der Große, Reinbek 1996.
Cutler, Anthony, Out of the Mauss Trap: Byzantine Gifts and Gift Exchange in the Ligth of Arab Sources, in: Byzantine Studies Conference, Abstracts of Papers 25, 1999, 82–83.
Delbrueck, Richard, Antike Porphyrwerke, Berlin 1932.
Hagl, Wolfgang, Arcadius Apis Imperator. Synesios von Kyrene und sein Beitrag zum Herrscherideal der Spätantike. (= Frankfurter althist. Beiträge 1), Stuttgart 1997.
Hofmann, Werner, Die Moderne im Rückspiegel. Hauptwege der Kunstgeschichte, München 1998.
Kitzinger, Ernst, Byzantinische Kunst im Werden. Köln 1984.
Kötzsche, Liselotte, Der Gemmenfries – ein frühchristliches Ornament, Aachener Kunstblätter 60, 1994, 37–44.
Kolb, Frank, Diokletian und die Erste Tetrarchie. Improvisation oder Experiment in der Organisation monarchischer Herrschaft?, Berlin-New York 1987.
Löhken, Henrik, Ordines dignitatum. Untersuchungen zur formalen Konstituierung der spätantiken Führungsschicht, Köln-Wien 1982.
Martin, Jochen, Spätantike und Völkerwanderung. Oldenburg Grundriss der Geschichte 4, München 1995[3].
Onians, John, Abstraction and immagination in late antiquity, in: Art History 3,1 (1980) 1–24.
Ott, Joachim, Vom Zeichencharakter der Herrscherkrone: Krönungszeremoniell und Krönungsbild im Mittelalter; der Mainzer Ordo und das Sakramentar Heinrich II., in: J. J. Berns (Hg.), Zeremoniell als höfische Ästhetik in Spätmittelalter und Früher Neuzeit, Tübingen 1995, 534–571.
Schneider, Alfons Maria, Das byzantinische Zeremoniell und der alte Orient, in: Kleinasiatische Forschungen 2, 1952, 154–166.
Stout, Ann M., Jewelry as a Symbol of Status in the Roman Empire, in: J. L. Sabasta-L. Bonfante (Hg.), The World of Roman Costume, Madison 1994, 77–100.
Warland, Rainer, Status und Formular in der Repräsentation der spätantiken Führungsschicht, Römische Mitteilungen 101, 1994, 175–202.


### Wohltäter und Heilige
*Stefan Rebenich*

* Zeitschriften werden nach den Vorgaben der *Année Philologique* abgekürzt. Für patristische Editionsreihen werden folgende Sigel benutzt: CChr.SL = Corpus Christianorum, Series Latina; CSEL = Corpus Scriptorum Ecclesiasticorum Latinorum; PG = Migne, Patrologia Graeca; PL = Migne, Patrologia Latina; SC = Sources Chrétiennes. – Der Beitrag ist die überarbeitete und um Abbildungen ergänzte Fassung eines Vortrages, der im November 1998 in Heidelberg auf einem in-

ternationalen, aus Anlaß des 65. Geburtstages von Adolf Martin Ritter organisierten Kolloquium gehalten wurde und unter dem Titel »*viri nobiles, viri diserti, viri locupletes*. Von der heidnischen zur christlichen Patronage im 4. Jahrhundert» in dem Band: »Beginn und Ende des Konstantinischen Zeitalters. Christen und Nichtchristen in Spätantike und Gegenwart – Parallelen, Kontraste» erscheinen wird.

[1] Vgl. Opt.Mil. 1,16.19 (CSEL 26, 18 f. 21); Gesta apud Zenophilum, ed. K. Zwisa, CSEL 26, 194 f. sowie J.-L. Maier, Le dossier du donatisme I, Berlin 1987, bes. 223 mit Anm. 73 ff. und Index 308 (s.vv. Lucilla und Maiorinus).

[2] Optat 1,19 (CSEL 26, 21). Der Begriff *domesticus* bezeichnet das Mitglied eines aristokratischen Haushaltes, das sowohl unfrei, also Sklave, als auch frei resp. freigelassen sein konnte.

[3] Vgl. Hier. ep. 133,4,3 (CSEL 56, 248).

[4] 1,18 (CSEL 26, 20): *femina potens et factiosa*; vgl. 1,16 (CSEL 26, 18): *femina factiosa.*

[5] Zu den Beschlüssen gegen Kleriker, die sich in *saecularia patrocinia* begaben, vgl. z. B. Conc. Arelatense Sec., can. 31 (CChr.SL 148, 120); Conc. Agathense (506), can. 8 (aO. 196); Conc. Claremontanum (535), can. 4 (CChr.SL 148A, 106); Conc. Aurelianense (538), can. 12 (aO. 119); Conc. Aspasii (551), can. 4 (aO. 164); Conc. Matisconense (581/83), can. 10 (aO. 225); Conc. Narbonense (589), can. 5 (aO. 255); Conc. Parisiense (614), can. 5 (276).

[6] Dazu grundlegend J.-U. Krause, Spätantike Patronatsformen im Westen des Römischen Reiches, München 1987.

[7] Teilweise unterwarfen sich Klienten auch aus nackter Angst, vgl. Aug. Conf. 6,10,16: «[...] ein sehr mächtiger Senator, dem viele für Gunsten verpflichtet waren oder aus Furcht sich unterwürfig zeigten».

[8] Aug. civ.dei 2,20, vgl. Aug. en. in Ps. 88, serm. 2,14 (CChr.SL 39, 1244).

[9] Amm.Marc. 14,6,14.19; 28,4,12. Vgl. hierzu J. Matthews, The Roman Empire of Ammianus, London 1989, 414 ff.; ders., Western Aristocracies and Imperial Court AD 364–425, Oxford [2]1990, 59f. sowie H.P. Kohns, Die Zeitkritik in den Romexkursen des Ammianus Marcellinus: Zu Amm.Marc. 14,6,3–26; 28,4,6–35, Chiron 5, 1975, 485–491.

[10] Krause, Patronatsformen (wie Anm. 6), 21 ff.

[11] Vgl. Aug. serm. 20A,10 (CChr.SL 41, 274); 130,5 (PL 38/9, 728); en. in Ps. 30,2, serm. 1,12; 45,2; 48, serm. 1,8 f.; 93,7; 131,25; 145,9 (CChr.SL 38, 200; 518; 557 f.; 39, 1308; 40, 1924; 2111).

[12] Vgl. Aug. serm. 33A,3 (CChr.SL 41, 420).

[13] Vgl. z.B. Aug. en. in Ps. 45,2; 131,6; 131,25 (CChr.SL 38, 518; 40, 1914 und 1924).

[14] Aug. Conf. 6,3,3 f.; 6,11,18 sowie St. Rebenich, Augustinus im Streit zwischen Symmachus und Ambrosius um den Altar der Victoria, Laverna 2, 1991, 53–75, hier 66 ff.

[15] Vgl. dazu E. Herrmann(-Otto), Ecclesia in Re Publica. Die Entwicklung der Kirche von pseudostaatlicher zu staatlich inkorporierter Existenz, Frankfurt a.M. u. a. 1980.

[16] Zu kirchlichen Karrieremustern und zur sozialen Rekrutierung des Klerus in der Spätantike, die noch weiterer Untersuchungen bedürfen, vgl. W. Eck, Der Einfluß der konstantinischen Wende auf die Auswahl der Bischöfe im 4. und 5. Jahrhundert, Chiron 8, 1978, 561–585; ders., Der Episkopat im spätantiken Afrika: organisatorische Entwicklung, soziale Herkunft und öffentliche Funktionen, HZ 236, 1983, 265–295; K.L. Noethlichs, Zur Einflußnahme des Staates auf die Entwicklung eines christlichen Klerikerstandes. Schichten- und berufsspezifische Bestimmungen für den Klerus im 4. und 5. Jh., JbAC 15, 1972, 136–153; ders., Materialien zum Bischofsbild aus den spätantiken Rechtsquellen, JbAC 16, 1973, 28–59.

[17] Vgl. nur Sid.Ap. ep. 4,25,2 sowie Amm.Marc. 27,4,12 f. zum römischen Wahlkampf zwischen Damasus und Ursinus.

[18] Vgl. z.B. Conc. Arelatense sec., can. 54 (CChr.SL 148, 125); Sid.Ap. ep. 7,5,2 sowie H.O. Lüthi, s.v. Simonie, in: LThK[2] 9, 1964, 774–776 und ODCC[3] 1997, 1504 s.v. simony (mit weiterer Literatur).

[19] Vgl. hierzu St. Rebenich, Hieronymus und sein Kreis. Prosopographische und sozialgeschichtliche Untersuchungen, Stuttgart 1992, 154 ff. mit weiterer Literatur. Nachzutragen sind aus der Fülle der neueren Darstellungen zu diesem Problemkreis: T.D. Barnes, Statistics and the Conversion of the Roman Aristocracy, JRS 85, 1995, 135–147; K. Cooper, Insinuations of Womanly Influence: An Aspect of the Christianization of the Roman Aristocracy, JRS 82, 1992, 150–164; B. Feichtinger, Apostolae apostolorum. Frauenaskese als Befreiung und Zwang bei Hieronymus, Frankfurt a.M. u. a. 1995; S. Letsch-Brunner, Marcella – Discipula et Magistra. Auf den Spuren einer römischen Christin des 4. Jh., Berlin/New York 1998; M. Salzman, Aristocratic Women: Conducts of Christianity in the Fourth Century, Helios 16, 1989, 207–220; ead., How the West Was Won: the Christianization of the Roman Aristocracy in the West in the Years after Constantine, in: C. Deroux (Hrsg.), Studies in Latin Literature and Roman History VI, Brüssel 1992, 451 ff.

[20] J. Fontaine, L'aristocratie occidentale devant le monachisme aux IVème et Vème siècles, RSLR 15, 1979, 28–53, hier 44.

[21] Vgl. hierzu Hier. ep. 22,5,3; 22,13,1; 22,16; 22,24; 22,29,4; 22,32,1; 22,38,1.7 (CSEL 54, 150; 160; 163 f.; 176 ff.; 187 f.; 193; 202 f.; 204 f.) sowie epp. 41 f.; 45,2,2 (CSEL 54, 311 ff.; 324). Parasitäre Wandermönche sind auch Gegenstand des Spottes in der anonymen spätantiken Komödie «Querulus sive Aulularia», vgl. K. Smolak, Das Gaunertrio im Querulus, WS 101, 1988, 327–338.

[22] Hier. ep. 40,2,2 (CSEL 54, 310).

[23] Hier. ep. 22,16,3 (CSEL 54, 164); vgl. hierzu Amm.Marc. 28,4,12.

[24] Vgl. Hier. Comm. in Is. 2,3,12 (CChr.SL 73, 52).

[25] Theodoret. hist.eccl. 2,17,1–7 (GCS 44, 136 f.). Vgl. R. Klein, Der Rombesuch des Kaisers Konstantius II. im Jahr 357, Athenäum 57, 1979, 98–115, hier 110 (= ders., Roma versa per aevum. Ausgewählte Schriften zur heidnischen und christlichen Spätantike, Hildesheim u. a. 1999, 50–71, hier 64 f.).

[26] Coll.Av. Nr. 1,9 (CSEL 35.1, 4); vgl. dazu Rebenich, Hieronymus und sein Kreis (wie Anm. 19), 159 f.

[27] Amm.Marc. 27,3,14.

[28] Vgl. etwa CTh 16,2,20 vom 30. Juli 370.

[29] Vgl. R.P. Saller, Personal Patronage under the Early Empire, Cambridge 1982, 1.

[30] Pall. Hist.Laus. 46.

[31] Vgl. dazu jetzt E. Clark, The Origenist Controversy. The Cultural Construction of an Early Christian Debate, Princeton 1992.

[32] Vgl. Hier. ep. 108,14,4 (CSEL 55, 325); Pall. Hist.Laus. 46.

[33] Vgl. hierzu Rebenich, Hieronymus und sein Kreis (wie Anm. 19), 193 ff. sowie ders., Jerome: The «vir trilinguis» and the «hebraica veritas», VChr 47, 1993, 50–77.

[34] Daß die Großgrundbesitzer allerdings in Glaubensfragen kaum Druck auf abhängige Landbevölkerung ausgeübt haben, legen die Untersuchungen von Krause, Patronatsformen (wie Anm. 6), 119 ff. nahe.

[35] Ed. Gibbon, The Decline and Fall of the Roman Empire IV, ed. by J.B. Bury, London 1909, 69.

[36] August. op. monach. 22,25 (CSEL 41, 570).

[37] Hier. ep. 108,2,2 und 108,14,4 (CSEL 55, 308 und 325). Vgl. hierzu auch St. Rebenich, Der heilige Hieronymus und die Geschichte – Zur Funktion der Exempla in seinen Briefen, RQA 87, 1992, 29–46.

[38] Pall. Hist.Laus. 46; 61; Vita Melaniae 22 (SC 90, 173 mit Anm. 4).

[39] Sie entstammte dem *illustre Anicii sanguinis genus*, vgl. Hier. ep. 130,3,1 (CSEL 56, 177).

[40] Vgl. Hier. ep. 130,6,2 (CSEL 56, 181) sowie Aug. ep. 150 (CSEL 44, 381 f.).

[41] Die Armenfürsorge war ein integraler Bestandteil christlicher *caritas*, der gerade in der asketischen Literatur besonders betont wurde, vgl. H. Chadwick, s.v. Humanität, in: RAC 16, 1994, 663–711, bes. 692 ff.; J.-U. Krause, Witwen und Waisen im Römischen Reich IV: Witwen und Waisen im frühen Christentum, Stuttgart 1995, 42 ff. 93 ff.

[42] Mt. 19,21; vgl. Mt. 25,35–45; Mc. 10,17–22; Lc. 18,18–23 sowie H. Bolkestien; A. Kalsbach; A. Bigelmaier, s.v. Armut I/II, in: RAC I, 1950, 698–709.

[43] A.M. Ritter, Christentum und Eigentum bei Klemens von Alexandrien auf dem Hintergrund der frühchristlichen «Armenfrömmigkeit» und der Ethik der kaiserzeitlichen Stoa, ZKG 86, 1975, 1–25, Zitat 20 (=ders., Charisma und Caritas. Aufsätze zur Geschichte der Alten Kirche, Göttingen 1993, 283–307, hier 302).

[44] Aug. serm.Mai 13,4 (PLS 2, 448): *Christo ergo das, cum das egenti*; vgl. Aug. serm. 95,7 (PL 38, 584): »Es ist Winter. Kleide die Nackten. Nackt ist auch Christus» (*hiems est: vestite nudos. nudus est Christus*); serm. 206, 2 (PL 38, 1041 f.); Joh.Chrys. Laz.conc. 2 (PG 48, 992) sowie Hier. ep. 130,14,2 (CSEL 56, 193).

[45] Paul.Nol. ep. 13,11 (CSEL 29, 92).

[46] Max.Tur. serm. 27,1 (CChr.SL 23, 105).

[47] Vgl. z. B. Joh. Chrys. In I Tim. hom. 12,4 (PG 62, 562 ff.).

[48] Max.Taur. serm. 27,1 (CChr.SL 23, 105).

[49] Es geht hier sicherlich nicht um eine »revolutionäre Umkehrung der geltenden Machtverhältnisse», wie Krause, Patronatsformen (wie Anm. 6), 33 meint; der Rollentausch symbolisiert vielmehr die Gleichheit aller vor Gott und relativiert aus christlicher Sicht den irdischen Status von Patron und Klient.

[50] Vgl. Hier. ep. 108,16,2 (CSEL 55, 327: zu Paula). Zum zeitgenössischen Hintergrund vgl. E.D. Hunt, Holy Land Pilgrimage in the Later Roman Empire A.D. 312 – 460, Oxford 1982, 138 ff.

[51] Hier. ep. 108,30,1 (CSEL 55, 348); vgl. ep. 108,15 f. (CSEL 55, 325 ff.).

[52] Vita Melaniae 15; 30; 35 (SC 90, 156/8; 184/6; 192/4).

[53] Ritter, Christentum und Eigentum (wie Anm. 43), 6 (289).

[54] Vgl. Hier. ep. 22,29,5 (CSEL 54, 188).

[55] Vgl. auch seine Kritik an Jungfrauen und Witwen, »die müßig und neugierig in den Häusern der vornehmen Frauen herumlaufen» (Hier. ep. 22,29,4 [CSEL 54, 188]).

[56] Ambr. off.. 2,76 ff. (PL 16, 123 ff.).

[57] Ambr. Tob. 17 (CSEL 32.2, 526); vgl. auch Ambr. In Psalm. 48,25 (CSEL 64, 376).

[58] Ambr. off. 2,76 (PL 16, 123).

[59] Ambr. off. 2,109 (PL 16, 132 f.).

[60] Vgl. bes. Cic. off. 2,16,54 ff. sowie allg. K. Zelzer, Zur Beurteilung der Cicero-Imitatio bei Ambrosius, WS 90, 1977, 168–191.

[61] Hier. ep. 66,5.11,1; 77,10; 118,5,1 (CSEL 54, 652 f.; 661; 55, 47; 441); Paul.Nol. ep. 13,11 ff. (CSEL 29, 92 ff.); Pall. Hist.Laus. 62.

[62] Paul.Nol. ep. 13,13 (CSEL 29, 94).

[63] Hier. ep. 66,5,1 (CSEL 54, 652). Vgl. A. Kneppe, Untersuchungen zur städtischen Plebs des 4. Jh. n. Chr., Bonn 1979, 111 ff.

[64] Hier. ep. 79,2,3 (CSEL 55, 89); vgl. ep. 79,4,1 (CSEL 55, 91). Zu Nebridius vgl. im übrigen Rebenich, Hieronymus und sein Kreis (wie Anm. 19), 121 f.

[65] Hier. ep. 77,6,2 (CSEL 55, 43).

[66] Hier. ep. 77,10,2 f. (CSEL 55, 47).

[67] Hier. ep. 77,6,5 (CSEL 55, 44).

[68] Hier. ep. 130,14 (CSEL 56, 193 ff.).

[69] Hier. ep. 118,5,6 (CSEL 55, 443). Zu ihm vgl. PLRE II 637 s.v. Iulianus 4.

[70] Hier. ep. 22,27,3 (CSEL 54, 182 f.).

[71] Hier. ep. 22,32,1; 108,16,1 (CSEL 54, 193; 55, 327).

[72] Ambr. Hex. 3,7,30 (CSEL 32.1, 79).

[73] Vgl. Ambr. paenit. 2,84 (CSEL 73, 197) sowie Ambr. off. 2,2 f. (PL 16, 109 f.); Aug. serm. 149,10,11–14,15 (PL 38, 803 ff.); en. in Ps. 118, serm. 12,2 (CChr.SL 40, 1701 f.).

[74] Paul.Nol. ep. 13,14 (CSEL 29, 95).

[75] Hier. ep. 22,32,2 (CSEL 54, 193 f.).

[76] Vgl. Joh.Chrys. Ecloga de eleemosyna et hospitalitate, hom. 23 (PG 63, 725); vgl. ders., In epist. ad Hebr. hom. 11,4 (PG 63, 94); In gen. serm. 5,4 (PG 54, 603 f.); In Matth. hom.

35(36),5 (PG 57, 411 f.); Bas. Hom. quod mundanis adhaerendum non sit 8 (PG 31, 553 ff.) sowie J.-U. Krause, Witwen und Waisen im Römischen Reich II: Wirtschaftliche und gesellschaftliche Stellung von Witwen, Stuttgart 1994, 161.

77 Zum Begriff vgl. Ambr. Hex. 3,7,30 (CSEL 32.1, 79).

78 Ambr. ep.27 (PL 16, ep.58), 1 ff. (CSEL 82.1, 180 ff.). Vgl. Rebenich, Hieronymus und sein Kreis (wie Anm. 19), 220 ff.

79 Rut.Namat. De reditu suo 439 ff.

80 Vgl. J. T. Lienhard, Paulinus of Nola and Early Western Monasticism, Köln/Bonn 1977, 37.

81 Vgl. Siricius, ep.6,2,4 (PL 13, 1165 f.) und Paul.Nol. ep.5,14 (CSEL 29, 33 f.).

82 Hierzu noch immer grundlegend P. Fabre, Saint Paulin de Nole et l'amitié chrétienne, Paris 1949.

83 Paul.Nol. ep. 13 (CSEL 29, 84 ff.).

84 Vgl. Rebenich, Hieronymus und sein Kreis (wie Anm. 19), 238.

85 Vgl. a.O. 233 f.

86 Paul.Nol. ep.5,14 (CSEL 29, 34).

87 Vgl. bes. Paul.Nol. ep.32 sowie carm. 27 und 28.

88 Felix, obwohl im strengeren Sinn nur Bekenner (*confessor*), galt als Märtyrer, vgl. Lienhard, Paulinus (wie Anm. 80), 145 ff.

89 Paul.Nol. carm. 21, 344–346 (CSEL 30, 169).

90 Vgl. carm. 23, 214 (CSEL 30, 202).

91 Vgl. Paul.Nol. carm. 21, 175–177; 183–186; 448–459; 27, 144–147 (CSEL 30, 164; 172 f.; 268).

92 Ambr. ep.77 (PL 16, ep.22), 4 (CSEL 82.3, 129). Zum Hintergrund vgl. E. Dassmann, Ambrosius und die Märtyrer, JbAC 18, 1975, 49–68 sowie N. McLynn, Ambrose of Milan. Church and Court in a Christian Capital, Berkeley u.a. 1994, 209 ff.

93 Ambr. ep.77 (22), 12 (CSEL 82.3, 134): [...] *quia ipse martyr esse non mereor hos vobis martyres acquisivi*. Man beachte in diesem Zusammenhang, daß die Märtyrer auch bei Theodoret. Graec.aff. 8,10 (SC 57, 313) als »Stadtbeschützer» (πολιούχοι [*polioúchoi*]) und »Wächter» (φύλακες [*phýlakes*]) bezeichnet werden.

94 Vgl. Ambr. ep.77(22),10 f. (CSEL 82.3, 132 f.).

95 Vgl. P. Brown, The Cult of the Saints. Ist Rise and Function in Latin Christianity, Chicago 1981, 1 ff., bes. 37 f. sowie J. Martin, Die Macht der Heiligen, in: ders./B. Quint (Hrsg.), Christentum und antike Gesellschaft, Darmstadt 1990, 440–474, bes. 443 ff.

96 Vgl. dazu Th. Baumeister, s.v. Heiligenverehrung I, RAC 14, 1988, 96–150, bes. 135 ff. mit ausführlichen Literaturhinweisen.

97 Vgl. Vit.Ant. 47 (PG 26, 912B).

98 Sulp.Sev. ep. 2,9 (CSEL 1, 143 f.).

99 Sulp.Sev. ep. 2,12 (CSEL 1, 144).

100 Sulp.Sev. Vita Martini 7,7 (CSEL 1, 118).

101 Sulp.Sev. ep.2,8 (CSEL 1, 143): *praemisi quidem patronum, sed solacium vitae praesentis amisi: etsi, si rationem ullam dolor admitteret, gaudere deberem. est enim ille consertus apostolis et profetis, et [...] in illo iustorum grege nulli secundus [...] agnum ducem ab omni integer labe comitatur.*

102 Vgl. hierzu bes. P. Brown, The Rise and Function of the Holy Man in Late Antiquity, JRS 61, 1971, 80–101 (= ders., Society and the Holy in Late Antiquity, Berkeley/Los Angeles 1982, 103–152); ders., Cult of the Saints (wie Anm. 95); ders., Autorität und Heiligkeit. Aspekte der Christianisierung des Römischen Reiches, Stuttgart 1998 (engl. 1995), 80 ff.

103 Vgl. P. Rousseau, Ascetics, Authority, and the Church in the Age of Jerome and Cassian, Oxford 1978, 19 ff.

104 Vgl. Theodoret. Graec.aff. 8,65 f. (SC 57, 334).

105 Vgl. E. Lucius, Die Anfänge des Heiligenkults in der christlichen Kirche, hrsg. v. G. Anrich, Tübingen 1904, 127 ff. sowie Brown, The Cult of the Saints (wie Anm. 95), 113 ff.

106 Theodoret. Graec.aff. 8, 1–70 (SC 57, 310 ff.).

107 Aug. civ.dei 8,27.

108 Aug. serm. 319,8 (PL 38, 1442); vgl. Theodoret. Graec.aff. 8,11 (SC 57, 314).

109 Im Zusammenhang mit der Hierarchisierung der Märtyrer und Heiligen verdient die Interpretation des Gleichnisses vom Sämann (Mt. 13,1–23) in der patristischen Tradition Beachtung. Die Zahl der «Glaubensfrüchte» (Mt. 13,8.23) wurde zunächst auf das Marytrium (hundertfach), die Virginität (sechzigfach) und die Zugehörigkeit zur Kirche (dreißigfach), später auf die Virginität (hundertfach), die Witwenschaft resp. Enthaltsamkeit (sechzigfach) und die Ehe (dreißigfach) bezogen; vgl. z.B. Cypr. hab.virg. 21 (CSEL 3.1, 202); Hier. comm. in Matth. 2,13,23 (PL 26, 92); adv.Iov. 1,3; 2,9 (PL 23, 223 f.; 327); ep.22,15,2; 49,2 f.; 66,2,1; 123,8,3 (CSEL 54, 163; 353 f.; 648 f.; 56, 82) sowie J. Heuberger, «Sämann und Gottes Wort». Beitrag zu einer Geschichte der Auslegung des Sämannsgleichnisses in der griechischen Patristik, Graz 1980.

110 Zur Darstellung dieser Patronatsbeziehungen in der Sarkophagplastik und in Mosaiken stadtrömischer Kirchen vgl. J.G. Deckers, Vom Denker zum Diener. Bemerkungen zu den Folgen der konstantinischen Wende im Spiegel der Sarkophagplastik, in: B. Brenk (Hrsg.), Innovation in der Spätantike, Wiesbaden 1996, 137–185.

111 Vgl. Brown, Cult of the Saints (wie Anm. 95), 55 ff. sowie zum Begriff der *religio amicitiae* Matthews, Western Aristocracies (wie Anm. 9), 5.

112 Hier. ep.66,6,2 (CSEL 54, 654).

113 Martin, Macht der Heiligen (wie Anm. 95), 451 ff.

114 Vgl. dazu J. Fontaine, Antike und christliche Werte in der Geistigkeit der Großgrundbesitzer des ausgehenden 4. Jh. im westlichen Römerreich, in: K. S. Frank (Hrsg.), Askese und Mönchtum in der Alten Kirche, Darmstadt 1975, 281–324 und M. Heinzelmann, Bischofsherrschaft in Gallien, München 1976, bes. 123 ff.

### Heidnische Vergangenheit und christliche Gegenwart

*Tanja S. Scheer*

1 Euseb, vita Constantini 3.54.2 ff.

2 Vgl. hierzu auch T. S. Scheer, Die Gottheit und ihr Bild. Untersuchungen zur Funktion griechischer Kultbilder in Religion und Politik, München 2000, 102 ff.

3 Theophilus, ad Autolycum 1.8.

4 Iustinus (Mart.), apol. 1.9.

5 Brief an Diognet, 2.

6 Herodot 2.172.

7 Iustinus (Mart.), apol. 1.9.

8 Minucius Felix 24.6.

9 Clemens von Alexandria, protr. 4.47.6.

10 Ein Beispiel, das christliche Autoren auch in diesem Zusammenhang anführen: Tatian, pros Hellenes, 26,1. «Bei euch wird Pelops den Göttern zum Mahle zubereitet, obgleich er der Liebling Poseidons war.» Der Vorwurf der Christen von den Götterbildern aus Menschenknochen ist wohl nicht zuletzt eine Retourkutsche für die Beschuldigung der Heiden, die Christen seien ihrerseits Kannibalen und fräßen kleine Kinder: Theophilus, ad Autolycum 3.4 f.; Minucius Felix 9.5.

11 Pindar, Ol. 1.79 f. u. Schol.

12 Plinius, nat. 28.34; F. Pfister, Der Reliquienkult im Altertum, Gießen 1909, 208 ff.

13 Pausanias 5.13.4.

14 Vgl. auch Tatian, pros Hellenes 31.3: «Zu Zeugen werde ich nicht unsere eigenen Gewährsmänner nehmen, sondern mich vielmehr auf Anhänger der griechischen Götterlehre berufen.»

15 Arnobius, nat. 4.25; Firm., err. 15.1 f.; Schol. Il. 6.92.

16 Clemens von Alexandria, protr. 4.48.6.

17 Clemens von Alexandria, protr. 4.48.2; man vergleiche auch Minucius Felix 24.6, der den hölzernen Göttern unterstellt, sie seien ursprünglich «vielleicht das Stück eines Scheiterhaufens» gewesen.

18 Clemens von Alexandria, protr. 3.44.3 f.; ebs. 4.49.3.

19 Clemens von Alexandria, protr. 4.56.6: «Gold ist dein Götterbild, es ist Holz, es ist Stein, oder, wenn du weiter zurückdenkst, es ist Erde... . Aber Erde pflege ich zu betreten, nicht zu verehren.»

20 Aristides, apol. 4.2.

21 Euseb, vita Constantini 3.54.4.

22 Euseb, vita Constantini 3.57.3.

23 Minucius Felix 24.10.

24 Clemens von Alexandria, protr. 4.47.2 ff.

25 Aristides, apol. 13.2; Tertullian, apol. 12.

26 Iustinus (Mart.), apol. 1.9.

27 Origenes, contra Celsum 3.76.15.

28 Iustinus (Mart.), apol. 1.9.

29 Minucius Felix 24.7.

30 Clemens von Alexandria, protr. 4.53.4; ebd. 4.57.3: Pygmalion und Aphrodite; Aphrodite in Knidos.

31 Tertullian, idol. 3: «Als aber der Teufel Bildhauer, Maler und Verfertiger von Bildnissen aller Art in die Welt gesetzt hatte... .»

32 Tertullian, idol. 4: «Gott verbietet sowohl das Verfertigen als das Verehren von Idolen... .» Vgl. auch ebd. Kap. 6 und 7: «Werden doch Verfertiger von Götzenbildern in den geistlichen Stand aufgenommen! Pfui der Schande!»

33 Theophilus, ad Autolycum 2.2.

34 Athanasius, contra gentes 13.2.

35 Clemens von Alexandria, protr. 4.58.1.

36 Clemens von Alexandria, protr. 4.47.2.

37 Pausanias 1.26.6.

38 Athenagoras, suppl. 17.

39 Firmicus Maternus, err. 15.1–2.

40 Clemens von Alexandria, protr. 4.48.4.

41 Theophilus, ad Autolycum 1.9; vgl. Tacitus, hist. 4.83–84.

42 Isidor von Pelusion, ep. 4207 (PG 78, 1301).

43 Minucius Felix 23.12.

44 Clemens von Alexandria, protr. 4.52.4.

45 Minucius Felix 28.9.

46 Origenes, contra Celsum 8.38.3.

47 Vgl. auch Minucius Felix 8.4: «templa ut busta despiciunt, deos despuunt, rident sacra.»

48 Tatian, pros Hellenes 34.2.

49 Theodoret, hist. eccl. 5.23; Rufinus, hist. 11.23.

50 Aristides, apol. 13.1: er formuliert vorsichtig: «Staunen aber muß man, o Kaiser, über die Griechen, daß sie, obwohl an Gesittung und Vernunft alle übrigen Völker überragend, toten Götzen und unbeseelten Bildern nach in die Irre gegangen sind... .»

51 Aristides, apol. 3.2–3.

52 Iustinus (Mart.), apol. 1.9.

53 Iustinus (Mart.), apol. 1.9.

54 Aristides, apol. 3.2–3. Vgl. auch Tertullian, apol. 29: «Sicher würden (die Götter) zuerst ihre Statuen, Bilder und Tempel schützen, welche, meine ich, nur durch die Wachtposten der kaiserlichen Soldaten unversehrt bewahrt werden.»

55 Firmicus Maternus, err. 15.3.

56 Egeria, de locis sanctis Y 2: «Zwischen Memphis und Babylon sind es 12 Meilen, wo es sehr viele Pyramiden gibt, die Joseph gebaut hat, um Getreide aufzubewahren». Vgl. Palladius Monachus, hist. mon. 8.6 (p. 45 Festugière).

57 Firmicus Maternus, err. 13.3.

58 Theodoret, hist. eccl. 5.23.

59 Euseb, laud. Constantini 13.5.32; ders., praep. ev. 4.10.6–9; 10.4.26.

60 Minucius Felix 27.1.

61 Euseb, vita Constantini 3.57.3.

62 Euseb, hist. eccl. 9.3.

63 Origenes, contra Cels. 5.38.36.

64 G. Luck, Magie und andere Geheimlehren in der Antike, Stuttgart 1990, 342.

65 K.-L. Noethlichs, Die gesetzgeberischen Maßnahmen der christlichen Kaiser des vierten Jahrhunderts gegen Häretiker, Heiden und Juden, Köln 1971, 24.

66 Euseb, vita Constantini 3.1.

67 Vgl. auch Codex Theodosianus XII 1.21 und XII.5.2: Gesetze Konstantins, die sogar bestimmte Privilegien für heidnische Priester festschreiben.

68 Vgl. etwa Euseb, vita Constantini 3.55, zur Zerstörung des Heiligtums der Aphrodite von Aphaka oder zur Zerstörung eines Aphroditeheiligtums in Jerusalem, das sich am Ort der Grabeskirche befunden haben soll: ebd. 3.26.

69 Firmicus Maternus, err. 16.4; 20.7.

70 Firmicus Maternus, err. 26.4.

[71] Vgl. etwa Codex Theodosianus XVI 10.18; oder etwa Codex Theodosianus XVI 10.25; K.-L. Noethlichs, Reallexikon für Antike und Christentum XIII, 1986, 1149 s. v. Heidenverfolgung.

**Illustrierte Prachtcodices: Bücherluxus in der Spätantike**
*Barbara Zimmermann*

[1] *habeant [i.e.: obtrectatores mei] qui uolunt ueteres libros uel in membranis purpureis auro argentoque descriptos, uel uncialibus, ut uulgo aiunt, litteris onera magis exarata quam codices, dum mihi meisque permittant pauperes habere scidulas et non tam pulchros codices quam emendatos.* Biblia sacra iuxta Vulgatam versionem; ed. by B. Fisher – J. Gribomont – H. F. D. Sparks – W. Thiele et R. Weber (1975) 732. Mein besonderer Dank gilt Markus Zimmermann (Bonn) für seine Recherchen und die Übersetzungen der beiden hier angeführten Hieronymus-Texte.

[2] *at nunc plerasque uideas armaria stipare uestibus, tunicas mutare cotidie et tamen tineas non posse superare. quae religiosior fuerit, unum exterit vestimentum et plenis arcis pannos trahit. inficitur membrana colore purpuraeo, aurum liquescit in litteras, gemmis codices vestiuntur et nudus ante fores earum Christus emoritur.* Sancti Eusebii Hieronymi Epistulae, edidit Isidorus Hilberg, 3 Bde. (1996) Bd. I, 193.

[3] Gesammelt bei G. Cavallo (Hg.), Libri, editori e pubblico nel mondo antico (1977) 123 mit Lit.

[4] H. Blanck, Das Buch in der Antike (1993); C.H. Roberts – T.C. Skeats, The Birth of the Codex (1989$^{4}$).

[5] A. Stückelberger, Bild und Wort. Das illustrierte Fachbuch in der antiken Naturwissenschaft, Medizin und Technik (1994).

[6] Corpus Agrimensorum Romanorum, Cod. Arcerianus A der Herzog-August-Bibliothek zu Wolfenbüttel (1970).

[7] Dioscurides, Cod. Vindobon. med. gr. 1 der Wiener Nationalbibliothek. Faksimileband (1970); H. Gerstinger, Kommentarband zur Faksimile (1970).

[8] Alle Handschriften mit Siglen, Standorten, Angaben zu Faksimileausgaben und weiterführender Literatur gesammelt bei B. Zimmermann, Art. Illustration, RAC 17, 953–994 und bei R. Sörries, Christlich-antike Buchmalerei im Überblick, 2 Bde. (1993).

[9] Vergilius Romanus. Codice Vaticano Latino 3867. Riproduzione integrale (1986); I. Lana (Hg.), Volume di commento all'edizione in facsimile del codice Vat. Lat. 3867 (1986).

[10] O. Mazal, Wiener Genesis. Vollständige Faksimileausgabe des Codex theol.gr.31 der Österreichischen Nationalbibliothek in Wien, mit Kommentar (1980). Die hier angeführten Ergebnisse entstammen der ausführlichen Untersuchung der Verf. zu den Genesisminiaturen in einer 1996 in Wien abgeschlossenen Dissertation: Die Wiener Genesis im Rahmen der antiken Buchmalerei. Illustrationsverfahren, Darstellungsweise, Aussageintention.

[11] O. Mazal, a.O.126–60.

[12] Zuletzt als einer unter vielen: K. Schubert, in: K. Schubert – H. Schreckenberg, Jewish Historiography and Iconography in Early and Medieval Christianity (1992) 213–5.

[13] Codex purpureus Rossanensis. Faksimile (1985); Commentarium a cura di G. Cavallo – J. Gribomont – W.C. Loerke (1987).

[14] P. Sevrugian, Der Rossano-Codex und die Sinope-Fragmente (1990).

[15] a. O.

**Kontinuität trotz Katastrophe**
*Sabine Ladstätter*

Die Verfasserin dankt F. Glaser herzlich für die Publikationserlaubnis.

*Ausgewählte Literatur*


Ciglenečki, S., Höhenbefestigungen aus der Zeit vom 3. bis 6. Jh. im Ostalpenraum, Ljubljana 1987.

Egger, R., Frühchristliche Kirchenbauten im südlichen Norikum, SoSchrÖAI 9, Wien 1916.

Gaggl, G., Tierknochenfunde aus dem spätantiken Pilgerheiligtum am Hemmaberg, unpubl. Diss., Wien 1996.

Glaser, F., Das frühchristliche Pilgerheiligtum auf dem Hemmaberg, Aus Forschung und Kunst 26, Klagenfurt 1991.

Glaser, F., Kirchenbau und Gotenherrschaft. Auf den Spuren des Arianismus in Binnennorikum und in Rätien II, Der Schlern 70/2, 1996, 83–100.

Glaser, F., Frühchristliche Denkmäler in Kärnten. Ein Führer, Klagenfurt 1996.

Glaser, F., Frühes Christentum im Alpenraum. Eine archäologische Entdeckungsreise, Graz-Wien-Köln 1997.

Gruber, G., Die Marmorausstattung frühchristlicher Kirchen im Ostalpenraum, unpubl. Diss., Wien 1997.

Ladstätter, S., Die materielle Kultur der Spätantike in den Ostalpen. Eine Fallstudie am Beispiel der westlichen Doppelkirchenanlage auf dem Hemmaberg, Mitt.Präh.Komm. 35, Wien 2000.


**Der Begriff des Modernen und das Ende der Antike**
*Hans-Rudolf Meier*

* Für die Diskussion theologischer und philologischer Fragen danke ich Barbara Müller (Zürich), für Hilfe bei der Abbildungsbeschaffung Franz Alto Bauer (Rom) und für kritische Lektüre Carola Jäggi (Berlin).

[1] Cassiodori Senatoris, Variae IV.51, MGH Auct. Ant. XII (1894) 138. Zu den älteren Reparaturbemühungen vgl. den Beitrag von F. A. Bauer in diesem Band (mit Verweis auf die Inschrift CIL VI 1191 von 395/402).

[2] Cassiodor, Variae III. 9 (wie Anm. 1) 84.

[3] Cassiodor, Variae VII. 15 (wie Anm. 1) 211; E. Gössmann, Antiqui und Moderni im Mittelalter. Eine geschichtliche Standortbestimmung. Veröffentlichungen des Grabmann-Institutes 23 (1974) 25 f.

[4] Interessant ist in diesem Zusammenhang auch Cassiodor, Variae IV. 30 (wie Anm. 1) 127, zu einem Projekt des Patriziers Albinus, in Rom im Gebiet der *Porticus curvae* private Neubauten zu errichten, um diesem Areal neues Leben einzuhauchen. Theoderich stellt dazu fest, die alten Mauern würden durch die Neubauten selber wieder neuer erscheinen, und die Präsenz von neuen Bewohnern in den von Albinus geplanten Gebäuden würde auch die Altbauten vor dem weiteren Niedergang und Verfall zu bewahren helfen.

[5] W. Freund, Modernus und andere Zeitbegriffe des Mittelalters. Neue Münstersche Beiträge zur Geschichtsforschung 4 (1957) 4, 15; Epistola Romanorum Episc. I, hg. von A. Thiel (1868): Epistola 20 Gelasii Papae ad Martyrium et Iustum episcopos (S. 386 f.).

[6] Epistola 22 Gelasii Papae ad Rufinum et Aprilem episcopo; Thiel (wie Anm. 5), 389; Freund (wie Anm. 5), 15 f.; Gössmann (wie Anm. 3), 23.

[7] Freund (wie Anm. 5), 11.

[8] M. Aurelii Cassiodori Expositio in Psalterium; Migne PL 70, 896.

[9] Freund (wie Anm. 5), 33.

[10] C. La Rocca: Una prudente maschera «antiqua». La politica edilizia di Teoderico, in: Teoderico il Grande e i goti in Italia. Atti del XIII Congresso internazionale di studi sull'Alto Medioevo Milano 1992 (1993) Bd. 2, 451–515, bes. 461.

[11] Cassiodor, Variae III, 9 (wie Anm. 1) 84, deutsch zitiert nach A. Geyer, *«Ne ruinis urbs deformetur ...»* Ästhetische Kriterien in der spätantiken Baugesetzgebung, in: Boreas 16 (1993) 63–77, hier 64.

[12] Sancti Gregorii Magni Homiliae in Hiezechielem Prophetam, hg. von M. Adriaen. CCSL 142 (1971) II.6, 24, bzw. 22 (S. 312 f.); zitiert nach: Gregor der Große, Homilien zu Ezechiel. Erstmals ins Deutsche übertragen von G. Bürke (1983), 374 f. (freundl. Hinweis von Barbara Müller).

[13] Gössmann (wie Anm. 3), 27.

[14] A. Assmann, Erinnerungsräume: Formen und Wandlungen des kulturellen Gedächtnisses (1999), 50.

[15] R. Herzog, Epochenerlebnis «Revolution» und Epochenbewußtsein «Spätantike». Zur Genese einer historischen Epoche bei Chateaubriand, in: Epochenschwelle und Epochenbewußtsein, hg. von R. Herzog u. R. Koselleck. Poetik und Hermeneutik Bd. 12 (1987) 195–219, bes. 199 (der sich im übrigen kritisch zu einem spätantiken Epochen- und Schwellenbewußtsein äußert).

[16] Flavius Magnus Aurelius Cassiodorus, Institutiones divinarum et humanarum lectionum, hg. v. R. A. B. Mynors, Oxford 1937, I. 4,2.; (auch Migne PL 70, Sp. 1105–1220); An Introduction to divine and human readings by Cassiodorus Senator, übersetzt und kommentiert von L. W. Jones (1946) I.29, 131 (Beschreibung des Klosters); 22 ff. (Kommentar); M. Scheide, Tradition oder Innovation? Eine wiedergewonnene Villa der Spätantike. Zu Cassiodors Klostergründung Vivarium, in: Innovation in der Spätantike, hg. von B. Brenk. Spätantike – frühes Christentum – Byzanz, Reihe B, Bd. 1 (1996) 391–408.

[17] T. Klauser, Vivarium, in: Robert Boehringer: Eine Freundesgabe (1957) 337–344, Reprint in: E. Dassmann (Hg.), Theodor Klauser, Gesammelte Arbeiten zur Liturgiegeschichte, Kirchengeschichte und Christlichen Archäologie, JbAC-Ergänzungs-Bd. 3 (1974) 212–217.

[18] R. Heidenreich, H. Johannes, Das Grabmal Theoderichs zu Ravenna (1971) 164.

[19] Cassiodor, Variae X.30 (wie Anm. 1) 317.

[20] S. Lusuardi Siena, Committenza laica ed ecclesiastica in Italia settentrionale nel Regno goto, in: 39. Settimane di Studio del Centro italiano di studi sull'alto medioevo (1992) 199–242, bes. 239 ff.

[21] Die grundlegende Zusammenstellung von F.W. Deichmann, Frühchristliche Kirchen in antiken Heiligtümern, in: Jahrbuch des Deutschen Archäologischen Instituts 54 (1939) 105–136 ist nur bedingt chronologisch verwertbar, da viele Beispiele nicht oder nur aufgrund jüngerer Quellen datiert sind. Es gälte überdies jedes der aufgeführten Monumente anhand neuerer archäologischer oder historischer Forschungen zu überprüfen (eine entsprechende Arbeit bereitet zur Zeit Bryan Ward-Perkins, Oxford, vor). Immerhin bestätigt ein Überblick über die von Deichmann aufgeführten Datierungen einen Schwerpunkt im 6. Jh. Das gilt vor allem für den Westen (Sizilien/Italien/Gallien). Ein anderes Bild zeigt allein Syrien und Palästina mit einer gleichmäßigen Verteilung vom 4.–6. Jh.

[22] Alcimi Ecidii Aviti, Opera, Hom. 20, MGH Auct. Ant. VI.2 (1883), 133 f.; Helvetia sacra, Section I, Vol. 3 (1980), 65.

[23] F. A. Bauer, Stadt, Platz und Denkmal in der Spätantike. Untersuchungen zur Ausstattung des öffentlichen Raums in den spätantiken Städten Rom, Konstantinopel und Ephesos (1996), 62 ff., 70 f.

[24] Gregor, epist. XI 56 (MGH, Ep. II, 331).

[25] Vgl. den Beitrag von F. A. Bauer in diesem Band.

[26] C. Jäggi, San Salvatore in Spoleto. Studien zur spätantiken und frühmittelalterlichen Architektur in Italien (1998) 191 ff.

[27] Jetzt klärend Jäggi (wie Anm. 26) 149 ff. und J. J. Emerick, The Tempietto del Clitunno near Spoleto (1998).

[28] B. Kluge, Nomen imperatoris und Christiana Religio. Das Kaisertum Karls des Großen und Ludwigs des Frommen im Lichte der numismatischen Quellen, in: 799 – Kunst und Kultur der Karolingerzeit. Karl der Große und Papst Leo III. in Paderborn. Beitragsband zum Katalog der Ausstellung (1999) 82–90, bes. 83 (Zitat); P. Grierson, Symbolism in Early Medieval Charters and Coins, in: 23. Settimane di Studio del Centro italiano di studi sull'alto medioevo 1975 (1976) Bd. 2, 601–640, bes. S. 628 ff.

[29] MGH Epist. 3, Nr. 81, 614.
[30] So in der Vorschrift für die *Cura palatii*; Cassiodor, Variae VII. 5 (wie Anm. 1) 204.

**Beatitudo Temporum**
*Franz Alto Bauer*

* Für Hilfe und Hinweise danke ich Heinz Beste, Martin Langner, Susanne Muth und Tanja S. Scheer. Joachim Szidat half mir bei der Übersetzung der Inschriften, wofür ich ihm besonders verpflichtet bin. Wie immer erwiesen sich die Soprintendenzen des Forum Romanum und des Kolosseums sowie die Direktion der Kapitolinischen Museen als äußerst hilfsbereit, was die Beschaffung von Abbildungen und die Druckerlaubnis anbetrifft.
[1] Rutilius Namatianus, de reditu I, 93–114. Übs. nach E. Doblhofer, Rutilius Claudius Namatianus: de reditu suo sive Iter Gallicum, Heidelberg 1972, I, 95 ff.
[2] Überblick bei R. Krautheimer, Three Christian Capitals. Topography and Politics, Berkeley 1982, 93–121; ders., Rom, Schicksal einer Stadt 312–1308, München 1987, 43 ff.
[3] Vgl. hierzu A. Cameron, The last pagans of Rome, in: W. V. Harris, The Transformation of Urbs Roma in Late Antiquity, Portsmouth/RI 1999, 109–121.
[4] Vgl. A. Chastagnol, La préfecture urbaine a Rome sous le Bas-Empire, Paris 1960, 43–63.
[5] Überblick über spätantike Baumaßnahmen bei C. L. LaBranche, Roma Nobilis. The Public Architecture of Rome, 330–476, Diss. Northwestern Univ. 1968; J. F. Merriman, Aristocratic and Imperial Patronage of the Decorative Arts in Rome and Constantinople, A.D. 337–395, Diss. Univ. of Illinois 1975, 8–60.
[6] Spätantike «Stadtbeschreibungen», in Listenform abgefaßt, bestätigen, daß gerade an diesen Bauten das typisch Großstädtische ablesbar war: Notitia Urbis Romae u. Curiosum Urbis Romae, ed. R. Valentini/G. Zucchetti, Codice Topografico della Città di Roma, I, 1940, 89–192; Polemius Silvius, laterculus IV, ed. Th. Mommsen, Chron. Min. I, Berlin 1892, 545 f.; Zach. Rhetor, hist. eccl. 11,16, CSCO, Scriptores Syri 42, Löwen 1953, 131 f. Zur Erhaltung des städtischen Erscheinungsbilds in der Spätantike als Ausdruck eines Festhaltens an bewahrenswerten Traditionen vgl. Cl. Lepelley, Permanences de la cité classique et archaismes municipaux en Italie au Bas-Empire, in: Institutions, société et vie politique dans l'Empire romain au IV siècle ap. J.-C. (= Collection de l'École Française de Rome 159), Paris 1992, 353–371, bes. 362–364.
[7] Vgl. hierzu die grundlegende Studie von E. Thomas u. Chr. Witschel, Constructing Reconstruction: Claim and Reality of Roman Building Inscriptions from the Latin West, Papers of the British School at Rome 60, 1992, 135–177.
[8] CIL VI 1728ab u. 31912.
[9] CIL VI 1165.
[10] CIL VI 1703 = ILS 5715.
[11] CIL VI 1750 = ILS 5703.
[12] Fabius Titianus: Mehrere Inschriftenbasen auf dem Forum Romanum weisen diese Inschrift auf: CIL VI 1653, 31879, 31880, 37107 u. 37108. Fabius Titianus war in den Jahren 339/341 zum ersten Mal Stadtpräfekt und im Jahre 337 zum ersten Mal Konsul. Fonteius Litorius Auxentius: CIL VI 1669.
[13] CIL VI 36956 = ILS 8948.
[14] Zacharias Rhetor, hist. eccl. 11,16, CSCO, Scriptores Syri 42, Löwen 1953, 132.
[15] Zum Phänomen der Umsetzung von Statuen in der Spätantike vgl. H. Brandenburg, Die Umsetzung von Statuen in der Spätantike, in: Migratio et Commutatio. Studien zur Alten Geschichte und deren Nachleben (= Festschrift Th. Pekáry), St. Katharinen 1989, 235–246; Cl. Lepelley, a. O. 365 f.
[16] AE 97, 1984, 13 f. Nr. 34.
[17] CIL VI 102.
[18] Vgl. die Studie von P. Pensabene, Tempio di Saturno (= Lavori e studi di Archeologia 5), Rom 1984.
[19] CIL VI 937.
[20] Tempel des Apollo Sosianus: CIL VI 45; Tempel der Flora: Carmen adv. Flav. 112–114; H. Bloch, A new Document revival of the last pagan Revival in the West, 393–394 A.D., Harvard Theological Review 38, 1945, 199–244, hier 233.
[21] Vgl. hierzu Chr. Hülsen, Das Forum Romanum, Rom 1905, 124; H. Bauer, Art. Basilica Paul(l)i, Lexicon Topographicum Urbis Romae I, Rom 1993, 183–187, hier 186.
[22] CIL VI 3864a = CIL VI 31883 u. CIL VI 3864b = CIL VI 31884.
[23] CIL VI 1663.
[24] CIL VI 526.
[25] E. Tortorici, in: Curia, Forum Iulium, Forum Transitorium (Lavori e studi di archeologia 14), Rom 1989, 39 f.; A. Fraschetti, L'Atrium Minervae in epoca tardoantica, OpuscFin 1, 1981, 25–40, hier 33 f.
[26] Vgl. hierzu den Beitrag von H.-R. Meier.
[27] CIL VI 1794 = 40807.
[28] Vgl. P. Ciancio Rossetto, Art. Theatrum Marcelli, Lexicon Topographicum Urbis Romae, V, Rom 1999, 31–35, hier 32.
[29] CIL VI 1191 = ILS 793. Übersetzung nach G. Walser, Die Einsiedler Inschriftensammlung und der Pilgerführer durch Rom (Codex Einsidlensis 326), Stuttgart 1987, 111.
[30] Zur Epigraphik des Kolosseums s. A. Chastagnol, Le Sénat Romain sous le règne d'Odoacre. Recherches sur l'épigraphie du Colisée au V^ème siècle, Bonn 1966; S. Orlandi, Il Colosseo nel V secolo, in: W. V. Harris (Hg.), The Transformation of the Urbs Roma in Late Antiquity, Portsmouth/RI 1999, 249–263, hier 253 f.; R. Rea, Il Colosseo. Destrutturazione e riuso tra IV e VIII secolo, Mélanges de l'École Française de Rome, Moyen Age, 111, 1999, 183–195.
[31] Philostorgius, hist. eccl. 12,5.
[32] CIL VI, 32086–32087; Chastagnol, a. O. 10; S. Priuli, Epigrafi dell'Anfiteatro Flavio, in: Roma. Archeologia nel Centro, I: L'Area archeologica centrale, Rom 1985, 138–146, hier 139–142.
[33] CIL VI 1763 = 32089 = ILS 5633. S. Priuli, Anfiteatro Flavio. Epigrafe di Rufius Caecina Felix Lampadius – l'epigrafe, BullCom 91.2, 1986, 324–339, hier 324 ff., mit kritischer Lesung der neuzeitlich ergänzten Inschrift..
[34] S. Priuli, Anfiteatro Flavio. Epigrafe di Rufus Caecina Felix Lampadius – l'epigrafe, in: BullCom 91.2, 1986, 324–339.
[35] CIL VI 32088; Chastagnol, a. O. 14 f.
[36] CIL VI 32091 = ILS 5634.
[37] Reparaturen am Kolosseum durch Decius Marius Venantius Basilius (484 n. Chr.): CIL VI 1716a-c = 32094a-c = ILS 5635. PLRE II, 218 (Basilius 13).
[38] PLRE II 218 Basilius 13.
[39] R. Rea, Il Colosseo e la valle da Teodorico ai Frangipane: note di studio, in: La storia economica di Roma nell'alto Medioevo alla luce dei recenti scavi archeologici, Florenz 1993, 71–88, hier 71–75.
[40] Cassiodor, chron. ad an. 519; Cassiodor, var. V, 42.
[41] Chastagnol, a. O. 24–56, u. S. Priuli, Nuove attestazioni senatorie nell'anfiteatro Flavio, in: Epigrafia e Ordine Senatorio (= Tituli 4), Rom 1982, 575–589.
[42] Beda, Excerpt. patr., collect., flores, PL 94, 543: *Quandiu stat Colisaeus, stat et Roma; quando cadet Colisaeus, cadet et Roma; quando cadet Roma, cadet et mundus.*

**Eine Kultur zwischen Veränderung und Stagnation**
*Susanne Muth*

*In Abkürzung zitierte Literatur*

Balty 1977: J. Balty, Mosaïques antiques de Syrie (1977)
Balty 1995: J. Balty, Mosaïques antiques du Proche-Orient. Chronologie, iconographie, interprétation (1995)
CME 1978–1998: Corpus de Mosaicos Romanos de España I–XII (1978–1998)
Daszewski – Michaelides 1988: V. Daszewski – D. Michaelides, Mosaic Floors in Cyprus (1988)
Dunbabin 1978: K.M.D. Dunbabin, The Mosaics of Roman North Africa. Studies in Iconography and Patronage (1978)
Dunbabin 1999: K.M.D. Dunbabin, Mosaics of the Greek and Roman World (1999)
Durán 1993: M. Durán, Iconografía de los mosaicos romanos en la Hispania alto-imperial (1993)
Kankeleit 1994: A. Kankeleit, Kaiserzeitliche Mosaiken in Griechenland (1994)
Levi 1974: D. Levi, Antioch Mosaic Pavements (1947)
LIMC I–VIII: Lexicon Iconographicum Mythologiae Classicae I–VIII (1981–1997)
Guardia Pons 1992: M. Guardia Pons, Los mosaicos de la antigüedad tardía en Hispania. Estudios de iconografía (1992)
Michaelides 1987: D. Michaelides, Cypriot Mosaics (1987)
Piccirillo 1993: M. Piccirillo, The Mosaics of Jordan (1993)
Raeck 1992: W. Raeck, Modernisierte Mythen. Zum Umgang der Spätantike mit klassischen Bildthemen (1992)
Rec.Gén.Mos.Gaule 1957–1994: Recueil général des mosaïques de la Gaule. Gallia Suppl. X, I–IV (1957–1994)
Schneider 1983: L. Schneider, Die Domäne als Weltbild. Wirkungsstrukturen der spätantiken Bildersprache (1983)
Verf. 1998: S. Muth, Erleben von Raum – Leben im Raum. Zur Funktion mythologischer Mosaikbilder in der römisch-kaiserzeitlichen Wohnarchitektur. Archäologie und Geschichte Bd. 10 (1998)

[1] Die folgende Darstellung greift Überlegungen auf, die ich im Rahmen meiner Dissertation «Erleben von Raum – Leben im Raum. Zur Funktion mythologischer Mosaikbilder in der römisch-kaiserzeitlichen Wohnarchitektur» (Heidelberg 1997) ausgeführt habe. Ich danke den Herausgebern dieses Sammelbandes, Franz Alto Bauer und Norbert Zimmermann, für die Gelegenheit, sie hier nochmals in zusammenfassender wie zugleich aber auch weiterführender Form vorlegen zu können. Für Diskussion mancher sich dabei speziell ergebender Fragen sowie kritische Lektüre des Manuskripts sage ich Franz Alto Bauer, Annette Haug, Bettina Jaeger und Rolf Michael Schneider meinen herzlichen Dank.
[2] Clemens v. Alexandria, Mahnrede an die Heiden IV 60,1–2; zitiert nach der Übersetzung: Bibliothek der Kirchenväter 2 VII: Des Clemens von Alexandria ausgewählte Schriften I, übersetzt von O. Stählin (1934) 136 f.
[3] Besonders aufschlußreich wegen ihrer dichten und reichen Überlieferung erweisen sich dabei die Mosaikbefunde in den nordafrikanischen Provinzen (im heutigen Libyen, Tunesien, Algerien, Marokko), auf der spanischen Halbinsel, im gallischen Raum, sowie im östlichen Mittelmeerbereich, vor allem auf Zypern und im syrisch-jordanischen Raum. An Gesamtdarstellungen zu den römischen Mosaiken s. jetzt Dunbabin 1999, 53 ff.; R. Ling, Ancient Mosaics (1998) 34 ff. bes. 49–97. 113 ff. Zu den Mosaikbefunden einzelner Regionen: Nordafrika: Dunbabin 1978; M.H. Fantar (Hrsg.), La Mosaïque en Tunisie (1994); M. Blanchard-Lemée – M. Ennaïfer – H. u. L. Slim, Sols de l'Afrique Romaine. Mosaiques de Tunisie (1995); – Hispanien: Duran 1993; CME 1978–1998; – Gallien: Rec.Gén. Mos.Gaule 1957–1994; – Zypern: Michaelides 1987; Daszewski – Michaelides 1988; – Syrischer Raum: Balty 1977/1995; Levi 1947 (speziell zu den reichen Funden in Antiochia).
[4] Zitierte Befunde: Thysdrus, Sollertiana Domus: Verf. 1998, 391 ff. A 36. – Thysdrus, Terrain Jilani Guirat, Maison A: ebd. 393 ff. A 37. – Volubilis, Maison à la Mosaïque de Vénus: ebd. 402 ff. A 45. – Amphipolis: Kankeleit 1994, II 3 ff. Nr. 2. – Chania: ebd. 150 ff. Nr. 81.
[5] Zu der stimulierenden Kraft, die man den erotisch-sexuellen Visionen beimaß, sowohl solchen in der Bildkunst als auch solchen in der Literatur: M. Foucault, Sexualität und Wahrheit 3: Die Sorge um sich (1986; franz. Orig. 1984)

179 ff.; H. Beck, Byzantinisches Erotikon (1986) 158 f.; M. Myerowitz in: A. Richlin (Hrsg.), Pornography and Representation in Greece and Rome (1992) 131 ff. bes. 146 ff.

[6] Beliebige Positionen: R. Brilliant in: K. Weitzmann (Hrsg.), Age of Spirituality. Late Antique and Early Christian Art, Third to Seventh Century. Ausstellung New York 1977–78 (1979) 126 ff.; G. M. A. Hanfmann, in: K. Weitzmann (Hrsg.), Age of Spirituality. Symposion New York 1977 (1980) 75 ff.; Dunbabin 1978, 38 ff. bes. 44 f.; A. Demandt, Die Spätantike (1989) 414 ff. bes. 429; Raeck 1992, 71 ff.; S. Scott in: R. Laurence – A. Wallace-Hadrill (Hrsg.), Domestic Space in the Roman World: Pompeii and Beyond. Journal of Roman Archaeology Suppl. 22 (1997) 58. – Weiterhin s. Verf. 1998, 282 ff.

[7] Zitierte Befunde: Quintanilla de la Cueza: Verf. 1998, 440 f. H 29. – Pupput: ebd. 383 f. A 26. – Sidi Ghrib: A. Ennabli, Monuments et mémoires. Fondation E. Piot 68, 1986, 1 ff. bes. 34 ff. – Kourion: Michaelides 1987, 32 f. Nr. 33.

[8] An Gesamtdarstellungen s. neben der o. Anm. 3 zitierten Literatur: Guardia Pons 1992 [Spanien]; I. Morand, Idéologie, culture et spiritualité chez les propriétaires ruraux de l'Hispanie romaine (1994) [Spanien]; Piccirillo 1993 [Jordanien].

[9] Die Annahme eines deutlichen Rückgangs der Mythenbilder im 4. Jh. ist letztlich auch Folge einer zu hohen Datierung der Mosaikböden (wobei Datierung und Annahme sich wechselseitig bestärkten). Inzwischen zeigt sich jedoch deutlich, daß eine Reihe von mythologischen Mosaikbildern, die früher aufgrund stilistischer Einschätzungen der Zeit vor der Wende vom 3. zum 4. Jh. zugewiesen wurden, sicher in das 4. Jh. datiert werden können.

[10] Zitierte Befunde: Lillebonne: J.-P. Darmon, Rec.Gén.Mos.Gaule II. Province de Lyonnaise 5 (1994) 90 ff. Nr. 885. – Pedrosa de la Vega: Verf. 1998, 436 ff. H 26. – Carranque: ebd. 415 ff. H 7.

[11] Zitierte Befunde: Neapolis: Verf. 1998, 376 ff. A 23. – Thamugadi: ebd. 386 f. A 30. – Macomades: ebd. 375 f. A 22.

[12] Zitierte Befunde: Nea Paphos, House of Aion: Michaelides 1987, 28 ff. Nr. 27–31; Daszewski – Michaelides 1988, 56 ff. – Nea Paphos, Villa of Theseus: Michaelides 1987, 36 f. Nr. 39, 44 f. Nr. 50; Daszewski – Michaelides 1988, 70 ff. – Sarrîn: J. Balty, La Mosaïque de Sarrîn (Osrhoène) (1990). – Madaba: Piccirillo 1993, 51 ff.

[13] Daß die christianisierte Gesellschaft keine grundsätzlichen Vorbehalte gegenüber der Rezeption der Mythen hatte, zeigen bekanntlich verschiedenste Befunde: Einer der hierfür berühmtesten ist der sogenannte Proiecta-Kasten, ein anläßlich der Hochzeit eines christlichen Ehepaares gefertigter Silberkasten, auf dem Szenen heidnisch-mythologischer Ikonographie mit Darstellungen der Bildrepräsentation des Ehepaares vermischt werden (bes. hierzu Schneider 1983, 5 ff. 32 f.); als ein Beispiel aus der Wohnarchitektur ist etwa auf ein Mosaik aus der Villa von Hinton St. Mary zu verweisen, das die Büste Christi mit dem Bild des jagenden Bellerophon kombiniert (hierzu vor allem nun Raeck 1992, 109 f.); in einer spanischen Villa bei Fraga blieben Mosaikbilder von Venus sowie Amor mit Psyche auch nach Errichtung einer christlichen *basilica* in dem Villenkomplex als sichtbarer Schmuck herausgehobener Räume akzeptiert (Verf. 1998, 430 ff. H 20). Weitere interessante Beispiele bei H.G. Beck, Byzantinisches Erotikon (1986) bes. 80 ff. – Es ist wohl mehr ein Konstrukt unserer Zeit, entstanden im Horizont unserer eigenen christlichen Erfahrungen mit religiösen Absolutheitsansprüchen, das eine deutliche Zurückhaltung der spätantiken christlichen Oberschicht gegenüber den heidnischen Relikten vermuten läßt. Ausgehend von der dichten Überlieferung entsprechender Wohnarchitektur mit mythologischem Bildschmuck würde sich diese Frage hingegen weniger selbstverständlich stellen.

[14] Zu den folgenden Fragen: Verf. 1998, 36 ff. 45 ff. 102 ff.; Dies. in: F. De Angelis – S. Muth (Hrsg.), Im Spiegel des Mythos. Bilderwelt und Lebenswelt. Symposium Rom 1989 (1999) 109 ff.

[15] Ein instruktives Beispiel für die Konventionalität unserer modernen Wohnkultur und ihrer Bilderwelt bietet die Untersuchung zur Soziologie populären Wandschmucks, die vom Tübinger Ludwig-Uhland-Institut vorgenommen wurde: M. Scharfe – R. Schenda u. a., Zeitschrift für Volkskunde 66, 1970, 87 ff. Aufschlußreich für das Verständnis grundsätzlich konventionellen Verhaltens in Bereichen scheinbar individueller Geschmacksentfaltung ist in einem weitergreifenden Sinne die Studie von P. Bourdieu, Die feinen Unterschiede. Kritik der gesellschaftlichen Urteilskraft (1987; franz. Orig. 1979).

[16] Bezeichnend etwa die Schilderung des Mythos von der Entdeckung Achills auf Skyros, die Libanios in seinen Progymnasmata einerseits als *exemplum* für Feigheit, andererseits als Beispiel für Heldentum aufgreift, je nach Akzentuierung der entsprechenden Erzählmomente (Lib. progymnasmata Foerster VIII 218,5 ff.; 237,5 ff.; 245,14 ff.; 284,7 ff.; 334,15 ff.; 405 ff.). – Allgemein zu den Strukturen der Mythenrezeption s. die grundlegenden Überlegungen bei T. Hölscher in: De Angelis – Muth a. O. [Anm. 14] 12 ff., sowie ders. demnächst in einer Monographie über frühe griechische Mythenbilder.

[17] Zum Folgenden: Verf. 1998, 197 ff.

[18] Mosaik von Pedrosa de la Vega: Verf. 1998, 159 f. 175 ff. 177 f. Allgemein zur Ikonographie der Entdeckung Achills auf Skyros: A. Kossatz-Deissmann, LIMC I (1981) 58 ff. s.v. Achilleus Nr. 108–175; 67 ff.; Verf. a. O. 158 ff.

[19] Mosaik von Arcos de la Frontera: Verf. 1998, 218. Ikonographie der Abschiedsszene von Adonis und Aphrodite: B. Servais-Soyes, LIMC I (1981) 226 s.v. Adonis Nr. 30–32. 38–39; 229; M. Koortbojian, Myth, Meaning, and Memory on Roman Sarcophagi (1995) 23 ff. bes. 28 ff.

[20] Mosaik von Cardeñajimeno: Raeck 1992, 80 f.; Verf. 1998, 216 f. – Mosaik von Arcos de la Frontera: s.o. Anm. 19.

[21] Zur Bildrepräsentation zeitgenössischer Ehepaare: R. Warland, Mitteilungen des Deutschen Archäologischen Instituts, Römische Abteilung 101, 1994, 177 ff. bes. 179 ff. (z. B. Grabkammer von Silistra, Glasschnitt mit Darstellung eines Annona-Beamten). – Zur Bildrepräsentation des Jägers: Raeck 1992, 24 ff. – Weitere Beispiele: Verf. 1998, 216 f.

[22] Mosaik von Madaba: Piccirillo 1993, 26. 76 f.

[23] Zur häuslichen Bilderwelt allgemein: Schneider 1983, passim; Raeck 1992, 24 ff. passim; Dunbabin 1978, 46 ff. passim; Guardia Pons 1992, bes. 296 ff.; Verf. 1998, 270 ff.

[24] Verf. 1998, 292 ff.

[25] Verf. 1998, 99 ff. 197 ff. – Ähnlich auch schon die Situation in der Bilderwelt der pompejanischen Häuser: Hierzu s. vor allem P. Zanker in: Proceedings of the XVth International Congress of Classical Archaeology, Amsterdam 1998 (1999), 40 ff. sowie ders. in: T. Hölscher (Hrsg.), Gegenwelten zu den Kulturen Griechenlands und Roms in der Antike. Kolloquium Heidelberg 1999 (2000) 409 ff., bes. 419 ff.

[26] Verf. 1998, 292 ff.; Schneider 1983, 32 f.; Beck a. O. [Anm. 13] 81 f. 87. 97.

[27] Zu den Mytheninszenierungen im Theater: Verf. 1998, 310 ff. – Mythologische Inszenierungen in der Arena: K.M. Coleman, Journal of Roman Studies 80, 1990, 44 ff.

[28] Zu den im folgenden besprochenen Phänomenen s. vor allem: B. Näf, Senatorisches Standesbewußtsein in spätrömischer Zeit (1995) bes. 5 ff. 12 ff. 28 ff.; A. Demandt, Die Spätantike (1989) 272 ff. bes. 276 ff.; H. Löhken, Ordines Dignitatum. Untersuchungen zur formalen Konstituierung der spätantiken Führungsschicht (1982); P. Brown, Welten im Aufbruch: Die Zeit der Spätantike (1980; engl. Orig. 1971) 50 ff.; Ders. in: P. Veyne (Hrsg.), Geschichte des privaten Lebens I: Vom Römischen Imperium zum Byzantinischen Reich (1989; franz. Orig. 1985) 260 ff.; R. Warland a. O. [Anm. 21] 175 ff.; Raeck 1992, 24 ff.; weitere Lit.: Verf. 1998, 275 ff.

[29] Zum Verhältnis der Bilderwelt im kaiserzeitlichen und im spätantiken Haus: Verf. 1998, 270 ff.

[30] Hierzu vor allem: P. Brown in: Veyne a. O. 262 f.; Ders., Die letzten Heiden (1995; engl. Orig. 1978) 75 f.; S.P. Elis, American Journal of Archaeology 92, 1988, 565 ff. bes. 566. 569 ff.; S. Scott in: M. Locock (Hrsg.), Meaningful architecture. Social interpretations of buildings (1994) 86 ff. bes. 94 ff.

[31] Zum Folgenden: Verf. 1998, 273 ff. 281 f. 282 ff.; ferner vor allem Raeck 1992, 71 ff. 139 ff. 160 ff.

[32] So zuletzt und differenziert Raeck 1992, 71 ff. passim.

[33] Zu den grundsätzlichen Strukturen der Rezeption von Mythen: T. Hölscher in: F. Graf (Hrsg.), Mythos in mythenloser Gesellschaft. Das Paradigma Roms. Colloquium Rauricum 3 (1993) 70 ff. bes. 71 ff.; Ders. in: De Angelis – Muth a. O. [Anm. 14] 12 ff.

[34] Hierzu s. vor allem die Beobachtungen von Raeck 1992, 72 ff.

**Beginn und Ende der Katakomben**

*Norbert Zimmermann*

*Literaturauswahl*

Eine umfassende Einführung in die Erforschung der römischen Katakomben und Literaturverweise bieten V. Fiocchi Nicolai – F. Bisconti – D. Mazzoleni, Roms christliche Katakomben. Geschichte, Bilderwelt, Inschriften. Regensburg 1998.

Eigens erwähnt seien ferner

Brandenburg, H., Überlegung zu Ursprung und Entstehung der Katakomben Roms: Vivarium. Festschrift Th. Klauser (=JbAC Erg.Bd. 11) Münster 1984.

Brandenburg, H., Coemeterium. Der Wandel des Bestattungswesens als Zeichen des Kulturumbruchs in der Spätantike: Laverna 5 (1994) 206/32.

Deckers, J. G. – Seeliger, H. R. – Mietke, G., Die Katakombe «Santi Marcellino e Pietro». Repertorium der Malereien (= Roma sotterranea cristiana 6) Città del Vaticano – Münster 1987.

Deckers, J. G. – Mietke, G. – Weiland, A., Die Katakombe «Anonima di via Anapo». Repertorium der Malereien (= Roma sotterranea cristiana 9) Città del Vaticano 1991.

Deckers, J. G. – Mietke, G. – Weiland, A., Die Katakombe «Commodilla». Repertorium der Malereien (= Roma sotterranea cristiana 10) Città del Vaticano 1994.

Effenberger, A., Frühchristliche Kunst und Kultur. Von den Anfängen bis zum 7. Jahrhundert, Leipzig 1986.

Fink, J. – Asamer, B., Die römischen Katakomben. Sonderheft der Antiken Welt. Zaberns Bildbände zur Archäologie, Mainz 1997.

Pergola, Ph., Le catacombe romane. Storia e topografia, Roma 1997.

Wilpert, J., Die Malereien der Katakomben Roms, Freiburg i.Br. 1903.

## ABBILDUNGSNACHWEIS

**Beitrag Deckers**

Abb. 1. 7. 9. 10. 15. 18. 20. 21. 23. 25. 31. 32: Deckers; Abb. 17. 34: S. G. MacCormack, Art and Ceremony in Late Antiquity, 1981, Pl. 41, 60; Abb. 5. 19: Postkarte; Abb. 11. 12: J. G. Deckers, Jahrbuch des Deutschen Archälogischen Instituts 94, 1979, 600–652 Abb. 27a u. 34; Abb. 13: J. G. Deckers, ders. in: Spätantike und frühes Christentum, Ausstellung Frankfurt, 1983, 281, Abb. 123; Abb. 14. 30. 33: J. P. C. Kent u. a., Die römische Münze, 1973, 629, 644R, 754; Abb. 26. 27: DAI Rom; Abb. 2: F. Schlechter; Abb. 3: C. Pavia, Il Labirinto delle catacombe, o. J., 91; Abb. 4: M. Rotili, Il Codice Purpureo di Rossano, 1980, Tav. 1; Abb. 6: F. W. Deichmann (Hg.), Repertorium der christlich-antiken Sarkophage, I: Rom und Ostia, 1967, Taf. 16 Abb. 49; Abb. 8: J. Engemann, Deutung und Bedeutung frühchristlicher Bildwerke, 1997, Abb. 106; Abb. 22, 36: J. G. Deckers, G. Mietke, A. Weiland, Die Katakombe „Commodilla", 1994, Farbtafel 4, 8 ; Abb. 24: R. Baumstark (Hg.), Rom und Byzanz, Katalog der Ausstellung in München, 1998, 1998, 87; Abb. 28: F. W. Volbach, Elfenbeinarbeiten der Spätantike und des frühen Mittelalters, 1976, Taf. 68 Abb. 131; Abb. 29: O. Mazal, Byzanz und das Abendland, 1981, Abb. 17; Abb. 35: K. Weitzmann, Age of Spirituality, Katalog der Ausstellung in New York, Begleitheft, 1977, Nr. 69.

**Beitrag Warland**

Abb. 1: P. Bastien, Le buste monétaire des empereurs romains, 1992–1995, III, Taf. 168; Abb. 2. 3. 4. 5. 6. 9. 10. 11. 12. 13. 14. 15. 16: Fotothek Univ. Freiburg; Abb. 7: DAI Rom, Inst. Neg. 58.824; Abb. 8: DAI Rom, Inst. Neg. 57.1802.

**Beitrag Rebenich**

Abb. 1. 4. 5. 6. 7. 8: Deckers; Abb. 2: ÖAW – A. Pülz; Abb. 3: Rebenich; Abb. 9: G. B. de Rossi, Musaici Cristiani delle chiese di Roma, 1899, Taf. 19.

**Beitrag Scheer**

Abb. 1a–c: E. H. Freshfield, Notes on a Vellum Album Containing Some Original Sketches of Public Buildings and Monuments Drawn by a German Artist who Visited Constantinople in 1574, Archaeologia 72, 1922, Taf. 15. 18. 21; Abb. 2: Freshfield, a. O. Taf. 7; Abb. 3. 6: DAI Rom, Inst. Neg. 65104. 319588; Abb. 4: W. Ekschmitt, Die Sieben Weltwunder, 1984, 145 Abb. 44b; Abb. 5: J.-Y. Empereur, Alexandrie redécouverte, 1998, Abb. auf S. 90; Abb. 7: A. Bauer/J. Strzygowski, Eine Alexandrinische Weltchronik, 1906, Tafel 6v; Abb. 8–9: Verf.

**Beitrag B. Zimmermann**

Abb. 1: A. Stückelberger, Bild und Wort. Das illustrierte Fachbuch in der antiken Naturwissenschaft, Medizin und Technik, 1994, Abb. 9; Abb. 2–4: Dioscurides, Cod. Vindob. med. gr. 1 der Österreichischen Nationalbibliothek. Faksimileband, 1970; Abb. 5: K. Weitzmann, Spätantike und frühchristliche Buchmalerei, 1977, Taf. 3; Abb. 6: R. Sörries, Christlich-antike Buchmalerei im Überblick, 1993, Taf. 6; Abb. 7. 9. 11: Codex Vaticanus Latinus 3867. Vollständige Faksimileausgabe (Belser Faksimile Edition), 1985; Abb. 8. 10. 20. 21. 22: A. Munoz, Il codice purpureo di rossano. Faksimile 1907; Abb. 12–19: H. Gerstinger, Die Wiener Genesis (Faksimile), 1931.

**Beitrag Ladstätter**

Abb. 1: S. Ladstätter/N. Math; Abb. 5. 6. 7. 15: S. Ladstätter; Abb. 2. 4. 8. 9. 10. 11. 12. 13: F. Glaser; Abb. 3: F. Glaser/ S. Ladstätter; Abb. 14: G. Forstenpointner.

**Beitrag Meier**

Abb. 1: Atlante di Roma, 1991, Taf. 102/120; Abb. 2: Staatsbibliothek Bamberg; Abb. 3. 4: G. Mörsch; Abb. 5: B. Brenk; Abb. 6: Meier; Abb. 7. 8. 9: C. Jäggi; Abb. 10: Staatliche Museen Berlin, Münzkabinett.

**Beitrag Bauer**

1. 5.–7. 9–13. 18–24: Verf.; Abb. 2. 4: Kapitolinische Museen; Abb. 3: M. David (Hg.), Frammenti di Roma Antica nei disegni degli architetti francesi vincitori del Prix de Rome 1786–1924, 1998, Taf. auf S. 9; Abb. 16. 17: K. Anger; Abb. 14: Verf. auf der Grundlage von H. Bauer, Lexicon Topographicum Urbis Romae, I, 1993, 413 Abb. 103; Abb. 25: Byzance. L'art byzantin dans les collections publiques françaises, 1992, 49 nr. 12; Abb. 26: R. Delbrueck, Die Consulardiptychen und verwandte Denkmäler, 1929, Taf. 58.

**Beitrag Muth**

Abb. 1. 31: DAI Rom, Inst. Neg. 64532. 75529; Abb. 2. 3: C. Duliere – H. Slim, Corpus des Mosaïques de Tunisie III: Thysdrus (El Djem) 1, 1996, Taf. LXV; Abb. 4. 5. 10. 35: M. Blanchard-Lemée – M. Ennaïfer H. u. L. Slim, Sols de l'Afrique Romaine. Mosaiques de Tunisie, 1995, 232 Abb. 173 [Abb. 4. 5]. 138 Abb. 96 [Abb. 10]. 170 Abb. 121 [Abb. 35]; Abb. 6. 7. 11. 13. 22. 29. 33. 34. 36: Muth; Abb. 8: M. Andreadaki-Blasaki, The County of Khania through its Monuments, 1997, 39 Abb. 41; Abb. 9: M. A. García Guinea, Guia de la Villa Romana de Quintanilla de la Cueza, 1982, Abb. 36; Abb. 12: R. Ling, Ancient Mosaics, 1998, 132 Abb. 93; Abb. 14. 15: D. Fernández-Galiano in: Fifth International Colloquium on Ancient Mosaics, Bath 1987, Journal of Roman Archaeology Suppl. IX 1, 1994, 199 ff. Farb-Abb. 11 [Abb. 14]. 13 [Abb. 15]; Abb. 16. 17. 18. 19: J.-P. Darmon, Nymfarum domus. Les pavements de la maison des Nymphes à Néapolis (Nabeul, Tunisie) et leur lecture, 1980, Frontispiz [Abb. 16]. Taf. XXXV [Abb. 17]. LII [Abb. 19]. LXXXII [Abb. 18]; Abb. 20: E. Zahn, Europa und der Stier, 1983, Taf. 26,2; Abb. 21: W. A. Daszewski; Abb. 23. 24. 25: J. Balty, La Mosaïque de Sarrîn (Osrhoène), 1990, Taf. XXIII [Abb. 25]. XXIV [Abb. 24]. Gesamtplan [Abb. 23]; Abb. 26: Piccirillo 1993, 51; Abb. 27: C. Dulière in: J. Balty (Hrsg.), Fouilles d'Apamée de Syrie. Miscellanea Fasc. 6. Actes du Colloque, Bruxelles 1969, 125 ff. Taf. LII,1; Abb. 28: L. de Mora-Figueroa, Habis 8, 1977, 351 Abb. 4; Abb. 30: J. M. Toynbee, Journal of Roman Studies 54, 1964, Taf. I; Abb. 32: Piccirillo 1993, 77 Abb. 48; Abb. 37. 38: A. Ennabli in: Monuments et mémoires. Fondation E. Piot 68, 1986, Taf. XIV; Abb. 39: D. Fernández-Galiano Ruiz, Journal of Roman Archaeology 5, 1992, 162 ff. Farb-Abb. 17.

**Beitrag N. Zimmermann**

Abb. 1. 2: nach A. Effenberger, Frühchristliche Kunst und Kultur, 1986, 57, 60f.; Abb. 3: nach V. Fiocchi Nicolai, F. Bisconti, D. Mazzoleni, Roms christliche Katakomben, 1998, 115; Abb. 4. 6. 13. 14. 15. 21: PCAS Cal F 8. Pri L 5. Din G 7. Din G 6. Din G 6. Lau B 15; Abb. 5: Detail Abb. 4; Abb. 7. 9. 10. 16. 18: J. Wilpert, Die Malereien der Katakomben Roms, 1903, Taf. 104. Taf. 43,2. Taf. 204. Taf. 190. Taf. 213; Abb. 8: A. Bosio, Roma sotterranea, 1632, cub. XII; Abb. 11. 12: nach J. G. Deckers, G. Mietke, A. Weiland, Die Katakombe «Anonima di via Anapo». Repertorium der Malereien (= Roma sotterranea cristiana 9), 1991, Farbtaf. 17a. Plan 12; Abb. 17: Zeichnung N. Zimmermann; Abb. 19. 20: J. G. Deckers, G. Mietke, A. Weiland, Die Katakombe «Commodilla». Repertorium der Malereien (= Roma sotterranea cristiana 10), 1994, Farbtaf. 20. 21. Ich danke N. Gail/Wien für die Hilfe bei den Repros.

## ANSCHRIFT DER AUTOREN

PROF. DR. JOHANNES G. DECKERS
Institut für Byzantinistik
Ludwig-Maximilians-Universität
Geschwister-Scholl-Platz 1
D-80539 München

PROF. DR. RAINER WARLAND
Lehrstuhl für Christliche Archäologie
und Kunstgeschichte
Albert-Ludwigs-Universität
D-79085 Freiburg/Br.

PD DR. STEFAN REBENICH
Seminar für Alte Geschichte
Universität Mannheim
D-68131 Mannheim

PD DR. TANJA SCHEER
Historisches Seminar der
Ludwig-Maximilians-Universität,
Abt. Alte Geschichte
Geschwister-Scholl-Platz 1
D-80539 München

DR. BARBARA ZIMMERMANN
Institut für Klassische Archäologie
Franz-Klein-Gasse 1
A-1190 Wien

DR. SABINE LADSTÄTTER
Institut für Kulturgeschichte der Antike
Österreichische Akademie der
Wissenschaften
Bäckerstr. 13
A-1010 Wien

PD DR. HANS-RUDOLF MEIER
Eidgenössische Technische Hochschule
Zürich
Institut für Denkmalpflege
ETH-Zentrum
CH-8092 Zürich

DR. FRANZ ALTO BAUER
Deutsches Archäologisches Institut
Abteilung Rom
79, Via Sardegna
I-00187 Roma

DR. SUSANNE MUTH
Institut für Klassische Archäologie
der Ludwig-Maximilians-Universität
Meiserstr. 10
D-80333 München

DR. NORBERT ZIMMERMANN
Institut für Kulturgeschichte der Antike
Österreichische Akademie der
Wissenschaften
Bäckerstr. 13
A-1010 Wien

Maria R.-Alföldi

## Bild und Bildersprache der römischen Kaiser

**Beispiele und Analysen**

Kulturgeschichte der antiken Welt
Band 81

304 Seiten mit 260 Schwarzweiß-abbildungen; Format 17,5 x 25 cm; geb. mit Schutzumschlag
ISBN 3-8053-2455-3

DM 68,– / sFr 62,– / öS 496,–

***»Während heute kaum noch jemand weiß, welches Bild gerade den Geldschein ziert, mit dem er seine Rechnung zahlt, spielten in der Antike die Münzen eine wichtige Rolle in der Übermittlung von politischen Nachrichten. Diese Bildinhalte zu entschlüsseln und in ihren historischen Kontext zu stellen, das will das neue Buch von Frau Alföldi. Dazu definiert sie erst, was man unter Bildsprache versteht, zeigt an ausgewählten Beispielen, wie einfach ein Bild zu lesen sein kann und gibt eine kleine Einführung in die Entwicklung von Bildinhalten während der Republik.«***

**MünzenRevue**

*»Lynchjustiz spielte sich im alten Rom nicht unbedingt blutig ab. Das Volk schleifte zum Beispiel Bildnisse eines intriganten Statthalters zum Forum Romanum und zerstörte sie, um sein Todesurteil zu erzwingen. Die Statuen des verhassten und 96 n. Chr. ermordeten Kaisers Domitian wurden zerschlagen, sein Namenszug und Gesicht auf Reliefs und Münzen getilgt und durch andere ersetzt. Statuen, Reliefs und Münzbilder waren damals nicht Kunst im heutigen Sinne. Sie standen stellvertretend für die abgebildete Person und hatten zusammen mit Bildsymbolen sogar eine politische Aussage. Ein Kaiser zusammen mit einem Füllhorn etwa bedeutete Reichtum für alle. Die Autorin … behandelt in ihrem Buch hervorragende Beispiele zu diesem Thema. In einer Zeit, in der nur wenige Gebildete lesen und schreiben konnten, hatten Bilder die Rolle einer aussagekräftigen, tagesaktuellen Information … Auch heute haben Bilder ohne Worte oft eine klare und wichtige Aussage, betont Alföldi. So etwa die Piktogramme in internationalen Flughäfen.«*

**dpa-Wissenschaftsdienst**

**Autorin**

Prof. Dr. Maria R.-Alföldi
Prof. em. der
Universität Frankfurt,
u. a. Leiterin des Projekts
»Fundmünzen der Antike«
im Auftrag der Akademie der Wissenschaften und der Literatur zu Mainz

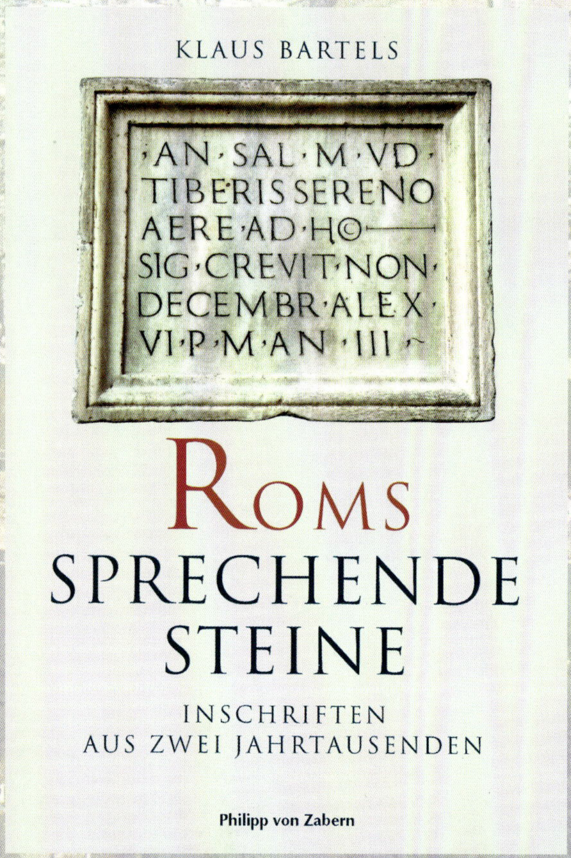

**Überarbeitete Neuauflage der im Verlag A. Mondadori erschienenen italienischen Originalausgabe**

Klaus Bartels

## Roms sprechende Steine

**Inschriften aus zwei Jahrtausenden**

308 Seiten mit 14 Schwarzweißabbildungen;
Ln. mit Schutzumschlag
ISBN 3-8053-2690-4
DM 78,– / sFr 71,– / öS 569,–

»... jetzt hat Klaus Bartels, der kundige Altphilologe, ein Romkenner und begnadeter Erzähler, den sozusagen immerwährenden Romführer neu für uns entdeckt und erschlossen ... Auf vierzehn Spaziergängen überlässt er den römischen Steinen die Führung: Mit Inschriften an Mauern und Gräbern, auf Obelisken und Brunnen, in Kirchen und Palästen melden sie sich zu Wort – immer allerdings in lateinischer Sprache, und oft so mit Abkürzungen verrätselt, dass auch das Wörterbuch nicht weiterhelfen kann. Doch gekonnt übersetzt der Autor die vielfach kunstvoll verfugten Satzgebilde Zeile für Zeile ins Deutsche ... [Mit] der Unzahl seiner ... Anmerkungen macht Bartels die Botschaften der römischen Steine verständlich ... Klaus Bartels ist ... eines der schönsten Bücher zur Jahrtausendwende und zum Heiligen Jahr gelungen.« **Die Tagespost**

Filippo Coarelli

## Rom

**Ein archäologischer Führer**

383 Seiten mit 100 Farbabbildungen, 20 Plänen und Zeichnungen; geb.
ISBN 3-8053-2685-8
DM 49,80 / sFr 46,– / öS 364,–

»Die zuletzt in der 4. Auflage ... vorgestellte, gründliche und hervorragend mit zahlreichen Farbbildern, Grundrissen und Rekonstruktionszeichnungen ausgestattete Bestandsaufnahme antiker Bauten und Sehenswürdigkeiten liegt in einer neuen, auch jüngste Ausgrabungen berücksichtigenden Ausgabe vor. Das Werk besticht durch seinen klaren topographischen und chronologischen Aufbau der einzelnen Rundgänge durch das antike Rom. Es behandelt große öffentliche Bauten wie Stadtmauern und Aquädukte, aber auch die städtebauliche und historische Entwicklung einzelner Plätze sowie Tempel und Paläste. Dabei werden auch architektonische Einzelfragen untersucht. Sie machen das ... Handbuch nicht nur für Reisende, sondern für archäologisch, kultur- und kunstgeschichtlich Interessierte nach wie vor zu einem Grundlagenwerk.« **ekz-Informationsdienst**

**VERLAG PHILIPP VON ZABERN · GEGRÜNDET 1785 · MAINZ**

Vertrieb: Postfach 190930 · D-80609 München · Tel.: 089/12 15 16-61/-26 · Fax: 089/12 15 16 16
e-mail: vertrieb@zabern-verlag.ccn.de · www.zabern.de